SV

Melissa Scrivner Love

CAPITANA

Thriller

Aus dem amerikanischen Englisch
von Andrea Stumpf und Sven Koch
Herausgegeben von
Thomas Wörtche

Suhrkamp

Die Originalausgabe erschien 2019 unter dem Titel *American Heroin*
bei Crown, an imprint of the Crown Publishing Group, New York.

Erste Auflage 2020
suhrkamp taschenbuch 5050
Deutsche Erstausgabe

Umschlagfotos: Mark Owen/Trevillion Images (Frau);
BlueHouseProject/plainpicture (Hintergrund)
Umschlaggestaltung: Designbüro Lübbeke,
Naumann, Thoben, Köln
Druck: CPI – Ebner & Spiegel, Ulm
Printed in Germany
ISBN 978-3-518-47050-3

CAPITANA

Für Mom und Dad
Für David
Für Leah und Caleb
Für eine gute Zukunft überall

Prolog

Als Scott sich eine Zigarette anzündet, muss Christopher auf dem Rücksitz das Fenster herunterlassen. Sie sind noch vor den Hügelausläufern von Hollywood, haben nicht mal seinen Block hinter sich gelassen. Auf beiden Straßenseiten sind die Häuser für Halloween geschmückt – Kerzen in Kürbissen, leuchtende Gespenster, sprechende Hexen mit Haaren aus Stroh, Grabsteine und Spinnweben. Nachdem sie die halbe Wohnstraße durchfahren haben, leuchtet das kränkliche Orange des runden 76-Tankstellenschilds vor ihnen auf. Hinter Christopher wird das zweistöckige gemauerte Traumhaus, in dem er mit seinen Eltern lebt, immer kleiner. Durch das einen Spaltbreit geöffnete Fenster zwängt er den Kopf ins Freie. Weiter lässt er das Fenster nicht herunter, weil er vor Scott nicht als Weichei dastehen möchte. Oder weil er heute Nacht nicht klar denken kann. Sonst wäre er ja nie in das Auto gestiegen.

Über ihm schließen sich die uralten Straßenbäume in einer tröstlichen Umarmung. Gegenüber der 76-Tankstelle ist ein Gelson-Gourmetsupermarkt. Ein paar Schritte weiter gibt es einen Coffeeshop, einen Comedy-Club und ein für seine Crêpes bekanntes Restaurant.

»Wo ist Karen?«, fragt Scott und stößt hörbar eine Rauchwolke aus.

»Sie muss lernen. Sie schreibt nächste Woche Bio. Mrs –«

»Ruiz. Ja, die hatte ich auch.«

»Fuuuuuck«, sagt der Junge auf dem Beifahrersitz. »Die war echt geil. Streng, aber geil.«

Christopher weiß, dass der Junge Erik heißt. Erik und Scott sind in der Abschlussklasse der Harvard-Westlake School, einer privaten Highschool zur Vorbereitung auf die Universität, in die Christopher gerade aufgenommen wurde. Scotts und Eriks Väter sind beide hohe Tiere beim Fernsehen, die neun Monate im Jahr unterwegs sind und von Location zu Location tingeln – New York, Vancouver, Atlanta, weiß Gott warum gerade dorthin. Die Mütter von Erik und Scott arbeiten nicht.

»Außer Haus.« In Gedanken hört Christopher, wie ihn seine Mutter korrigiert. »Sie arbeiten nicht *außer Haus*.«

Er weiß nicht, warum er jetzt an seine Mutter denkt. Sie war zum Abendessen nicht zu Hause. Er kann sich nicht daran erinnern, wann das zuletzt überhaupt mal der Fall war. Sie hat ihm auch keine Nachricht geschickt und gefragt, wo er ist. Sie war nicht da, um ihn aufzuhalten. Doch noch während er das denkt, weiß Christopher, dass das nur eine Ausrede ist.

»Wie weit ist es noch?«, fragt Christopher Scott.

»Eine Stunde, wenn viel Verkehr ist. Aber um die Uhrzeit sollte es schneller gehen.«

»Scheißverkehr«, sagt Erik.

Christopher hat gehört, dass Erik beim Aufnahmetest für die Universität die volle Punktzahl erreicht hat. Heute Nacht und hier im Auto ist das kaum zu glauben, weil sein Wortschatz vor allem aus »Fuck«, »Scheiß« und »Geil« besteht.

Auch Christopher sollte eigentlich für Bio lernen. Er sollte bei Karen sein, auf ihrem Bett sitzen und die Zimmertür einen Spalt offen lassen, damit ihre Eltern, beide Frauenärzte, immer ein Ohr darauf haben können, ob nicht das passiert, was zu ihrem Lebensunterhalt beiträgt.

Gleich nach der Auffahrt auf den 101 South gibt es einen Billardsalon. Christophers Eltern lachen immer, wenn sie daran vorbeifahren, und seine Mutter berührt Dads Hand. Irgendwas verbinden sie damit, eine Erinnerung, von der er ausgeschlossen ist. Etwas, bevor es ihn gab.

»Hey, Mann, du musst nach Süden, das ist dir schon klar, oder?«, ruft Erik plötzlich. »Und zwar hier.«

Obwohl Christopher noch zu jung zum Autofahren ist, weiß er, dass das eine vertrackte Auffahrt ist – eine achtspurige Straße, oder zumindest sieht es so aus, und Scott muss die Spuren schneller wechseln, als er auf den Freeway einfädeln kann.

Vielleicht ist immer noch Zeit, es nicht zu schaffen.

Aber Christopher will es schaffen. Er weiß tief in seinem Innern, irgendwo hinter seinem flauen Magen, dass ihn das retten wird, was sie heute Nacht tun.

Er denkt an Karens Zimmer, die kratzige Tagesdecke mit rosa und lila Blumen, die Fransen, die vom Bett bis zum Boden reichen. Er denkt an die Dinge, die er mit Karen tun will, aber nicht kann, weil ihr Zimmer so etwas Unschuldiges hat.

Aber in Wahrheit ist er selbst auch unschuldig.

Nur mit seinem Kopf stimmt was nicht. Er wird die düsteren Gedanken einfach nicht los: was er mit Karen gerne anstellen würde, wo er etwas hineinstecken möchte, wie er sie schreien hören will. Er denkt an all das, und hinterher fühlt er sich schuldig und allein.

Er hat schon überlegt, sich die Pulsadern aufzuschneiden.

Das war, bevor Scott ihm zum ersten Mal eine Ecstasy-Pille zugesteckt hatte.

»Glaubt ihr, dass es da was zu essen gibt?«

»Was?«

»Da, wo wir hinfahren«, sagt Erik. »Ich hab Hunger.«

Christopher hat Erik bisher bloß ein paar Mal getroffen. Genau wie Erik ist Christopher schlau, aber er ist zu jung, zu unerfahren.

Christopher denkt noch an seine Mutter, obwohl er bald zum ersten Mal Heroin nehmen wird.

»Ja, was Mexikanisches«, sagt Scott, und Erik stößt schnell ein Lachen aus, damit Scott weiß, dass es okay ist, wenn er rassistische Witze macht. Aber sein Lachen bricht ab und wird zum Seufzer. Er muss verstanden haben, dass das, was Scott gesagt hat, falsch ist.

»Ich glaub nicht, dass wir hinterher noch Hunger haben«, sagt Christopher.

»Was? Hast du's denn schon mal genommen?«, fragt Scott. Christopher spürt den Blick des Älteren im Rückspiegel. Eisblau. Selbst im Dunkeln kann Christopher das erkennen.

»Nein. Ich ... ich hab's nur gehört.«

»Wahrscheinlich von Monty«, sagt Erik.

Monty ist ihr Dealer. Er kann das harmlose Zeug besorgen – Hasch, Ecstasy, Acid. Er ist einundzwanzig und studiert Jura an einem Junior College in Simi Valley. Bei Heroin sieht er eine moralische Grenze. Aber vermutlich hat er nur nicht die richtigen Beziehungen.

»Monty macht nichts mit Heroin«, sagt Scott.

Keiner von ihnen hat bisher was damit gemacht.

Christopher weiß nicht, warum Scott und Erik gerade heute Nacht ausgewählt haben, um Giftpulver zu schnupfen. Er weiß nicht einmal genau, warum er Ja gesagt hat. Er weiß nur, dass sich in seinem Inneren etwas ändern muss. Er braucht einen Neustart, ein Upgrade, und obwohl er klug genug ist, zu wissen, dass Heroin das noch bei niemandem geschafft hat, ist er verzweifelt genug, es auszuprobieren.

Er überlegt, ob seiner Mutter ein süchtiger oder ein toter Sohn lieber wäre.

»Wie heißt das noch mal? Wohin wir fahren?«

»Huntington Park«, sagt Scott.

»Noch nie gehört«, sagt Erik, als ob er ganz L.A. wie seine Westentasche kennen und wissen würde, wo überall Heroin zu kaufen ist.

Jetzt, kurz nach Mitternacht, braucht Scotts Auto für die Fahrt von Hollywood Hills bis Huntington Park neunundzwanzig Minuten. Christopher macht sich nicht allzu viel aus dem echten Hollywood, durch das Horden von Touristen in knielangen Hosen stapfen, Selfies machen und in Fast-Food-Ketten essen, obwohl sie in L.A. sind, einem Gourmet-Mekka. Einem Gourmet-Mekka auch für den schmalen Geldbeutel. Nur sind die kleinen pastellfarbenen Häuser mit ungepflegtem Rasen und vergitterten Fenstern nicht das, was Touristen erwarten.

Durch Downtown bewegt sich der Verkehr auf dem 101 nur im Schneckentempo. Christopher dreht sich um und betrachtet die Musiker des L.A. Philharmonic Orchestra, die auf die ganze Flanke eines Wolkenkratzers gemalt sind und ihn anstarren – eine Violinistin mit kastanienbrauner Betonfrisur, ein Cellist im Frack und mit nach hinten gegelten grauen Haaren. Ob sie wohl gerade in diesem Moment spielen, während er auf dem Rücksitz von Scotts Range Rover durch die Stadt fährt, um Heroin zu kaufen? Nein, dafür ist es zu spät.

Scott nimmt die Ausfahrt 1A vom 101 South auf die Seventh Street und biegt dann nach Süden in die Sante Fe Avenue, eine Straße, von der Christopher bis heute Nacht nie gehört hat. Viele Häuser hier könnten genauso gut in Hollywood stehen. Sie haben die gleichen pastelligen Farben – Hellgelb, Babyblau, Orangerosa – und vergitterte Fenster. Bloß Touristen gibt es keine. Hier sind nur Latinos. Ein dicker Mann in einem Arbeitshemd mit aufgesticktem Namen lässt einen Pitbull kacken. Ein Junge und ein Mädchen sitzen auf dem Randstein und knutschen sich unter einer Straßenlampe nieder. An einer roten Ampel hört Christopher aus dem offenen Fenster eines Eckhauses kurze, brutale Lachexplosionen.

An der Kreuzung von Santa Fe und Zoe entdeckt Christopher *Avila's El Ranchito*, ein mexikanisches Restaurant mit rot-grüner Markise und Chili-Lämpchen als Weihnachtsdeko. Jetzt erkennt er den wahren Unterschied zwischen Hollywood und Huntington Park. Vor dem Restaurant ist ein leerer Parkplatz mit mindestens zehn Stellplätzen, fünf auf jeder Seite. Ein Schild erklärt, dass Parken kostenlos ist.

In Hollywood gibt es keine kostenlosen Parkplätze, selbst wenn der Laden, zu dem der Parkplatz gehört, geschlossen ist. Es ist selbstverständlich albern, wenn er so tut, als käme er aus Hollywood. Er wohnt in Hollywood Hills, den Hügeln über der Touristenfalle, was genauso gut ein anderer Landesteil sein könnte.

»Hier ist es, wo sie's verkaufen«, sagt Scott.

Bis jetzt hat Christopher überhaupt nicht daran gedacht, Scott zu fragen, woher er die Info hat. Gerade er sollte es eigentlich besser wissen. Schlauer sein. Christophers Eltern haben schließlich mindestens vierzig Riesen im Jahr hingeblättert, damit er schon seit der Vorschule eine private Ausbildung erhält, und er hatte nicht mal den Grips gehabt zu fragen, ob dieser Heroindeal eine Falle sein könnte.

»Im Restaurant?«, fragt Erik. »So als Nachschlag zu Nachos und Salsa?«

Auch rassistisch, denkt Christopher, aber die beiden sind älter als er, und er möchte das haben, was sie kaufen wollen und weswegen sie hier sind.

»Nein, das Restaurant hat nichts damit zu tun«, sagt Scott. »Es ist zu. Sieht man doch.«

Erik starrt aus dem Autofenster, als erwarte er, dass die dunklen Fenster von *Avila's El Ranchito* plötzlich aufgerissen werden, im Inneren das Licht angeht, Mariachis aufspielen und Betrunkene grölen.

Als die Ampel vor ihnen auf Grün schaltet, kommt ein Junge auf einem Rad, für das er viel zu groß ist, um die Ecke gefahren. Er ist ungefähr fünfzehn, so alt wie Christopher, auch wenn man ihn schlecht schätzen kann, weil er so dünn ist und auf einem Kinderfahrrad sitzt, das einen viel zu langen Sattel hat und keine Vorderbremse. Das weiß Christopher, weil ihm sein Vater auch so ein Teil gekauft hat, als er sechs war.

»Ist das einer von denen?«

»Weiß ich doch nicht«, sagt Scott.

Christopher denkt, dass er seine Ahnungslosigkeit nicht so offen zugeben würde, wenn er die ganze Aktion eingefädelt hätte. Er hätte sich außerdem vorher schlau gemacht über die Gang und die Leute, von denen sie das Zeugs kaufen wollen.

Der Junge radelt so nah zu ihnen, dass er ihre Gesichter sogar durch die getönten Scheiben erkennen könnte, aber er sieht sie nicht an. Stattdessen dreht er mit dem Rad einen Kreis, den er zur Acht erweitert. Christopher hört das Geräusch der Reifen vor dem Fenster. Es ist ein eleganter Tanz, den der Junge auf seinem Rad aufführt, langsam und träge, so als bewege er sich unter Wasser.

Bisher hat Christopher gar nicht gemerkt, wie müde er ist.

»Glaubst du, er hat uns gesehen?« Wieder Erik.

»Weiß ich nicht.«

Mein Gott, Scott, möchte Christopher sagen.

»Was machen wir jetzt?«

»Ich hab das Geld«, sagt Scott, als hätte ihn jemand danach gefragt. Hat aber keiner.

Jetzt kommt der Junge zurück und fährt so nah an die Fahrerseite des Range Rovers heran, dass er mit dem Fingernagel am Lack kratzen könnte, wenn er wollte. Christopher denkt, dass er genau das wollen würde, wäre er der Junge auf dem Rad.

»Wirf's raus«, hört Christopher. Die Stimme gehört weder Scott noch Erik. Sie ist heller, mit einem leichten Akzent. Es muss der Junge auf dem Fahrrad sein.

Scott tastet nach der Supermarkt-Plastiktüte, ein Relikt aus früheren Zeiten, noch vor dem Plastiktüten-Verbot in Los Angeles. Christopher fragt sich, ob die Haushälterin von Scotts Eltern auch welche gebunkert hat, einen Haufen zusammengeknüllter Tüten im Schrank unter der Spüle. Die Haushälterin seiner Eltern hat das.

Scott blickt nach links und rechts, so als wollte er die Straße überqueren und nicht nach Cops oder Gangstern Ausschau halten, aber es kommen keine Autos. Er lässt die Plastiktüte aus dem Fahrerfenster fallen, so dass der Latinojunge gerade noch rechtzeitig auf dem Fahrrad umdrehen und sie aufheben kann, ehe er damit um die Ecke verschwindet.

Keiner sagt etwas. Sie warten. Die Sekunden tröpfeln dahin wie Wasser aus einem kaputten Wasserhahn, von dem man eigentlich meinte, ihn repariert zu haben.

Erik seufzt. Scott umklammert das Lenkrad so fest, dass die Knöchel weiß hervortreten.

»Weißt du, wer das war?«

»Nein.«

»Kann es sein, dass der gar nicht zu denen gehört? Und sich einfach unser Geld gekrallt hat?«

Scott antwortet nicht, wahrscheinlich weil er die Schnauze voll hat, zuzugeben, dass er's nicht weiß.

»Vielleicht sollten wir einfach fahren«, schlägt Christopher vor, als er auf der Uhr am Armaturenbrett sieht, dass inzwischen fünf Minuten vergangen sind.

»Das können wir denen nicht durchgehen lassen«, sagt Erik.

Christopher muss nicht fragen, wen er mit »denen« meint. Für Erik ist das gleichbedeutend mit »die anderen«. Schwarze, Latinos, sogar Asiaten, wenn er von Autofahrern spricht. Erik selbst fällt das gar nicht auf, und wenn Christopher ihn darauf hinweisen würde, wäre ihm das bestimmt peinlich.

Scotts Hände fahren über das ganze Lenkrad und hinterlassen Schweißspuren. Die Ampel an der Kreuzung schaltet von Rot auf Grün.

Dann taucht ein älterer Typ auf, mindestens Mitte zwanzig, ein kleines schwarzhaariges Muskelpaket. Er schlendert mit den Händen in den Taschen seiner Baggy-Jeans daher. Dazu pfeift er einen Popsong, den Christopher nicht einordnen kann – Pitbull? Nein, Lady Gaga. Er geht um den Range Rover herum, ohne den Wagen zu berühren. Er sieht die Jugendlichen darin nicht an. Er geht einfach weiter, pfeifend, und Christopher hält, genau wie Scott und Erik, die Luft an, bis der Mann an der nächsten Kreuzung hinter dem quietschroten Stoppschild verschwindet.

»Fuckscheiße.« Erik.

»Wir sollten fahren«, sagt Scott.

»Moment mal«, sagt Christopher. Er steigt aus dem Auto, um das Tütchen hinter dem Vorderreifen auf der Fahrerseite aufzuheben. »Er hat was für uns dagelassen.«

Da blinken rote Lichter, merkt Christopher plötzlich, ohne sie eigentlich zu sehen. Denn sie kommen von hinten. Was er sieht, ist ihr Spiegelbild in Scotts schwarzglänzendem Range Rover.

»Heilige Scheiße«, sagt eine Stimme im Auto. Christopher erkennt nicht, ob es Erik ist oder Scott oder beide unisono.

Christopher richtet sich zu voller Größe auf – ein Meter fünfundsiebzig. Er tastet nach dem Türgriff. Blitzartig überfällt ihn die Furcht, dass Scott ohne ihn abhauen könnte. Aber Scott sitzt wie versteinert am Steuer, Christopher steigt ein, schnallt sich an und sagt: »Fahr los.«

Scott zögert. Jetzt sieht Christopher den Streifenwagen des LAPD, die rote Lichtbatterie auf dem Dach blinkt, die Sirenen heulen, und für den Bruchteil einer Sekunde denkt Christopher, dass dieses Jaulen auch der Anfang eines ätzenden Werbejingles sein könnte.

Aber das ist es nicht. Es sind die Cops. Und sie kommen wegen Christopher, Scott und Erik.

»Scott, du musst endlich losfahren«, wiederholt Christopher.

»Scheiße«, sagt Erik.

Einen Sekundenbruchteil bevor der Streifenwagen bei ihnen ist, taucht sie auf. Eine Latina in Cargohose und weißem Achselhemd. Sie ist klein, ein Arm blutig. Ihre Haare sind zu einem langen dicken Zopf geflochten. Sie taumelt auf die Straße, der Streifenwagen muss eine Vollbremsung hinlegen, um sie nicht zu überrollen. Die Stoßstange kommt wenige Zentimeter vor ihren Knien zum Stehen.

Christopher sieht nur den Hinterkopf, nicht das Gesicht, aber von hier wirkt es nicht so, als hätte sie auch nur gezuckt.

»Hilfe!«, ruft sie. »Hilfe.« Beim zweiten Mal ist es eher ein Blöken, so als würde sie die Lautstärke ihrer Stimme auf die Erwartungen der Cops abstimmen, die jetzt aus dem Wagen steigen.

Ihr Anblick weckt Scott aus seiner Trance. Er reißt das Steuer nach links, legt einen U-Turn hin, und als der Range Rover auf der Gegenfahrbahn ist, tritt er aufs Gas.

»Wer zur Hölle war das?«, fragt Erik.

1
SCHEISSGESCHÄFT

Die Schmerzen wecken Lola auf. Der Schnitt in ihrem Arm ist ein paar Tage alt, aber Lola hat was gegen Schmerzmittel.

Am Morgen nach dem Vorfall hatte sie ihre Männer im Clubhaus der Crenshaw Six versammelt, einer leerstehenden Erdgeschosswohnung unter ihrer eigenen. Als sie eintrat, wurde es still im Raum. Jorge verkniff sich seine Witzeleien. Marcos sprach Englisch, damit ihn Manuel und Ramon, die neueren Lieutenants, nicht verstanden. Ihr Boss trug einen Verband. Sie hatte ihre Läufer auf der Straße vor der Polizei gerettet. Sie hatte die hilfsbedürftige Frau gespielt, eine Rolle, die sie sogar dann nervt, wenn sie dabei nicht auch noch bluten muss.

»Ich musste mich selbst verletzen«, hätte Lola sagen können. »Ich musste es so aussehen lassen, als hätte ich ein Arschloch als Freund, das mich verprügelt. Ich musste die Cops davon überzeugen, dass er abgehauen ist, bis sie sich endlich wieder verzogen haben. Diese weißen Kids sind nur deswegen davongekommen, weil ich mich geopfert hab.«

Lola hat nicht grundsätzlich was dagegen, Stoff an weiße Kids zu verkaufen. Viele von ihnen haben keinen nagelneuen Range Rover mit Harvard-Westlake-Aufklebern. Vielen von ihnen bietet man keinen Deal an, damit sie die Gangmitglieder identifizieren, die ihnen den Dreck verkauft haben, mit dem sie ihr Leben schneller an die Wand fahren. Das Entscheidende ist das Geld. Sie verbietet ihren Männern und damit auch deren Fußsoldaten, *reichen* weißen Kids Stoff zu verkaufen. Die sind es, die eine Gefahr darstellen. Die erzählen der Polizei, was sie hören will, weil sie eine Vorstrafe fürchten, die ihnen den Eintritt in die Uni und eine strahlende Zukunft verbaut.

Sie hatte sich Ricky, den Jungen auf dem Fahrrad nicht vorgeknöpft, weil er nichts dafür konnte. Er hatte auf Befehl gehandelt.

Diesmal war es Marcos, Rickys Lieutenant und das einzige Mitglied der Crenshaw Six, das vor Lolas kleinem Bruder Hector im Gefängnis gewesen war. In den ersten drei Sekunden war es ihm schwer gefallen, die Prügel einzustecken und dem Drang zu widerstehen, zurückzuschlagen und aus den anderen Gangmitgliedern Hackfleisch zu machen. Aber Lola hatte gesehen, wie er sich beherrschte. Wie er die Stärke aufbrachte, sich im Zaum zu halten und die Schmerzen hinzunehmen. In diesem Moment hatte sie ihn geliebt.

Jetzt hört sie den Fernseher im Wohnzimmer. Lucy muss wach sein. Wahrscheinlich liegt sie auf einem der riesigen Couchkissen, hat eine Schale Müsli vor sich und ist ängstlich darauf bedacht, keine Milch zu verkleckern. Zwar hat ihr Lola gesagt, dass es nicht schlimm ist, wenn sie kleckert, aber einmal hatte sie Lucy deswegen ausgeschimpft. Was ein Fehler war, das weiß Lola, denn das wird Lucy ihr ganzes Leben begleiten. Lola kann sich allerdings damit trösten, dass Lucy schon viel Schlimmeres passiert ist. Lucys leibliche Mutter Rosie Amaro, ein Junkie, deren größte Leistung im Leben darin bestand, auf Lola zu hören und ihre beschissene Existenz selbst zu beenden, hatte einen niedrigen Maßstab an Mutterschaft gesetzt.

Lola schiebt die von der letzten Nacht zerwühlten Laken von sich. Seit ihre letzte Beziehung vor mehr als zwei Jahren endete, hat sie dem einzigen Mann, den sie seither in ihr Bett gelassen hat, nicht erlaubt, über Nacht zu bleiben. »Bett« ist eine freundliche Umschreibung ihrer Schlafstelle, die aus einer Matratze auf einem Rost auf dem beigen Teppichboden besteht. Die Wände sind weiß. Es gibt keine Vorhänge, nur Jalousien, die das fröhliche Gelb der Morgensonne zu Grau filtern. Drei nicht ausgepackte Kartons stehen übereinandergestapelt neben einem Spiegelschrank. Seit fast zwei Jahren lebt sie in dieser Wohnung, aber sie weigert sich, es ihr Zuhause zu nennen.

Lola steht auf und streckt ihre Fingerspitzen in Richtung Decke, dann legt sie sich den rechten Arm vor die flache Brust. Sie sieht, wie sich die sehnigen kleinen Muskeln unter ihrer Haut anspannen, dann entspannen. Danach macht sie dasselbe mit dem linken Arm, achtet aber darauf, dass sich die Wunde nicht öffnet. Mit einem saugenden Geräusch zieht sie die Luft zwischen den Zähnen ein und zählt bis zehn. Warum diese beiden Dinge gegen den Schmerz helfen sollen, versteht sie bis heute nicht. Aber sie tun es.

Ehe sie und Lucy hierher an die Rückseite der zweistöckigen hufeisenförmigen Wohnanlage mit kleinem Innenhof gezogen sind, hatte Lola ein Jahrzehnt in einem Haus gelebt, das nur drei Straßenzüge von dieser Wohnung entfernt liegt. Dort machte sie jeden Sonntag Empanadas, dort zog sie ihren kleinen Bruder Hector auf, seit er elf Jahre alt war. Dort wohnte sie, als ihr älterer Freund Carlos zur Feier ihres Highschool-Abschlusses für sie bei einer kleinen Bäckerei eine Torte kaufte, und dort schoss sie ihm später zwischen die Augen, weil er Hector in die Gang, die Crenshaw Six, eingeführt und dann auch noch Geld unterschlagen hatte. Dort wurde Hector dann auch verhaftet – für einen Mord, den sie begangen hatte. Noch immer redet sie sich ein, dass dieser Verrat zum Besten ihres Bruders war.

In jenem Haus lebte sie auch mit Garcia, ihrem letzten Freund, bis er wieder mit Kim zusammenkam, seiner Exfreundin und ehemaligen großen Liebe. Im selben Haus zerstörte Lola diese Liebe mit Hilfe von fünftausend Dollar und der Wahrheit: dass Garcia Zeuge war, als Lola Kims Bruder Carlos zwischen die Augen schoss. Kim war von hier, aus Huntington Park, weggezogen und hatte sich irgendwo in Zentralkalifornien niedergelassen, in Bakersfield vielleicht oder in einer anderen smogverseuchten Scheißstadt, wo ihr fünftausend Dollar länger reichen als hier in diesem Viertel, einem Vorort von Los Angeles, der südlich an South Central anschließt.

»Mama!« Lucy ist zwar fast acht, aber wenn sie Lola ruft, tut sie das immer noch mit ihrer flehenden Kleinkindstimme. Lucy ist klug. Die Lehrerinnen in der privaten Blooming Gardens Elementary School, die Lola gut fünfunddreißigtausend Dollar im Jahr kostet, wenn man die »freiwilligen« Spenden zu den Schulgebühren dazurechnet, haben Lola berichtet, dass Lucy schon so gut liest wie eine Fünftklässlerin. Das große Einmaleins beherrscht sie auch, und sogar etwas Programmieren hat sie gelernt. Nur wenn sie nach Lola ruft, die seit zwei Jahren ihre Mutter ist, fällt sie in Kleinkindverhalten zurück.

»Komme gleich, *mija*«, ruft Lola zurück.

Lola betrachtet ihren schmalen Körper in den verspiegelten Schranktüren. Auf dem Glas ist eine dünne Staubschicht, aber Lola sieht trotzdem genug. Achtundzwanzig Jahre alt, einen Meter sechzig groß, knapp fünfzig Kilo schwer, und zu diesem Gewicht tragen auch die festen langen schwarzen Haare bei. Im Moment trägt sie nur einen Teil ihres üblichen Outfits, das gerippte Achselhemd. Ehe sie zu Lucy ins Wohnzimmer geht, hebt sie ihre olivgrüne Cargohose vom Boden auf und zieht sie über ihre Baumwollunterhose. Lola weiß nicht, ob es Lucy hilft, ihr Trauma zu verdrängen, wenn sie ihre eigene Haut bedeckt, aber zumindest kann sie Lucy von dem Sex abschirmen, der in dieser Wohnung stattfindet.

Gestern Nacht hatte sie die Spieluhr in Lucys Kinderzimmer aufgezogen, als ihr Besuch für eine halbe Stunde bei ihr war. Sobald er sich von ihr gerollt hatte, hatte sie ihn aus dem Bett geworfen und ihm nur noch eine Tasse Kaffee gegeben, ehe er sich auf den Weg die drei Blocks bis nach Hause machte.

Genau wie Lolas eigene Mutter verkaufte Lucys Mutter ihr Kind für Drogen an Männer. Lucy wird nie ein entspanntes

Verhältnis zum Sex haben, egal was Lola tut. Das macht Lola traurig.

Jetzt geht Lola zu Lucy in das beige gestrichene Wohnzimmer. Selbst nach zwei Jahren fühlt sich die Wohnung noch neu und neutral an. Lola nimmt an, dass das Beige die Nerven beruhigen und die Anspannung lindern soll, die mit Armut einhergeht, aber diese Farbe erinnert sie einzig daran, dass dies nicht ihr Zuhause ist. Vielleicht würde sie sich hier wohler fühlen, wenn die Wände in einem warmen Rot oder kühlen Meerblau gestrichen wären, aber dafür müsste Lola erst einmal den Wunsch haben, hierbleiben zu wollen.

Lucy sitzt auf der schokoladebraunen Couch. Ihr von süßer Milch matschiges Müsli steht vergessen auf dem Couchtisch vor ihr. Obwohl Lucy die Tapsigkeit eines Kleinkinds mittlerweile abgelegt hat, hat Lola die Tischecken mit Schaumstoff gepolstert. Allerdings war ihr schon beim Anbringen des Schaumstoffs klar, dass solche Vorsichtsmaßnahmen für Lucy im Grunde zu spät kamen.

Lucy liest ein Buch mit dem Titel *Matilda* von einem gewissen Roald Dahl. Lola hatte ein paar Seiten gelesen und fand die Streiche, die die schlaue Matilda ihrem Vater, einem Gebrauchtwagenverkäufer, spielt, wunderbar. Lola kennt auch ein paar Männer, die etwas Superkleber verdient hätten. Sie würde ihn nur nicht im Hut, sondern ein gutes Stück tiefer anbringen. Lola würde das Buch auch gern allein weiterlesen, sobald Lucy es beiseitelegt, aber das geschieht kaum einmal. Lolas Tochter liest, selbst wenn sie was anderes tun sollte, wie jetzt ihr Frühstück aufessen. Stattdessen verschlingt sie Seite um Seite, während das Frühstücksfernsehen morgenhell leuchtet.

Auf dem Bildschirm schwärmt eine magersüchtige blonde Sprecherin in höchsten Tönen von einem neuen Fitnesskonzept zum effektiven Kalorienverbrennen, dann senkt sie die Stimme um ein oder zwei Oktaven und berichtet vom allmorgendlichen Quotenunfall mit Fahrerflucht. Am heutigen Morgen, dem 1. November, wurden eine Mutter und ihre Tochter beim Gassigehen mit ihrem Hund auf einem Zebrastreifen von einem Auto erfasst und getötet. Dann erscheint der einzige Augenzeuge auf dem Bildschirm, ein Arbeiter auf dem Weg zur Frühschicht, und schwört, dass es ein schwarzer Mercedes gewesen war. Der Wagen sei nur zu schnell gewesen, um das Nummernschild zu erkennen. Lola sieht den Anwohner von heute – denn es gibt immer einen Anwohner – kopfschüttelnd gelbe Blinklichter fordern, um den Zebrastreifen besser zu markieren. Der »Anwohner« ist natürlich Latino, genau wie die Opfer. Lola glaubt nicht, dass solche gelben Blinklichter irgendwas ändern würden.

»Wer schreibt den Brief?«, fragt Lucy, ohne den Blick von *Matilda* zu wenden. Die Augen flitzen von links nach rechts.

»Welchen Brief?«

»Den an die Stadt«, sagt Lucy. »Damit die Blinklichter kommen.«

»Schaust du das etwa an?«

»Ist doch total laut.«

»Du kannst es doch leiser machen.« Lola macht den Fernseher leiser.

»Sorry.«

»Hat mich nicht gestört«, sagt Lola. Viele ihrer Gespräche laufen so ab – Lucy spricht ein Problem an, das Lola sofort löst, anstatt Lucy es selbst in die Hand nehmen zu lassen. Lola will nicht zu streng sein – sie weiß, dass eine normale Mutter ein normales Kind vielleicht ausschimpft, wenn es vor dem brüllenden Fernseher liest. Sie hat von besorgten Eltern von Lucys Klassenkameraden aus der reichen Westside die Kürzel ADS und ADHS gehört.

»Der Brief«, erinnert sie Lucy und lenkt Lola von der kurz aufblitzenden Sorge wegen ADS ab.

»Der Mann aus dem Fernseher kann ihn doch schreiben.«

»Aber er hat doch gesagt, dass er vierzehn Stunden am Tag arbeitet und keinen Drucker hat.«

»Dann soll er eine E-Mail schreiben«, meint Lola.

»Und wenn er keine E-Mail hat?«

»Möchtest du denn der Stadt wegen dem Zebrastreifen einen Brief schreiben?«

»Er macht's bestimmt nicht. Aber jemand sollte es tun, oder?«

Am liebsten würde Lola Lucy sagen, dass sie nicht alle Probleme lösen können und Los Angeles eine unkontrollierbare Mischung aus Schönheit, Plastik, Blut, Sex, Knochenbrüchen, Huporgien, Obdachlosen unter Brücken, überkochenden Gefühlen und kühlen Wellen ist, dass manchmal alles ganz prima läuft und manchmal Menschen unter die Räder kommen und nicht wieder aufstehen. Lola würde Lucy gern sagen, dass es schon in ihrem Viertel zu viele Probleme gibt – Einwanderer, die in Angst leben, schlecht bezahlte, illegale Arbeiter, die gerade genug Geld zusammenkratzen können, um ihre Familien in Laderäumen von LKWs, die heiß wie Backöfen sind, von Mexiko nach Los Angeles zu holen, die Gangkriminalität ... zu der auch Lola ihren Teil beiträgt.

»Ja, jemand sollte das tun. Aber wir müssen jetzt in die Schule.«

»Okay«, sagt Lucy. Vorsichtig rutscht sie auf dem Bauch von der Couch runter. Sie ist klein für ihr Alter, weil ihre scheiß Junkiemutter sich nie darum gekümmert hat, dass sie genug zu essen kriegt. Lola hat ihr beigebracht, sicherheitshalber auf dem Bauch von der Couch zu gleiten, damit ihre Füße nah am Boden sind und sie nicht zu tief springen muss. An dieser Routine hält das Mädchen fest, obwohl es inzwischen sogar im Sitzen mit den Füßen fast den Boden berührt.

»Du musst was essen«, sagt Lola.

»Ich hab doch mein Müsli.«

Lola hört an Lucys Ton, dass sie kein Essen verschwenden möchte, aber das Müsli nicht mag. Lola kann es ihr nicht verdenken. Wem schmeckt schon diese milchdurchtränkte Pampe?

»Ich brat dir Eier«, sagt Lola. Lucy springt ihr in die Arme und drückt sie so fest, dass es wehtut.

»Danke, Mama«, sagt Lucy mit einem niedlichen Flüstern, bei dem ihre Lippen so nah an Lolas Ohren sind, dass sie sie leicht streicheln. Sie duftet nach Milch und Schlaf und dem Shampoo vom gestrigen Haarewaschen.

»Mach ich doch gern, meine Süße«, sagt Lola. »Jetzt zieh dich an, und wenn du fertig bist, gibt es Essen.«

»Okay.« Lucy marschiert ab in ihr Zimmer und schließt die Tür. Obwohl nur sie und Lola in der Wohnung sind, macht Lucy immer die Tür zu, wenn sie sich auszieht. Lola hat es nie angesprochen, weil sie diese Angewohnheit versteht. Aber sie würde auch, sollte es Lucy je einfallen, splitterfasernackt durch die Wohnung zu tanzen, ebenfalls den Mund halten. Keine Urteile fällen. Unter keinen Umständen. Das ist Lolas erste pädagogische Regel.

In der Küche nimmt Lola Eier, entrahmte Milch und fettreduzierte Butter aus dem kleinen summenden Kühlschrank und schlägt die Eier in eine billige, an der Unterseite vom Gas schon geschwärzte Pfanne.

Drei Minuten später klopft es an der Tür. Es ist genau der Moment, in dem Lola unbedingt bei den Eiern sein muss, um sie in der Pfanne zu verschlagen, damit sie nicht braun werden.

»Komme gleich!«, ruft sie.

Beim zweiten Klopfen schabt sie die luftige gelbe Masse von der Antihaftbeschichtung. Dieses Mal dreht sie den Kopf zur Tür, ehe sie ruft: »Ich hab doch gesagt, ich komme gleich!«

Als sie sich wieder der Pfanne zuwendet, ist ein Stück Ei

angebrannt. »Scheiße, Scheiße, Scheiße« murmelnd schnippt Lola das braune Stück in den Müll und legt den Rest auf Lucys Teller.

Sie hat schon gesehen, wie Schädel von Reifen plattgedrückt wurden und Messerwunden sich entzündet haben, weil die Opfer nicht ins Krankenhaus konnten. Ein angebranntes Ei sollte ihr also nichts ausmachen. Das tut es auch nicht. Was ihr wirklich zusetzt, ist die Person, die klopft. Sie weiß, wer es ist.

Lola stürmt zur Wohnungstür. Als sie die Tür aufmacht, hält sie den Pfannenheber wie eine Waffe vor sich. Kampfbereit.

»Verdammt noch mal, ich hab doch gesagt, dass ich gleich komme!«, schnauzt sie.

Lola hat sich diese Wohnung im ersten Stock wegen des guten Blicks ausgesucht. Von hier ist der scheußliche Hof mit den unebenen Kieswegen und dem staubigen Gras, der sich bis zur Straße erstreckt, gut einsehbar. Links und rechts schirmen ihn die beiden langen Flanken der Wohnanlage ab. Vielleicht kann Lola ihre Feinde nicht von dieser Wohnung fernhalten, aber sie wird sie in jedem Fall kommen sehen.

Ihre Mutter ist jedoch ein anderes Kaliber.

Lola hätte wissen müssen, dass es keine gute Idee war, Maria die Wohnung direkt unter ihrer zu besorgen. Vor zwei Sommern hatte Darrel King, ein rivalisierender Drogenbaron, ihre Mutter gekidnappt und Lola für beinahe zweiundsiebzig Stunden kostbare Ruhe verschafft. Aber Lola war gezwungen gewesen, alle möglichen Anstrengungen zu unternehmen, um sie zurückzubekommen – und dazu ihren kleinen Bruder Hector, der aus für sie unerfindlichen Gründen noch immer ein Fünkchen bedingungsloser Liebe zu Maria empfindet. Hectors auf eigene Faust unternommener, fehlgeschlagener Versuch, ihre Mutter zu retten, endete damit, dass Lola Darrel King umgebracht hatte. Jetzt sitzt Hector die Strafe für Lolas Tat ab. Das Einzige, was sie tun kann, damit ihre Exjunkie-Mutter sie nicht mehr in Schwierigkeiten bringt, ist, Maria möglichst nah bei sich zu haben.

»Guten Morgen«, flötet Maria Vasquez fröhlich. Noch immer läuft Lola ein Schauer über den Rücken, und ihre Wangen fangen an zu brennen, wenn ihre Mutter etwas sagt. Schon als Kind hat Lola gelernt, dass eine friedliche Gute-Nacht-Geschichte oder ein Schlaflied nicht unbedingt eine friedliche Nacht bedeuteten.

Inzwischen ist ihre Mutter seit mehreren Jahren von der Nadel, und Lola findet Marias Streben nach Gesundheit und innerer Ruhe sowohl nervig als auch rührend. Lola will, dass ihre Mutter zugibt, dass sie die Kindheit von ihr und ihrem Bruder vermurkst hat. Sie will eine Entschuldigung von Maria dafür, dass sie Lola Männern angeboten hat, nur um ihren nächsten Schuss zu finanzieren. Und Maria soll eingestehen, dass sie und nicht Lola dafür verantwortlich ist, dass ihr Sohn Hector im Gefängnis sitzt.

Aber Lola muss sich wohl oder übel damit abfinden, dass sie niemals eine Entschuldigung zu hören bekommen wird.

»Wie spät ist es?«, fragt Maria beim Anblick von Lola mit dem erhobenen Pfannenheber. Lola blickt auf die Uhr an Marias Handgelenk, weil ihre Mutter zu faul ist, selbst darauf zu sehen. Am liebsten würde sie Maria eins mit dem billigen Plastikpfannenheber überbraten und ihr die Rühreikrümel in die schwarzen Haare schmieren, wo sie dann irgendwann vergammeln würden.

»Oh«, sagt Maria und blickt selbst auf ihre Uhr. »Sorry.« Doch eine Entschuldigung, aber nicht von der Art, wie Lola sie sich wünscht. »Halb acht. Muss Lucy denn nicht in die Schule?«

»Wir wollen gerade aus dem Haus.«

»Natürlich«, sagt Maria, bleibt aber wie angewurzelt auf dem Fußabstreifer stehen, den Lola beim Einzug gekauft hat. Darauf erklärt ein brauner Pitbull »Alle Gäste müssen erst vom

Hund geprüft werden«. Lola ist sicher, dass Valentine, der Pitbull, der jetzt vermutlich schnarchend in Lucys Bett liegt, während sie sich für die Schule anzieht, ihre Mutter nicht durchlassen würde. Und doch steht hier ihre Mutter und wartet, hereingebeten zu werden. Was jedoch erst geschehen wird, wenn das Schweigen nicht mehr auszuhalten ist.

»Brauchst du was?«, fragt Lola.

»Ich nicht. Aber Jorges Cousine.«

Lola hält Jorge für den Betriebsclown der Crenshaw Six. Immer hat er einen kessen Spruch auf den Lippen und macht sich über sich selbst lustig, ehe er einem das Messer zwischen die Rippen stößt. Jorge ist schon seit Jahren in einer Abhängigkeitsbeziehung mit Yolanda gefangen, die keinen Augenblick zögern würde, ihm mit so einem billigen Plastikpfannenheber eins überzubraten. Lola findet es seltsam, dass Jorge keine Cousine erwähnt hat, die Hilfe braucht.

»Warum erzählt mir Jorge nicht selbst von dieser Cousine?«

»Yolanda meinte, er will dich nicht belasten. Du hast in letzter Zeit genug um die Ohren.«

Lola blickt kurz auf ihren verbundenen Arm.

»Sie ist schwanger.«

»Yolanda?«

»Die Cousine. Sie dachten erst, sie hat Grippe. Aber es ging nicht weg, deswegen dachten sie, sie braucht welche von diesen Antibiotika. Ich hab gesagt, dass sie die lieber nicht nehmen soll. Je mehr man von dem Zeug nimmt, desto weniger wirkt es.«

»Wo hast du das denn her?«

»Aus dem Computer.« Dass Maria nicht mal weiß, dass es Internet heißt, bestätigt Lolas Verdacht – dass ihre Mutter einfach dämlich ist.

»Ich wusste gar nicht, dass dein Computer auch Arzt ist.«

»Was?« Maria sieht sie mit so großen leeren braunen Augen

an, dass Lola an eine wiederkäuende Kuh auf der Weide denken muss.

»Ach nichts«, murmelt Lola, weil ihre Spitzen gegen Maria ins Leere laufen, die gar nicht mitkriegt, dass sich Lola über sie lustig macht. »Sag Jorges Cousine, sie soll heute Abend zur Party kommen.«

Es ist der 1. November, *Día de los Muertos*, und Lola schmeißt für ihren kleinen Hof in Huntington Park eine Party. Die Nachbarn werden *ofrendas* für die verstorbenen Verwandten errichten und sie mit orangen Ringelblumen schmücken. Lola hat diese Totenblumen für heute Nachmittag bestellt. Auch Essen wird geliefert – verschieden belegte Sandwiches aus frischem italienischem Weißbrot. Dazu gibt es Craftbeer, ein Kuchenbüfett und Süßkram für die Kinder, die sich mit Zucker vollstopfen und Lola lieben werden, ehe sie zur Schlafenszeit zu Hause ihren Eltern das Leben schwer machen.

Das ist Lolas erstes Fest seit jenem Barbecue mit Garcia in ihrem alten Haus. Damals gab es Burger und Coronas, Ceviche und Salsa. Und das Essen kam von keinem Partyservice, sondern war selbstgemacht. Am Abend stürmten dann die Cops ins Haus und verhafteten Hector.

»Aber sie ist schon da. Sie braucht Hilfe.«

Es ist der Monatserste, und obwohl Lolas Tür für Nachbarn in Not immer offen steht, ist der Erste ihrer Erfahrung nach der Tag, an dem sich Probleme besonders gern zeigen – die Miete ist fällig, die Leute wollen reinen Tisch machen, sich aus einer Beziehung verabschieden oder mit dem Trinken und den Drogen aufhören. Sie hat schon alle möglichen Probleme gelöst – angefangen mit dem eines Zweitklässlers, dem der Schulschläger die Süßigkeiten geklaut hat, bis zu dem eines verzweifelten Familienvaters mit Schulden bei der falschen Gang. Sie hat sich immer um ihre Leute gekümmert und muss keinen an seine Verpflichtungen ihr gegenüber erinnern, wenn sie ihm auf dem Gehweg oder in einem Supermarkt begegnet.

»Ich sehe niemanden«, sagt Lola nach einem raschen Blick in den Hof. Dort ist nur Señora Ocampo, eine gebückte Sechzigjährige, die mit dreißig die ersten grauen Haare bekommen hat und jetzt Pflanzen gießt, die sie wohl für Blumen hält, aber nur Unkraut sind. Señora Ocampo leidet an einer schlimmen rheumatischen Arthritis, und sie hatte keine Krankenversicherung, bis ihre Tochter sich am 1. September an Lola wandte. Mr Hernandez, der Hausmeister an der örtlichen Grundschule, der mit vierhundert Dollar die Woche seine fünfköpfige Familie ernähren muss, schließt die pappdünne Haustür hinter sich und tritt mit einer kleinen Brotzeittüte, einer roten Thermosflasche und einem Baby im Arm in den Hof. Er hebt eine Hand, um Lola zu grüßen, und sie winkt lächelnd vom ersten Stock zurück. Jede Woche lässt sie der Familie anonym Lebensmittel liefern. Die Frau von Mr Hernandez weiß allerdings, wer ihnen Eier, Tortillas, Obst und Gemüse schickt. Sie war letztes Jahr am 1. Oktober allein zu Lola gekommen und bat um Hilfe für die Familie, weil ihr Mann keine Lebensmittelmarken beantragen wollte und auch »keine Almosen«, wie er sagte. Jetzt sieht Lola dem Mann nach, der mit Baby und Mittagessen zu seinem Pick-up schlurft, ohne zu wissen, dass diese Mahlzeit von ihr stammt. Für ihn ist seine Frau einfach eine geschickte Couponsammlerin, und er meint mit Recht zu ihr sagen zu dürfen: »Siehst du, dass es klappt, wenn du besser aufs Geld aufpasst?«

Lola stellt sicher, dass die Menschen in ihrer Nachbarschaft genug zum Leben haben, weil es ihre Leute sind und du nur ihre Königin sein kannst, wenn du dich um deine Leute kümmerst. Du musst ihnen alles geben, was sie brauchen. Wenn sie etwas zusätzlich haben wollen, müssen sie es sich selbst besorgen.

»Sie ist hier«, sagt Maria und zaubert wie aus dem Nichts eine schwangere Frau in einem lila Baumwollkleid hervor. Auch die schwarze Stola kann die bowlingkugelgroße Wölbung vor ihrem Bauch nicht verbergen. Offenbar stand sie die ganze Zeit an der Seite.

»*Hola*«, sagt die Schwangere. Lola fragt sich, wie viel sie von ihrem Gespräch mit Maria mitbekommen hat.

»Hi«, antwortet Lola. Wenn sie Englisch spricht, ist sie zurückhaltender und wägt ihre Worte sorgfältiger ab, obwohl es ihre Muttersprache ist. »Wie kann ich helfen?«

»Es geht um meinen Mann«, sagt die Frau. »Er ist im Gefängnis.«

»Ich kann niemanden aus dem Gefängnis holen«, sagt Lola.

»Bitte«, sagt die Schwangere. »Das verstehst du falsch.«

Lola hat schon oft gesagt bekommen, dass sie etwas falsch versteht. Meistens hört sie es von Leuten, die um ein Leben betteln, manchmal um ihr eigenes, wenn Lola eine Pistole auf sie richtet, manchmal auch um das von anderen, meist um das eines drogensüchtigen Verwandten, eines eingesperrten Kindes oder eines Jugendlichen, der sich zum Gangleben verführen ließ, jetzt aber raus möchte und es nicht schafft.

»Mama.« Lucy kommt mit Jeans und einem einfachen Baumwoll-T-Shirt schulfertig angezogen. Sie hat ihre schwarzen Haare zu einem ordentlichen Pferdeschwanz zusammengebunden und mit einer einzelnen Blume geschmückt. Lola möchte fragen, woher sie die Blume hat, die sehr lila und weiblich ist, aber jetzt muss sie erst ihre Mutter abfertigen, die Schwangere abwimmeln und Lucy ins Auto verfrachten.

»Tut mir leid«, sagt Lola zu der Frau mit dem Bowlingkugel-Bauch. »Ich würde dir ja gern helfen, deinen Mann aus dem Gefängnis zu holen. Aber ich hab eine Verabredung. Und ich muss Lucy zur Schule bringen.«

Die Schwangere stützt sich mit einer Hand an der Betonwand ab. Der Rauputz ist kratzig, der blassrosa Anstrich erinnert an halbgaren Lachs. Die Schwangere lässt Lola vorbei.

Dabei kommt Lola ihr so nahe, dass sie den schweren unregelmäßigen Atem hört. Im Vorbeigehen streift Lola zufällig den Bauch. Spürt sie wirklich einen kleinen Tritt? Kann das sein? Ist es möglich, dass sich das Baby im Bauch an sie wendet?

Als Lola schon halb zwischen Wohnungstür und Treppe ist, hat die Schwangere wieder genug Atem geschöpft, um ihr hinterherzurufen.

»Ich will gar nicht, dass du meinen Mann aus dem Gefängnis holst. Ich will, dass mein Mann nicht mehr aus dem Gefängnis rauskommt. Nie mehr.«

Noch vor dem Treppenaufgang bleibt Lola stehen. »Warum?«

Leider kennt sie die Antwort schon. Der Mann der Schwangeren ist ein gewalttätiger Mistkerl, der sie und das Baby schlagen wird, noch ehe es zum Kind herangewachsen ist. Die Geschichte ist so alltäglich, dass sich Lola fragt, wie Cops morgens noch in den Spiegel schauen können, wenn sie zulassen, dass Männer – schwarze, weiße und alle Schattierungen dazwischen – Frauen und Kinder schlagen. Sie glaubt aber auch, dass es Cops gibt, die einfühlsam sind und sich nicht damit abfinden können, dass diese Männer munter weiterprügeln. Und dann kommen Alkoholismus, Scheidung und Selbstmord ins Spiel – wenn man einsehen muss, dass alles Gute, das man tut, niemals das Böse in der Welt ausrotten kann.

»Er schlägt mich«, bestätigt die Schwangere. Sie legt die Hände – kleine, geschwollene Hände – schützend auf ihren Bauch. »Und sie wird er auch schlagen.«

Sie. Ein kleines Mädchen.

In der Küche bemerkt auch Lucy den vorstehenden Bauch der Frau.

»Du bist schwanger«, stellt Lucy fest.

»Ja«, sagt die Frau.

Lola sieht, wie sich Lucys Augen verengen, während sie

der Frau auf den Bauch blickt. Versucht sie, durch Kleider und Haut zu sehen, durch die Schichten aus Blut und Adern bis ins Gesicht des Babys?

»Wie fühlt sich das an?«, fragt Lucy.

»Lucy ...« Maria will sie zurechtweisen, aber Lola zieht einen Küchenstuhl geräuschvoll über den Fliesenboden. Der Lärm lässt Maria zusammenzucken. Sie muss Lola nicht ansehen, um zu wissen, dass ihre Tochter will, dass sie den Mund hält und Lucy ihre Fragen stellen lässt über diese Welt und wie die Dinge darin funktionieren.

»Es ... es fühlt sich gut an«, antwortet die Frau.

Lola hätte gern eine genauere Antwort gehabt. Jeden Tag um dieselbe Zeit schluckt sie eine Pille, und von ihrem Partner verlangt sie, dass er ein Kondom nimmt, damit sie bloß nicht in dieselbe Situation gerät wie diese Frau.

»Komm mal mit, *mija*«, sagt Maria zu Lucy und nimmt den Teller mit den Eiern. »Gehen wir zum Essen ins Wohnzimmer.«

Lola bedeutet der Frau, sich einen Küchenstuhl zu nehmen.

»Willst du was trinken?«

»Danke, alles in Ordnung.«

»Du solltest genug trinken.«

»Mach ich.«

»Wie heißt du?«

»Camilla.«

»Wie findest du deinen Cousin?«

Camilla versteht den kleinen Hinweis in Lolas Stimme nicht – jenen, der alle wissen lassen soll, dass Lola viel von Jorge hält. Sie antwortet nur: »Er ist ein guter Mensch.«

Lola fallen viele Adjektive ein, um Jorge zu beschreiben, aber »gut« hätte es nicht unter die ersten hundert geschafft. Er ist zwar ein guter Mensch, da hat Camilla schon recht, so gut man als Gangmitglied mit einer durchschnittlich großen Menge Blut an den Händen eben sein kann, aber das Gute in ihm ist unter Schichten von Schutt und Geröll tief vergraben. Es ist so versteckt, dass er es nicht einmal selbst kennt.

Vielleicht ist er in der Familie anders, denkt Lola und verspürt einen Stich, weil Jorge nicht mit ihr verwandt, sondern ihr Soldat ist.

»Du hast gesagt, du willst, dass dein Mann im Gefängnis bleibt.«

»Ja.«

»Weswegen sitzt er?«

»Vor sechs Monaten waren wir in einer Bar.«

Alkohol. Männer. Schweiß. Gewalt.

»Mein Mann, Martin, bekam Streit mit einem anderen.«

»Warum?«

»Weil der andere mich auf einen Drink einladen wollte.«

»Also eine Kneipenschlägerei?«

Camilla schüttelt den Kopf.

»Der Mann ist gegangen. Und Martin hat gesagt, wir gehen jetzt auch. Ich hab gedacht, er will sich vielleicht draußen mit dem anderen prügeln. Aber Martin ist zu unserem Auto. Also hab ich gedacht, wir fahren nach Hause.«

Lola schweigt. Sie gibt Camilla Zeit, damit sie Vertrauen zu ihr fasst.

Camilla unterbricht sich und sieht sich in Lolas gelber Küche um. »Schön ist es hier«, sagt sie. *Ist es nicht*, denkt Lola, aber die Farbe an der Wand ist fröhlich, und der Ofen backt gleichmäßig. Niemand, der hier lebt, wird verprügelt. Allein dieser Umstand würde für manche Menschen aus Lolas Wohnung schon einen Palast machen.

»Und was ist dann passiert?«

»Martin hat gesagt, ich soll ins Auto steigen.« Die Schwangere hält wieder inne und senkt den Kopf.

»Und, bist du?«

»Ja.«

»Was war dann?«

»Wir ... Martin hat den Mann verfolgt. Er war in seinem Auto.« Die Frau sieht auf, so als wäre ihre Geschichte zu Ende.

»Hat Martin den anderen umgebracht?«, fragt Lola.

»Nein.«

»Was hat er dann getan?«

»Er hat ihn geschlagen.«

»Aber nicht umgebracht?«

»Nein. Der Mann ... er heißt Brandon ... er liegt im Koma. Und das ändert sich auch nicht mehr, bis seine Familie beschließt, das Beatmungsgerät abzuschalten.«

Jetzt begreift Lola den Horror dieser speziellen Prügelei. Wenn er kein Frauen schlagendes Arschloch wäre, hätte sie vielleicht eine gewisse Sympathie für Martins Haltung verspürt, aber das war eine dilettantische Volltrottelaktion. Wenn man jemanden verprügeln will, verprügelt man ihn, aber lässt ihn am Leben. Wenn man jemanden töten will, dann tötet man ihn. Aber niemand verdient es, zu atmen, ohne zu leben.

Andererseits sollte auch kein Mann sich wegen einer Frau mit anderen prügeln, so als wäre sie ein Eigentum, das der eine klauen und der andere zurückholen kann.

»Verstehe«, sagt Lola.

»Er sitzt wegen versuchtem Mord. Und es wäre Mord, wenn seine – Brandons – Eltern die Maschine abschalten. Aber das werden sie nicht tun. Sie finden das nicht richtig.« Dabei zeigt die Frau mit einer knappen Handbewegung, was »das« heißt: dass Eltern ihrem eigenen Kind das Beatmungsgerät abstellen und ihm Frieden geben, indem sie es töten.

»Und was soll ich da tun?«

»Martin kommt diesen Monat auf Bewährung raus.«

»Er hat nur sechs Monate abgesessen«, sagt Lola und bemerkt einen naiven Unterton in ihrer Stimme, den sie besser in den Griff kriegen muss.

»Wegen Überbelegung ... sonst keine Vorstrafen ... gute Führung ...«

»Wo ist er?«

»In Locust Ridge.« Als sie das sagt, blickt die Schwangere Lola in die Augen, und Lola sieht, dass sie sich bei diesen zwei Worten kurz mit der Zunge über die Lippen fährt.

Lola will sich nichts anmerken lassen. Sie öffnet die Fäuste, die sie unbewusst geballt hat.

»Ich glaub, da kann ich was tun«, sagt sie. »Ich weiß es sogar.«

»Wie denn?«

»Du bist zu mir gekommen. Also weißt du es auch.«

Die Frau senkt wieder den Kopf. Diesmal nickt sie. »Ja. Entschuldige bitte.«

»Und du weißt, was passiert, wenn du hinterher redest. Dann bekommst du dein Baby in einem Gefängniskrankenhaus. Also, du willst dieses Risiko eingehen, damit Martin seine Tochter ganz sicher nie zu Gesicht bekommt?«

Die Frau zögert. Sie öffnet den Mund, will etwas sagen, dann klappt sie ihn wieder zu, verschließt ihn fest wie eine Stahltür. »Ja.« Alles, was sie Lola vielleicht anvertrauen wollte, hat sie hinuntergeschluckt. Jetzt verfärbt sich ihr Gesicht ins Grünliche. Lola sieht, dass ihr Schweißperlen auf die Stirn treten, dick und rund wie kleine klare Maiskörner.

Die Schwangere geht, ohne sich zu verabschieden. Etwas an diesem Gespräch fühlt sich nicht richtig an.

Es liegt nicht daran, dass eine schwangere Frau Lola darum gebeten hat, ihren Ehemann umzubringen. Es ist etwas anderes, das Lola nicht genau benennen kann, egal wie oft sie das Treffen in ihrem Kopf Revue passieren lässt. Jorge ... guter Mensch ... Martin ... Brandon.

Als Lola vom Küchentisch aufsieht, steht die Sonne schon recht hoch am Himmel. Jetzt muss sie sich beeilen, damit Lucy noch rechtzeitig in die Schule kommt.

Dennoch läuft in ihrem Kopf eine Dauerschleife ab ... Koma ... dilettantisch ... gute Führung ... Überbelegung ... Locust Ridge.

Das Gefängnis, das Jorges schwangere Cousine genannt hat, ist dasselbe, in dem auch ihr kleiner Bruder Hector sitzt. Für heute hat sie dort einen Besuch geplant. Heute wird sie den Befehl geben, Martin zu töten.

2

KNASTBRUDER

Nachdem sie Lucy an der Schule abgesetzt hat, macht sich Lola auf die dreieinhalb Stunden dauernde Fahrt von Huntington Park zum Locust Ridge Prison. Die Landschaft besteht aus Wüste, Staub und Bergen. Außerhalb des Los Angeles County fließt der Verkehr gleichmäßig. Als das Radio Flakiss spielt, lässt Lola die Fenster runter. Ihre Haare flattern im Fahrtwind, fliegen ihr vor die Augen, peitschen ihre Wangen. An einer Tankstelle, die sie von ihren unzähligen Fahrten kennt und die, wie sie weiß, eine saubere Toilette hat, hält sie an und kauft eine Flasche Vitaminwasser und eine Tüte Salzmandeln. Den Weg kennt sie mittlerweile aus dem Effeff. Einmal pro Monat fährt sie die Strecke, es sei denn, Lucy hat etwas vor, bei dem Lola dabei sein muss.

Am Eingang durchläuft sie den üblichen Securitycheck. Sie hebt beide Hände über den Kopf und lässt den Wachmann sie abtasten. Mit der behandschuhten Hand fährt er ihr sogar durch die Haare, die nach der Fahrt zerzaust und verschwitzt sind. Er weiß, wie sie heißt, dennoch sagt er »Ma'am« zu ihr. Das ist keine respektvolle Anrede, sondern ein Signal, mit dem er ihr zu verstehen gibt, wer das Sagen hat und dass sie besser seinen Anweisungen folgt. Auch sie kennt seinen Namen, Rooney, sie spricht ihn damit an. Oft hat sie ihm auch schon von ihren Mandeln angeboten, aber er hat jedes Mal abgelehnt.

Der Besucherraum ist langgestreckt und hat eine niedrige Decke mit scheußlich grellen Leuchten. Vor einer Glasscheibe steht eine Stuhlreihe, dazwischen kleine Trennwände, die aber nur die Illusion eines vertraulichen Gesprächs vermitteln. Der Raum ist voller Augen und Ohren. Hier geht es nur um Hören und Sehen, nicht um Berühren. Es riecht nach Putzmittel und alten Donuts, zwei Gerüche, die zwar vertraut und vertrauenerweckend wirken können, aber nie verlockend. Lola bekommt davon ein flaues Gefühl im Magen.

Als sie den zugewiesenen Besucherplatz, die Nummer sechs, erreicht, sitzt Hector bereits hinter der Scheibe. Er hat die Hände in den Schoß gelegt, so dass sie die Handschellen nicht sieht. Sie weiß nicht, ob er sie absichtlich vor ihr verbirgt, um ihr den Anblick zu ersparen, oder ob er es unbewusst tut. Sie glaubt Letzteres, weil Hector wissen müsste, dass man sie nicht beschützen muss. Sie ist keine Frau, die weint, wie die Frau zwei Stühle weiter, eine ältere Schwarze in orthopädischen Schuhen. Dem Alter des Mannes nach, der ihr gegenübersitzt, sind sie Mutter und Sohn. Die meisten Gewaltverbrechen werden von Leuten in den Zwanzigern begangen, auch wenn Lola im Augenblick nicht einfällt, woher sie diese Statistik kennt. Vielleicht hat sie sich das auch nur ausgedacht. Dennoch schießt ihr die Frage durch den Kopf, wie lange die Frau schon hierherfährt, um den jungen Mann zu besuchen, den Lola für ihren Sohn hält. Wie lange weint eine Mutter um ihr verlorenes Kind?

»Hey«, sagt Hector. Seine Hände liegen jetzt auf der Ablage, weil er den Hörer genommen und sich zwischen Ohr und Schulter geklemmt hat. Er trägt tatsächlich Handschellen, und Lola verspürt einen Stich.

Sie verdrängt den Gedanken an den Zeigefinger, den sie ihm vor zwei Jahren nach einer missglückten Drogenübergabe zur Strafe abgeschnitten hat.

Lola nimmt ihren Hörer und klemmt ihn sich aus Solidarität ebenfalls zwischen Ohr und Schulter.

»Gut siehst du aus«, sagt sie wie bei jedem Besuch und meint es auch. Die zwei Jahre Gefängnis haben aus dem Jungen einen Mann gemacht. Das hätte Lola selbst gern getan, doch ihr ist es nicht gelungen. Seine langen glänzenden schwarzen

Haare sind im Nacken zu einem kleinen Knoten geschlungen. Offen getragen, das weiß Lola, würden sie ihm in glatten seidigen Strähnen auf die Schultern fallen. Auf dem Gesicht sind schwarze Bartstoppeln. Unter dem orangen Gefängnisanzug zeichnet sich sein Bizeps ab. Seine Schultern sind breiter geworden. Die Augen, die einmal große braune Teiche waren, die Lola nach allem anbettelten, was er sich wünschte – Eiskrem, Verzeihung, Gnade, Abendessen –, haben sich zu schwarzen Schlitzen verengt. Ist das ein Zeichen, dass aus dem Jungen ein Mann geworden ist?

»Danke. Du auch«, sagt Hector, aber Lola weiß, dass das Kompliment nur so dahingesagt ist. Ihres auch, aber immerhin nimmt sie sich meist die Zeit, um zu prüfen, ob die Worte, die sie ausspricht, wahr sind. Hector dagegen sieht sie kaum an. Ob er befürchtet, wieder zum kleinen Jungen zu werden, wenn er ihr in die Augen sieht?

»Du siehst mich überhaupt nicht an«, bemerkt sie, weil das bei früheren Besuchen meist anders war. Lola mag verantwortlich sein, dass Hector hinter Gittern gelandet ist. Aber Hector hat vorher im Namen der Gang und in ihrem Namen so viel unverzeihliche Scheiße gebaut, dass die Einsicht, sie habe ihn geopfert, für ihn eine ungeheure Erleichterung war. Hector hatte sie die ganze Zeit nicht um Gnade, sondern um Strafe angebettelt.

»Oh«, sagt Hector. Sie sieht, dass durch seinen Körper ein Ruck geht. Er setzt sich aufrechter hin und richtet seine schwarzen Augenschlitze auf sie. Keine Entschuldigung. Er korrigiert nur die Haltung, nicht sein Verhalten. Lola begreift, dass das Gefängnis aus ihrem Bruder nicht nur einen Mann gemacht hat, sondern aus einem Zivilisten auch einen Soldaten.

Gut, denkt sie, *denn gleich bekommt er seinen ersten Befehl in dieser Umgebung.*

»Wie wirst du hier behandelt?«

»Alles okay.«

»Nicht gut?«

»Es ist ein Gefängnis«, sagt Hector. »Wir sitzen eine Strafe ab. Wir sind selbst schuld, dass wir hier drin sind.«

Und ich, denkt Lola, *ich bin schuld, weil ich Darrel King mit einer zerschlagenen Bierflasche den Hals aufgeschlitzt habe. Aber nur, weil du mich in den Schlamassel reingeritten hast, Hector. Ich habe dein Leben gerettet.*

Hector wird zehn Jahre einsitzen, vielleicht etwas kürzer. Dann ist er fast dreißig. Seine Zwanziger wird er verpassen, die Phase, in der weiße Jungs dummes Zeug anstellen dürfen und daraus lustige Geschichten mit Nutten, Koks und wilden Partys machen, für die allerdings alle anderen zahlen müssen.

»Macht dir wer Ärger?«

»Nope. Lola, um mich brauchst du dir keine Sorgen machen. Bei mir hier ist alles gut.«

Lola möchte ihn korrigieren. Ja, die Crenshaw Six haben jetzt mehr Macht als vor zwei Jahren. Sie haben mehr Ecken, mehr Stoff, mehr Geld und eine einflussreiche Weiße als Partnerin – sie ist sogar Staatsanwältin –, aber sie sind nicht die MS-13. Sie haben kein großes Netzwerk an Leuten im Gefängnis, das Schutz bietet und die Möglichkeit, Drogen zu verkaufen und sogar im Knast Geld zu verdienen. Hier ist seine Hautfarbe das Einzige, was Hector mit allen anderen verbindet. Macht ihn das automatisch zum Adoptivkind der MS-13 oder einer anderen Latino-Gang? Werden sie die Schwarzen in die Schranken weisen und die Aryan Nations hindern, Hector in der Dusche zusammenzuschlagen? Ist der Schutz ihres Bruders für sie selbstverständlich? Und selbst wenn, werden sie eines Tages vielleicht doch nicht zur Stelle sein, um ihn zu retten?

»Lola«, sagt Hector und beugt sich vor. »Mir geht's wirklich gut.«

»Okay.« Lola schluckt den Kloß in ihrem Hals so schnell runter, dass es schmerzt.

»Hast du alles für die Party heute Abend?«

»Ich muss nur noch die Sandwiches abholen.«

»Ach ja, Sandwiches. Weißenfutter von so 'nem Deli in Santa Monica. Wie hieß der noch mal, Bay Cities?«

»Ja. Wer hat dir das erzählt?«

»Mom hat mir eine Mail geschrieben«, antwortet Hector. Als Hector nach Locust Ridge kam, legte sich Maria doch tatsächlich eine E-Mail-Adresse zu. Gegen Lolas Rat bei AOL. Lola hatte ihr gesagt, dass kein Mensch mehr AOL benutzt, aber Maria stellte stolz einen Scheck über fünfundzwanzig Dollar für einen Dienst aus, von dem Lola nicht gedacht hätte, dass man dafür noch zahlen konnte, klebte eine Briefmarke auf einen weißen Umschlag und ging damit höchstpersönlich zum Briefkasten an der Ecke. Als Lola ihre Mutter deswegen zur Rede stellen wollte, meinte Maria, sie solle sich aus ihren Angelegenheiten raushalten. Na prima, dachte Lola, dann zahl ich auch deine Miete nicht mehr und koche nicht für dich, und ich klopfe auch nicht jeden Morgen bei dir an die Tür, um sicherzugehen, dass du dir keine Überdosis verpasst hast. Doch Lola hielt ihren Mund, eine jahrhundertealte Sitte, die Töchter aller Kulturen zwingt, gegenüber ihren Müttern zu schweigen, und als es Abend wurde, bereitete sie für Maria Tacos al carbón zu.

»Weißt du, warum sie bei AOL ist? Ich hab ihr gesagt, dass kein Mensch mehr bei denen ist«, sagt Hector.

»Ja, hab ich ihr auch gesagt. Weißt du, dass sie sogar dafür zahlt?«

»Scheiße, echt?«

»Jeden Monat schickt sie denen 'nen Scheck. Wahrscheinlich sackt irgendein nigerianischer Prinz den ein.«

»Ja, wahrscheinlich.«

»Mom ändert sich nicht mehr«, sagt Lola und freut sich, dass sie und Hector über den ärgerlichen, aber harmlosen Internetservice ihrer Mutter sprechen und nicht über ihre potenziell tödliche Heroinsucht. Für einen Moment könnten sie Geschwister aus einem Vorort sein, die sich kopfschüttelnd und zugleich voll Zuneigung über eine Schrulle eines alternden Elternteils wundern.

»Hätte dich heute gar nicht erwartet«, bemerkt Hector. »Dachte, dass du mit der Party zu viel um die Ohren hast.«

»Nicht so viel, dass ich dich nicht besuchen könnte.« Was stimmt, Lola hat den Besuch heute lange geplant, auch bevor die Schwangere am Morgen mit ihrem Mordgesuch aufgetaucht ist. *Clevere Terminplanung*, denkt Lola, obwohl sie einräumen muss, dass Camilla nicht verlangt hat, dass sie den Mordbefehl heute schon gibt.

»Ist sonst noch was? Mit Mom?«

Und damit sind sie wieder Hector und Lola, Kinder einer Junkie-Mutter, die immer aufeinander aufpassen, falls Maria wieder einmal beschließt, all ihr Hab und Gut zu verpfänden und sich eine Nadel zwischen die Zehen zu setzen, weil die Venen in ihren Armen schon zu kaputt sind.

»Ja.«

Hectors Körper strafft sich.

»Nicht mit Mom«, beeilt sich Lola. »Es ist ... Arbeit.«

Sie muss vorsichtig sein. Hier steht ein Wachmann in jeder Ecke, stockstill, um die Gespräche der Gefangenen mitzuhören. Noch nie hat sie einen Mordbefehl vor so vielen Gesetzeshütern gegeben, wenn Gefängniswärter denn dazuzählen.

»Worum geht's?«

»Eine Frau ist zu mir gekommen«, sagt Lola und zwingt sich zu einem Lächeln, das sie in ihrem Gesicht einfriert, damit sie ihr Handy hochhalten und ihm das Display zeigen kann, ohne aufzufallen. Darauf sind Fotos von Lucy, und sie scrollt zu ihnen, während sie weiterspricht. »Sie hat Probleme mit ihrem Ehemann.«

Hector lacht über die Fotos von Lucy, die mit untergeschlagenen Beinen auf der Couch sitzt und versucht, einen Dickens-Roman zu lesen, den Lola auf dem Flohmarkt entdeckt hat. Lola will Lucy aber nicht in die Sache hineinziehen. Sie scrollt weiter.

»Diese Frau braucht Hilfe.«

»Wobei?«

»Ihr Mann ist auch hier drin. Vielleicht kennst du ihn sogar.« Lola kommt zu dem Foto, das ihr die geschlagene Frau gezeigt hat. Es war ein Abzug, und Lola hat ihn mit dem Handy fotografiert, als er auf dem Küchentisch lag. Keine SMS zwischen der Schwangeren und Lola.

Der Mann der Schwangeren hat einen Bauch, seine schwarzen Haare sind schütter und werden grau, er ist mindestens zwanzig Jahre älter als Camilla. Der Schnurrbart kann nicht von den dicken Wangen ablenken. In den schwarzen Augen blitzt so etwas wie Freude auf, der rechte Mundwinkel deutet ein Lächeln an. Er sitzt vor einem riesigen Geburtstagskuchen mit zu vielen Kerzen, als dass man sie zählen könnte. Lola hat das Foto lange betrachtet und sich gefragt, ob Camilla es gemacht hat, ob das Funkeln seiner Augen und das angedeutete Lächeln von Liebe zu ihr zeugen oder nur Besitzerstolz.

»Ja«, sagt Hector. Er beugt sich vor, und Lola bemerkt, dass sich ein Wachmann bewegt.

»Zurück«, zischt Lola durch zusammengebissene Zähne.

Hector gehorcht.

»Ich hab ihn schon mal gesehen«, sagt Hector jetzt mit mehr Überzeugung.

»Siehst du den Geburtstagskuchen?«

»Ja.«

»Keine neuen Kerzen mehr für ihn«, sagt Lola, ohne zu wissen, ob der Befehl in der Atemluft, die zwischen ihren Lippen hervorströmt, untergeht. *Blas dem Arsch das Licht aus.*

Sie erwartet, dass Hector zögert und nachdenkt. Doch stattdessen sagt er: »Ach darum geht's.« Lola braucht einen Moment, um zu begreifen, dass das kein Kommentar ist, sondern die Bestätigung des Befehls.

Der Wachmann kommt aus der Ecke zu ihnen, der Lautsprecher schnarrt, dass die Besuchszeit zu Ende ist und die Gefangenen in die Zellen zurückmüssen.

Lola wischt die Fotos auf ihrem Handy weiter bis zu einem anderen Bild von Lucy. Sie fragt sich, ob der Wachmann sie für Hectors Freundin hält und Lucy für ihr gemeinsames Kind. Und sie fragt sich, ob Hectors wirkliche Freundin Amani ihn besucht hat oder ob sie so klug war, ihre verbotene Liebe zu vergessen, nachdem sich aus der schwierigen Lage eine unmögliche entwickelt hat.

»Wie geht's Amani?«, fragt sie, als sie von dem harten Plastikstuhl aufsteht.

»Was?« Hector ist überrascht. Noch nie hat sich Lola nach der klugen jungen Schwarzen erkundigt, die harmlos wäre, wäre ihr Bruder nicht der Anführer einer feindlichen Gang ... der Anführer einer feindlichen Gang, den Lola umgebracht hat, um ihrem Bruder das Leben zu retten.

»Amani. Hat sie dich schon mal besucht?«

»Nein«, sagt Hector. Und als bisher einzige freche Antwort fügt er hinzu: »Zufrieden?«

»Nein«, sagt Lola und staunt über ihre Antwort, weil sie weiß, dass es so besser ist für die beiden. Doch wenn sie ihren Bruder in Handschellen und mit gesenktem Kopf sieht und wenn sie an sein gebrochenes Herz denkt, dann kann sie nicht zufrieden sein, dass das, was sie sich in schlaflosen Nächten so sehr gewünscht hat, nun Wirklichkeit geworden ist.

3
TOTENFEST

Der Hof von Lolas Wohnanlage ist voller Ringelblumen und Totenköpfe. Es ist der Abend des 1. November, *Día de los Muertos.* Zeit für ihre Party. Was heute Morgen noch ein staubiger und brauner Hof war, haben Lolas Männer in einen Laufweg zu einem Schrein verwandelt. Die Nachbarn bereiten sich darauf vor, ihrer Toten zu gedenken. Lola hat dafür die Blumen, das Essen und die Totenköpfe besorgt. Ihre Leute werden das Ritual dazu beisteuern.

Hector hatte recht. Das Essen hatte sie bei Bay Cities gekauft – Sandwiches aus frischem, knusprigem italienischem Weißbrot. Als sie damit nach Hause kam, hatte sie Maria damit beauftragt, die Chicken-Parmesan- und die Meatball-Sandwiches im Ofen warmzuhalten. Die kalten Sandwiches wurden auf die anderen Bewohner im Haus aufgeteilt – die Sandwiches mit Truthahn und Havarti-Käse verschwanden in dem wenigen freien Raum, den die Familie Hernandez neben den Orangensaftkartons und Scheiblettenpäckchen im Kühlschrank hatte; die Sandwiches mit Räucherschinken kamen bei Señora Ocampo unter, in deren Kühlschrank offenbar nichts anderes war als zehn Stangen Sellerie; Nudelsalat und Paprikacreme hatten noch in Lolas Küche Platz. Jetzt tragen ihre Männer das Essen von den Wohnungskühlschränken in den Hof, und Lola sieht zu, wie sie die Aluminium-Grillschalen mit den abgedeckten Sandwiches auf lange, mit Papiertischdecken bedeckte Tische stellen.

»He, Mann, du musst Löcher in die Folie machen, bevor du mit dem Scheiß rumziehst. Sonst suppt das Zeug durch«, erklärt Jorge Marcos, der sich von den Prügeln erholt hat und eine heiße Grillschale nur mit ein paar Blatt Küchenrolle als Topflappen hält. Maria hat noch immer nicht kapiert, dass ein bisschen Zellstoff nichts gegen zweihundertzwanzig Grad heißes Metall hilft. Lola fragt sich, ob Soziopathen wie Marcos und Exjunkies wie Maria das Gefühl von versengendem Fleisch vielleicht als angenehme Abwechslung schätzen. Ob das für sie der letzte Thrill ist, der ihnen das Gefühl gibt, lebendig zu sein? Oder finden sie es gut, weil sie dann meinen, für die Sünden bestraft zu werden, die sie nicht zugeben wollen?

»Sorry«, sagt Marcos. Als der Exknacki im nächsten Moment die große Grillschale auf den Tisch stellt und dann halb aus Entschuldigung, halb aus Schmerz die Hände in die Höhe reißt, überlegt Lola, ob sie auf seinen Handinnenseiten wirklich rote Brandflecken sieht oder ob sie sich das nur einbildet. Wenn Marcos tatsächlich Schmerzen hat, dann schüttelt er sie schnell ab, denn im nächsten Augenblick hat er ein Steakmesser vom Tisch genommen und sticht vorsichtig kleine Schlitze in die Folie, damit aus dem Tablett mit den Meatball-Sandwiches der Dampf entweichen kann.

»Gut gemacht, Chef«, sagt Jorge.

»Danke«, antwortet Marcos. Lola gefällt es, wenn sich ihre beiden Soldaten gemeinsam darum kümmern, dass das Brot nicht matschig wird.

»Nichts ist so sexy wie ein Mann mit Essen«, ruft sie hinunter. Sie findet es höflich, es ihre Männer wissen zu lassen, wenn sie sie beobachtet. Sollen sie ruhig Dampf ablassen, solange es nicht in ihrem Beisein geschieht. Es ist völlig normal, sich über denjenigen zu beschweren, der in der Befehlskette über einem steht. Lola käme es verdächtig vor, wenn sich ihre Männer nicht ab und zu über sie beschweren würden. Aber wenn sie das mitbekommt, muss sie einschreiten, in ihrem Unternehmen gibt es keine Personalabteilung, die vorher abmahnt.

Jorge dreht den Kopf nach links und rechts, dann blickt er

einmal rundum im Hof, in dem außer Marcos und ihm keiner ist.

»Ich seh keine Männer hier«, sagt er.

Lola lacht, auch wenn ihr bewusst ist, dass der Witz gegenüber ihr als Frau etwas abschätzig ist.

»Gibt's auch Tortillas?«, fragt Marcos.

»Tortillas?« Jorge runzelt die Stirn. »Heut gibt's Italienisch. Vom Bay Cities Italian Deli. Und in Italien gibt's keine Tortillas. Stimmt doch, Lola, oder?«

»Stimmt«, sagt Lola.

»Oh.« Die Enttäuschung in Marcos' Stimme versetzt ihr einen Stich.

Sie bemerkt den attraktiven Mexikaner mit den hohen Wangenknochen und den kräftigen Oberarmen erst, als er fast vor ihr steht. Er hat sich nicht angeschlichen und will sich auch nicht auf sie stürzen. Er muss sie gar nicht berühren, um sie seine Präsenz am ganzen Körper spüren zu lassen.

Er heißt Manuel. Seinen Namen hatte sie erst erfahren, nachdem er vor zwei Jahren den Befehl seines Bosses, Juan Gomez, ihr eine Überdosis Heroin zu spritzen, hintertrieben hatte. Manuel hatte sich als treuer Gefolgsmann des Los-Liones-Kartells hochgedient, aber nachdem Lola den Kartellboss erstochen hatte, schwor er ihr die Treue.

Seit einem Jahr schläft sie mit ihm, auch wenn man sagen muss, dass Schlafen dabei nicht inbegriffen ist. Sie vögeln. Sie reden nicht und kuscheln nicht und schmieden auch keine Zukunftspläne. Es dauert fünfzehn, vielleicht zwanzig Minuten, und in dieser Zeit nehmen sie einander, bearbeiten sich, schwitzen, stöhnen, und danach ist es vorbei. Sobald sie ihn von sich stößt, steigt er aus ihrem Bett, selbst wenn er erschöpft ist, sein schwitzender Körper an Laken und Matratze klebt und sich nach Ruhe sehnt.

»Los, mach schon«, sagt sie dann zu ihm, und immer folgt

ein fünfminütiges Stöhnen und Herumwälzen, mit dem er sie davon zu überzeugen versucht, dass er gleich die Füße auf den Boden setzen und auf Zehenspitzen aus dem Bett und aus der Wohnung schleichen wird, ohne eine Spur zu hinterlassen, die Lucy verwirren könnte. Oder Lola.

Hinterher strotzt Lola vor Energie, sie schlüpft in den Bademantel und möchte am liebsten den Boden wischen oder das Essen für die gesamte nächste Woche kochen.

Kommt sie deswegen immer wieder auf ihn zurück? Um ihre Produktivität zu steigern? Ist er ihr geheimes Elixier? Ihr Glücksbringer? Wenn ja, kann sie ihn dann jederzeit fallen lassen, wie sie es sich einredet, ganz ohne Selbstvorwürfe?

»*Hola*«, sagt Manuel jetzt. Er hat die Hände in den Taschen seiner dunklen Jeans vergraben. Er ist groß, knapp zwei Meter, und das Wissen um den Raum, den er einnimmt, bringt ihn dazu, sich möglichst klein zu machen. Nicht nur sind seine Hände in den Taschen, er hat auch die Schultern gebeugt und den Kopf gesenkt. Wenn er bedrohlich wirken will, richtet er sich zu voller Größe auf, aber zu diesem festlichen Anlass will er den Kindern keine Angst einjagen.

»*Hola*«, sagt Lola. Sie spürt die Blicke von Jorge und Marcos. Noch haben sich ihre amerikanischen und ihre mexikanischen Soldaten nicht vollständig aneinander gewöhnt. Manuel spricht schlechtes Englisch, obwohl Lola ihn schon dabei erwischt hat, wie er in seinem Auto lernte. Er muss sich ein Sprachlernprogramm besorgt haben, weil sie manchmal aus dem Autofenster eine klare amerikanische Frauenstimme Worte wie »cat«, »dog«, »kitchen«, »lunch« aussprechen hört. Ohne dass Manuel es mitbekommt, wartet sie oft, bis er diese Worte nachspricht, um seine Fehler zu hören. Aber wenn sie merkt, dass seine Bemühungen sie rühren, lenkt sie sich sofort ab. Er lernt Englisch, damit sie stolz auf ihn ist. Wenn sie sich das eingesteht, kann sie ihn nicht mehr aus dem Bett werfen.

Neben Manuel steht Ramon. Er hat seine faltigen Hände hinter dem Rücken verschränkt. Ramon ist über sechzig, sein Gesicht eine zerklüftete Landkarte aus Haut und Falten. Er hat saubere weiße Haare und ordentlich geschnittene Fingernägel. Selbst heute Abend, wenn groß gefeiert werden soll, trägt er seine übliche Kluft aus kurzärmligem blauem Hemd und dunkelblauer Arbeitshose. Es ist die Art Hemd, an der man ein Namensschild erwartet, aber Ramon bindet seinen Namen nicht jedem auf die Nase. Er ist Lolas Putztrupp, der Mann, der Waffen und Drogen und Leichen verschwinden lassen kann. Im Handumdrehen fälscht er einen Pass oder einen Führerschein. Er macht seine Arbeit so sorgfältig, dass man kaum nachweisen kann, ob die Waffen, Drogen oder Leben, die er hat verschwinden lassen, jemals existiert haben. Auch er kam von Los Liones zu Lola, aber im Gegensatz zu Manuel haben Jorge und Marcos ihn längst akzeptiert. Ramon spricht wenig, weder auf Englisch noch auf Spanisch. Er ist zu alt und hat schon zu viel erlebt, um sich noch für Machtspielchen zu interessieren. Er erledigt seine Aufträge klaglos und durchaus mit Stolz, aber ohne Leidenschaft. Nach getaner Arbeit geht er nach Hause in eine Wohnung, in der Lola noch nie war, aber die sie sich so sauber und bescheiden vorstellt, wie er selbst es ist. Ramon ist keine Bedrohung. Ramon schläft nicht mit der Anführerin.

Lola ist nicht so naiv, dass sie die unterschwellige Dynamik, die hier am Werk ist, auf die leichte Schulter nimmt. Manuel und Ramon stehen mit ihr oben und blicken auf den Hof mit Jorge und Marcos hinunter.

»Yo, Boss«, ruft Jorge herauf. »Willst du mal diese Tortas probieren?«

Lola überkommt eine Welle der Dankbarkeit, weil Jorge versucht, die Situation zu entspannen und ein Wort verwendet, das sowohl der mexikanische wie der amerikanische Teil verdauen können.

»Ja«, ruft sie zurück und springt gleich zwei Stufen auf einmal die Treppe hinunter. Die beiden Männer folgen ihr.

»Ich hab schon mal vorgekostet. Sind nicht vergiftet«, sagt Jorge. Noch während sie lacht, merkt Lola, dass er ausnahmsweise keinen Witz gemacht hat.

»Was ist los?«, fragt Manuel auf Spanisch.

»Nichts, yo«, antwortet Jorge auf Englisch. »Alles okay.«

Sie hatte noch keine Gelegenheit zu erzählen, dass seine Cousine Camilla bei ihr war und den Mord an ihrem Mann in Auftrag gegeben hat. Vielleicht ist das der Grund für die Anspannung, aber Lola will heute Abend eine Party feiern und nichts von Hickhack und Rivalitäten in der Gang, Sprachgrenzen und häuslicher Gewalt hören.

Lola beißt herzhaft in das warme Sandwich.

Als die Nachbarn sehen, dass Lola im Innenhof ist, öffnen sich die Türen. Wie Pferde aus der Startbox stürmen die Kids hinaus auf das dürre tote Gras. In kurzer Zeit ist alles voll lärmender, hin und her laufender Kinder. Die Erwachsenen folgen ihnen gemächlichen Schritts. Sie tragen Schals und dünne Jacken, um sich gegen die einsetzende Abendkühle zu schützen, während die untergehende Sonne in einem Flammenmeer versinkt.

Señora Ocampo beugt sich über ein Kind, das sich das Knie aufgeschürft hat.

»Das kommt davon, wenn du so wild rumrennst«, schimpft sie auf Spanisch, aber im nächsten Moment kommt eine ältere Frau dazu und flüstert dem Kind zu, dass mit einem Stück Kuchen und ein paar Küssen alles wieder gut wird. Als die alte Frau dem Kind das Knie küsst, hört es auf zu weinen, springt auf die Füße, läuft wieder los und schreit nach dem Fußball.

Mrs Hernandez schiebt ihren dicklichen Kindergartensohn und ihren dünnen Erstklässler zur Wohnungstür hinaus. Ihre beiden Töchter, ein Kleinkind und einen Säugling, hat sie links und rechts auf dem Arm. Lola weiß nicht, wo die Teenagertochter der Hernandez' ist, aber sie vermutet, dass sie mit einem Schwung weiterer Halbwüchsiger, die aus nichts als Gefühlen und Trägheit bestehen, auf die Gelegenheit zum großen Auftritt wartet. Mr Hernandez folgt seiner Frau und der Kinderschar mit von harter Arbeit gebeugten Schultern.

Als Mrs Hernandez bei den Büfettischen ankommt, bleibt sie stehen. Mr Hernandez stößt von hinten gegen sie.

»Entschuldige«, sagt er.

»Geh doch nicht so dicht hinter mir«, tadelt sie ihn.

»Entschuldige«, wiederholt Mr Hernandez, und Lola weiß nicht, ob sie mit Mr Hernandez Mitleid hat, der besser aufpassen sollte, wohin er tritt, oder mit Mrs Hernandez, weil ihr Mann sie fünf Mal geschwängert hat. Ist es denn ein Wunder, wenn sich eine Frau nicht mehr von ihrem Mann berühren lassen will, weil sie ständig ihren dicken Sohn anschnauzen muss, er soll nicht zuerst den Nachtisch essen, ihren dünnen Sohn bitten, wenigstens ein Sandwich zu probieren, und ihr zugleich das Kleinkind ins Ohr brüllt und der Säugling an ihren Haaren reißt?

»Wo ist Carmen?«, erkundigt sich Mrs Hernandez bei ihrem Mann nach ihrer Teenagertochter.

»*No sé*«, sagt er. Natürlich weiß er es nicht.

»Und wo sind die Tortillas?«, fährt sie fort, als ob die unerklärliche Abwesenheit ihrer Tochter und ihrer Lieblingskohlehydrate dieselbe Dringlichkeit haben.

»Ich weiß nicht«, sagt ihr Mann noch einmal.

Ich weiß nicht. Entschuldige. Ich weiß nicht. Entschuldige. Wenn sie dieses Ehepaar sieht, ist Lola froh, dass sie ihr Bett für sich allein hat und jeden Morgen nur mit Lucy verbringt. Sie möchte keinen Partner, der nichts weiß und sich dauernd entschuldigt. Sie hat keine Lust, all die Fragen zu stellen, die Ehe und Familienleben bestimmen – *haben wir noch Milch, kannst du den Müll rausbringen, was meinst du, um wie viel Uhr musst du aus dem Haus, wenn du die Kinder zur Schule bringst?*

Lola unterbricht Mrs Hernandez mit einem höflichen Lächeln. »Diese Sandwiches sind von einem italienischen Deli«, sagt sie. »Da backen sie das Brot jeden Tag frisch. Meine Mutter und ich haben es warmgehalten. Bitte, probieren Sie doch.«

»Das sieht ja blutig aus«, sagt der dünne sechsjährige Hernandez-Junge. Er hat den Brotdeckel von einem Meatball-Sandwich angehoben und glotzt auf den Fleischkloß in roter Soße.

»Abel«, zischt Mrs Hernandez.

»Abel«, seufzt Mr Hernandez.

»Schon okay«, sagt Lola und spürt, wie Mr Hernandez in seinem Rücken die Hand zur Faust ballt. Hier in ihrem Hof ist er ängstlich, aber er hat eine Frau, die ihn herumkommandiert und sich nicht von ihm anfassen lassen will, und er will auch nicht, dass Lola ihm Geld für Lebensmittel gibt. Er ist arm. Er kann seine Familie nicht ernähren. Lola würde es nicht überraschen, wenn so ein Mann sein Kind schlägt, damit er das Gefühl von Macht hat.

»Wir haben auch Truthahn und Havarti«, sagt Lola.

»Schmeckt saugut«, blubbert der Fünfjährige mit vollem Mund. Seine Backen sind dick wie die eines Eichhörnchens, das Nüsse für den Winter sammelt.

»Was ist Havarti?«, fragt der Dünne.

Die ganze Familie Hernandez vom Baby bis zum Papa sieht Lola fragend an.

»Käse«, antwortet Lola.

Der dünne Junge legt das Meatball-Sandwich zurück auf das Tablett, worauf die Mutter einen empörten Schrei ausstößt.

»Abel, wenn du das Sandwich anfasst, musst du's auch essen«, sagt Mrs Hernandez in gepresstem Englisch. Lola fängt ihren Blick auf – sie will wissen, ob Lola bemerkt hat, dass sie ihren Sohn tadelt, wenn er das von ihr gestiftete Essen so behandelt.

»Ist schon okay«, wiederholt Lola.

»Abel, versuch doch mal den Truthahn.«

»Ich will aber –«

»Abel!« Wieder Mrs Hernandez, diesmal mit einem tiefen Bellen, und die Geschwindigkeit, mit der Abel eine Serviette auffaltet und sich ein Truthahn-Sandwich in den Mund schiebt, verrät Lola, dass es Mrs Hernandez und nicht ihr Mann ist, die die Hand gegen ihre Kinder erhebt.

Es hat einmal eine Zeit gegeben, da hätte Lola sofort etwas unternommen. Jetzt speichert sie solche Informationen für späteren Gebrauch. Sie wird sich um das Problem kümmern, aber sie muss ein ganzes Unternehmen führen. Manche Angelegenheiten ihrer Leute muss sie an vertrauenswürdige Stellvertreter delegieren.

Als der dünne Hernandez-Junge seinen Bissen des Truthahn-Sandwiches auf das tote Gras des Hofs spuckt, gibt Mrs Hernandez ihrem Sohn eine Ohrfeige.

Mr Hernandez bittet seine Frau aufzuhören, aber sie tut es nicht. Sie prügelt auch nicht mehr nur mit der Hand auf ihren ungezogenen Sohn ein, sondern hat plötzlich einen Gürtel in der Hand, der sich im Durcheinander gelöst haben muss.

Lola geht dazwischen und bekommt einen Schlag auf die Hüfte. Sie spürt einen stechenden Schmerz, dann legen sich zwei kräftige Hände um ihre Taille und ziehen sie weg von dem Kampf, der keiner ist, weil nicht zwei Erwachsene miteinander kämpfen. Es ist Missbrauch.

»Was soll der Scheiß?«, ruft Lola, aber wegen des Gezeters von Mrs Hernandez und Abels Gebrüll hört sie niemand.

Manuel baut sich in seiner ganzen Größe vor Mrs Hernandez auf.

»Sofort aufhören«, sagt er auf Englisch mit schwerem Akzent. Dann zerrt er Mrs Hernandez von ihrem Sohn weg und reißt ihr den Gürtel mit einem so heftigen Ruck aus der Hand, dass sie vor Schmerz aufschreit.

»Was soll der Scheiß«, wiederholt Lola, aber so leise, dass es niemand hört. Sie meint nicht den Familienstreit, sondern den Mann, der sich nähert. Er ist aus einem dunkelblauen Wagen gestiegen, ein gediegenes Fahrzeug ohne Chrom, Sportfelgen und getönte Scheiben. Er trägt eine Jeans, die so dunkel wie sein Wagen ist und keine Risse oder Löcher hat, und sein gebügeltes kurzärmliges Hemd steckt im Bund. In den Händen hat er eine weiße, mit Folie bedeckte Keramikschüssel.

Er gehört nicht hierher, aber Lola erkennt ihn trotzdem sofort.

»Lola«, sagt er, und alle ihre Männer drehen sich zu ihm, obwohl sie schwören könnte, dass er genauso leise gesprochen hat wie sie. Vielleicht hören sie den weichen Bariton eines der ihren besser als die fragende Stimme einer Frau.

Es ist Garcia, ihr Ex, mit dem sie drei Jahre in dem kleinen Haus drei Blocks weiter gelebt hat, der Mann, der so getan hat, als würde er die Crenshaw Six anführen, während Lola im Hintergrund die Fäden zog. Der Mann, der zufrieden war, sich neben ihr im Bett herumzuwälzen, bis Lola beschlossen hat, aus dem Schatten ins Licht zu treten.

»Ich hab Flautas mitgebracht«, sagt Garcia.

Lola spürt, wie alle gebannt auf die weiße Keramikschüssel mit dem beliebten Gericht starren. Hört die Fliegen über den schon durchgeweichten Sandwiches kreisen. Sie dreht sich nicht um, um nachzusehen, wie viele übrig sind.

»Wer ist das?«, hört sie Manuel auf Spanisch fragen. »Ist es okay, wenn er hier ist?«

Jorge und Marcos sehen sich an. Als sich Jorge mit der Zunge über die Lippen fährt, weiß Lola, dass er gern Flautas hätte.

»Nein«, sagt Marcos.

»Die hat Christina selbstgemacht«, fährt Garcia fort und zupft die Folie vom Schüsselrand.

»Was machst du hier, Mann?«, fragt Jorge.

»Ich hab gehört, hier steigt 'ne Party –«

»Bist du eingeladen?«

»Nein, aber ich war zufällig in der Gegend –«

»Du kommst zufällig und hast selbstgemachtes Essen von einer Frau dabei?« Diesmal ist es Manuel mit seinem holprigen Englisch. Lola hört in seiner Stimme eine Unsicherheit, die in seiner Muttersprache Skepsis wäre. Auf Englisch klingt er so, als wüsste er nicht, ob er die Situation richtig versteht.

»Ziemlich gute Frage. Du bist zufällig mit 'ner Schüssel Flautas in der Gegend?« Jorges anerkennendes Nicken lässt Manuel noch etwas gerader stehen.

Der ganze Hof wartet gebannt auf Garcias Antwort. Mit gestärktem weißem Hemd, glattrasiertem Gesicht und überdeckten Tätowierungen steht er da wie ertappt.

»Ich würde gern mit Lola allein sprechen«, sagt er.

»Nein.«

»Nein.«

»Keine Chance, du beschissenes Arschloch.« Jorge.

Lola macht einen Schritt auf ihren Ex zu. Sie weiß, dass er etwas von ihr will. Sie muss auf seine Anwesenheit reagieren, darf das nicht nur ihren Männern überlassen.

»Capitana –«

»Schon gut.«

Manuel legt ihr eine Hand auf die Schulter, aber sie schüttelt sie ab.

Jetzt steht sie vor Garcia.

»Warum bist du hier?«, fragt sie mit einer sanften Stimme, die keiner je von ihr gehört hat.

»Ich ... ich wollte dich sehen.«

»Es ist zwei Jahre her.«

»Zu lang.«

»Finde ich nicht.«

Garcia lacht ungläubig, aber sie sagt die Wahrheit.

»Gib mir das«, sagt Lola und deutet mit einem Nicken auf die Schüssel mit Flautas. Garcia reicht sie ihr.

Lola zieht die Folie ganz ab und betrachtet die Flautas. Sie sind goldbraun frittiert, kein bisschen verbrannt. Sie selbst wäre zu so einer kulinarischen Perfektion nicht fähig. Allerdings gibt es bei ihr auch nichts Frittiertes.

Lola dreht die Schüssel um, und die Flautas fallen auf den Boden.

Im Hof ist es mucksmäuschenstill. Irgendwo in Huntington Park weint ein Kind, eine Feuerwehrsirene heult, ein Auto bremst quietschend.

»Geh jetzt«, sagt Lola.

Wenn Garcia privat zu ihr gekommen wäre, hätte sie mehr Zeit gehabt, um herauszufinden, was er von ihr will. Sie ist nicht so dumm, zu glauben, dass er zufällig aufgetaucht ist. Sie ist auch nicht so dumm, zu glauben, dass er es ohne sie nicht mehr ausgehalten hat. Es ist zwei Jahre her, er hat eine neue Freundin, Christina, und die mag ihn so gern, dass sie für ihn eine ganze Schüssel Flautas frittiert, damit er sie zu einer Party mitnehmen kann, zu der sie nicht eingeladen ist.

Aber Garcia ist vor den Augen ihrer Soldaten und ihrer Leute zu ihr gekommen, deswegen muss sie ihn beschämen und wegschicken.

Sie reicht ihm die leere Schüssel. Er geht zu seinem Auto. Als er wegfährt, heben die Hernandez-Kinder die Flautas vom Boden auf und fangen an zu essen.

4
FALSCHES SPIEL

Lolas Kopfschmerz am nächsten Morgen ist so stechend, dass sie ihren verbundenen Arm völlig vergisst. Es ist früh, der Wecker hat noch nicht geklingelt. Bald muss sie Lucy wecken.

Das Klopfen war leise, aber Lola hat einen leichten Schlaf. Das ist seit ihrer Kindheit so, sie hat gelernt, gerade im Schlaf besonders wachsam zu sein.

Sie zieht sich ein Sweatshirt über und schlüpft in Schuhe, weil es noch kühl ist.

Vor der Tür steht Jorge mit einer Papiertüte voll Orangen.

»*Hola*, Boss«, sagt er.

»Ganz schön früh.«

»Weiß ich. Ich wollte dich sprechen, bevor du Lucy zur Schule bringst.«

»Und was ist das?« Lola deutet mit dem Kinn auf die Früchte.

»Orangen.«

»Das seh ich selber.«

»Von meiner Cousine.«

»Ach so«, sagt Lola. Niemals hätte sie von der verprügelten Ehefrau Geld angenommen. Die Gefallen, die Lola ihren Leuten tut, sind kostenlos, jedenfalls kosten sie kein Geld. Zurückbezahlt wird, wenn Lola etwas von ihnen will. Manchmal sind es Informationen. Manchmal verlangt sie, dass sie jemanden aus der eigenen Familie verraten. Keiner weiß vorher, was Lola erwartet oder wann. Vertraut mir, sagt sie zu ihnen, glaubt mir, und ich werde euch den richtigen Weg zeigen. Seit zwei Jahren macht sie das so, und noch nie hat jemand Nein gesagt.

»Sie ist wirklich dankbar, dass du bereit warst, sie zu treffen.«

»Hm-mm.« Lola ist in Gedanken bei den Dingen, die zu tun sind, sobald sie ihre Tochter weckt und für die Schule zurechtmacht: pinkeln, Hände waschen, Rührei machen, Butter und Marmelade auf den Toast schmieren, Kühlakku fürs Mittagessen nicht vergessen.

»Ihr Mann, der ist wie aus einem schlechten Film«, sagt Jorge.

»Ja, klar«, sagt Lola. »Aber das ist schon in Arbeit.«

»Wie?«

»Ihr Mann. Das ist bereits erledigt«, sagt Lola. Auch wenn das Stück Scheiße von einem Ehemann Hectors Klinge erst noch kennenlernen wird.

»Wie hast du das denn angestellt?«

Sie sieht Jorge scharf an. Er darf Befehle empfangen, er darf auch seine Meinung sagen, wenn er gefragt wird, aber er darf ihre Methoden nicht in Zweifel ziehen.

»Es ist nur ... sie wollte, dass ich dir erst Orangen bringe. Gut Wetter machen, ehe sie dich trifft.«

»Was?«

»Ah, da kommt sie ja. Marisol!« Jorge ruft nach einer Frau, die mit riesigem Babybauch in einem Baumwollkleid über Lolas Hof watschelt. Sie hat ebenso schwarze Haare und dunkle Haut wie die, die Lola gestern am Küchentisch gegenübergesessen war, aber jetzt fällt es Lola auf – die Frau, die angeblich auch im neunten Monat schwanger war, ist nicht gewatschelt. Sie musste trotz Gluthitze nicht stehen bleiben und Atem schöpfen.

»Tut mir leid«, schnauft die Frau von unten herauf. »Mir wird manchmal einfach schwindlig.«

»Das ist deine Cousine?«

»Ja, klar. Marisol. Die Tochter von meinem Onkel, dem Arsch. Und genauso einen Arsch hat sie auch selbst geheiratet. Jetzt muss er weg.«

»Ist ihr Mann im Gefängnis?«

»Im Gefängnis? Scheiße, nein. Der schlägt Frauen, keine Cops. Mit so Kleinkram gibt sich doch kein Gericht ab.«

Lola schweigt. Jorge tritt von einem Fuß auf den anderen, während Lola merkt, wie sie Sodbrennen bekommt.

»Damit will ich natürlich nicht sagen, dass das okay ist! Ich find's echt scheiße, dass die Gerichte die Kerle damit durchkommen lassen.« Lolas kurzes Schweigen hat Jorge zu einer kleinen Brandrede veranlasst. Während sie glaubt, dass er ehrlich meint, was er sagt, sieht sie auch, dass es ihm nicht behagt, hier vor Lolas Wohnungstür, in aller Öffentlichkeit, seine Meinung kundzutun. Jorge ist Soldat. Er gehorcht ihren Befehlen. Er bringt sie zum Lachen. Seine Meinung behält er für sich.

»Jorge«, sagt Lola schließlich. Er verstummt und lässt erleichtert die Schultern hängen. Er will nicht unbedingt die Gesellschaft verändern. Das überlässt er lieber ihr.

»Gestern Vormittag kam eine Frau zu mir, die hat behauptet, deine Cousine zu sein.«

Jorge liegt eine Frage auf der Zunge, aber er verkneift sie sich.

»Maria hat sie angeschleppt«, sagt Lola, weil sie weiß, dass Jorge fragen wollte, wie jemand ungeladen zu Lola gelangen kann. Das Bekenntnis fühlt sich gut an. Sie möchte, dass Jorge sie Idiotin nennt. Ihr sagt, dass sie es besser hätte wissen müssen. Weil es stimmt, weil sie es hätte wissen müssen. *Aber die Frau war sehr dick*, will sie erwidern, *ihr Bauch war riesig, und sie hat behauptet, dass ihr Mann sogar ein Neugeborenes schlagen würde.*

»Oh Scheiße.« Mehr sagt Jorge nicht. Er schweigt, weil er weiß, was Lola über ihre Mutter denkt.

»Diese Frau – sie hat sich Camilla genannt – hat behauptet, Probleme mit ihrem Mann zu haben. Und dass er im Gefängnis war.«

»War?«

»Ist. Vielleicht.« Lola atmet ein paar Mal durch. Sie muss aufhören zu stottern. »Er sollte bald auf Bewährung raus. Sie hat mich gebeten, mich darum zu kümmern, dass er nicht rauskommt.«

»Welches Gefängnis?«

»Locust Ridge.«

»Oh Scheiße.« Wieder.

»Wir wissen nicht, wer sie wirklich ist und warum der Mann getötet werden soll. Wir müssen Hector informieren. Die Sache abblasen.«

Im selben Moment tritt die ächzende und schnaufende Marisol auf die oberste Betonstufe. Zu ihrem lila Baumwollkleid trägt sie Flipflops. Sie beugt sich vor und ihre geschwollenen Knöchel verschwinden hinter dem riesigen Ballonbauch.

»Tut mir ... leid ... Lola ... Ich mein ... Miss Vasquez«, japst Marisol.

Lola ist klar, dass sie sofort überlegen sollte, wie sie ihren Bruder erreicht, auch wenn heute kein Besuchstag ist. Aber der Anblick dieser Frau weckt in ihr den Wunsch, sie hereinzubitten und mit einem Glas eiskalter Limonade auf die Couch zu legen. Was sie auch macht.

Sobald Lola Marisol zur Couch geführt und ihr einen umgedrehten Wäschekorb unter die Füße geschoben hat, geht sie mit Jorge in die Küche.

»Worum geht's bei ihr?«, fragt Lola.

»Ihr Mann schlägt sie. Und das Baby wird er auch schlagen, wenn es einen Mucks macht. Das ist alles. Genau wie bei der anderen Frau, nur ohne Gefängnis.«

»Ich kümmere mich drum.«

»Natürlich«, sagt Jorge. »Das ist mit zwanzig Dollar erledigt. Du hast einen Baseballschläger und Männer mit Waffen. Damit kriegst du ihn im Handumdrehen aus dem Viertel.«

»Also. Wie erreichen wir Hector?«

»Gar nicht. Nächster Besuchstag ist erst in zwei Tagen.«

»E-Mail?«

»Er darf seine Mails einmal pro Woche lesen.«

»Okay, immerhin. Könnte klappen.«

»Am Sonntag.«

Heute ist Mittwoch. Wen auch immer Jorges falsche Cousine tot sehen wollte, bis Sonntag sollte es schon passiert sein.

Lola überlegt kurz, mit einhundertfünfzig Sachen nach Locust Ridge zu brettern und in einem herzzerreißenden Melodram die vor Liebe zu ihrem Bruder halb wahnsinnige Schwester zu geben, was nichts anderes ist als ein kühl berechnender Plan zur Rettung eines Verbrechers, den sie nicht einmal kennt. Aber jetzt ist Rushhour, der Verkehr kriecht nur im Schneckentempo aus Los Angeles hinaus. Und selbst wenn sie noch einigermaßen früh nach Locust Ridge käme, die Wachleute würden nicht im Traum daran denken, ihr einen Gefallen zu tun.

Sie muss ihren Joker ziehen.

»Jorge«, sagt sie, während sie ein Prepaid-Handy aus einem Versteck unter der Küchenspüle kramt. »Geh und hol Maria, bitte.«

»Bin schon unterwegs, Boss.«

Er ist schon weg, als sie die Nummer wählt.

Andrea geht beim ersten Klingeln ran. Sie ist ein wenig außer Atem. Es klingt, als hätte sie Lola bei etwas erwischt, das sie nicht tun sollte ... Leuten Drogen verkaufen, die sie eigentlich beschützen sollte. Während der Arbeitszeit im Fitnessstudio sein. Oder auf dem Sofa in ihrem Büro Sex haben.

»Ich bin's«, sagt Lola.

»Hallo.« Andrea ist vorsichtig, allerdings nicht, weil sie Lolas Stimme nicht erkennt, sondern weil sie es tut. Seltsamerweise ist es für Lola eine Genugtuung, dass eine Staatsanwältin in L.A. sie erkennt, ohne dass sie ihren Namen nennen muss.

»Ich muss unbedingt meinen Bruder sehen.«

»Aber selbstverständlich«, sagt Andrea. »Zu den Besuchszeiten.«

»Glaubst du, das weiß ich nicht?«

»Davon gehe ich nicht aus«, sagt Andrea.

Erst jetzt begreift Lola, dass jemand bei Andrea im Büro sein muss. Jemand, den sie nicht einfach wegschicken kann, um sich ihren illegalen Nebentätigkeiten zu widmen.

»Ich muss ihm eine Nachricht zukommen lassen. Oder ... ihn rausholen.«

Andreas Schweigen lässt Lola weiterreden.

»Er könnte in Gefahr sein. Wenn ... wenn ich ihn nicht rechtzeitig erreiche.«

»Wegen einer Beerdigung?«

»Was? Nein ...« Zu gern würde Lola dieses Gespräch selbst lenken. Aber sie braucht Andrea, um Zugang zu ihrem Bruder zu erhalten. Das geht nicht ohne die Macht einer Staatsanwältin. Sie sind zwar gleichberechtigte Partnerinnen, aber wenn es um den bürokratischen Apparat des kalifornischen Justizsystems geht, sitzt Andrea immer am längeren Hebel.

»Selbstverständlich können Sie wegen des Tods Ihrer Mutter einen kurzen Hafturlaub beantragen.«

In diesem Augenblick kommt Maria mit einer Plastiktüte voll Avocados in die Küche. Dass Lola ein Telefon am Ohr hat, ist ihr egal.

»Aus dem Gemeinschaftsgarten«, sagt Maria.

Bis vor sechs Monaten stand ein abbruchreifes Haus mit verbarrikadierten Fenstern und penetrantem Methgeruch auf dem Grundstück neben Lolas Wohnanlage. Dann verursachte eine Fehleinschätzung eines Amateurchemikers ein Feuer, das Haus brannte nieder, und die Besitzer, die Lola nie kennengelernt hatte, landeten entweder im Gefängnis oder in Särgen. Lola gestaltete den Grund um, mit fremden Händen zwar, aber wenigstens bezahlte sie die Arbeiter. Jetzt gibt es nebenan einen Gemeinschaftsgarten statt einer beschissenen Methküche.

»Wessen Tod?«

»Den Ihrer Mutter«, wiederholt Andrea.

Bei dem Gedanken leckt sich Lola die Lippen, dann sieht sie die Furcht in Marias Blick und fühlt sich sofort schuldig.

»Wer ist tot?«, fragt Maria.

»Niemand. Rein hypothetisch.«

»Was brauch ich dafür?«, sagt Lola zu Andrea.

»Den Totenschein. Eine amtlich beglaubigte Kopie.«

Lola denkt an Ramon, ihren Aufräumer. Zu seinen Aufgaben im Los-Liones-Kartell gehörte nicht nur, Tote verschwinden zu lassen, sondern auch Lebende. Dazu hat Ramon für Kriminelle oder für Flüchtlinge und ihre Familie meisterhafte Pässe gestaltet. Er verhalf Leuten zur Flucht vor Rache, Gefängnis und Schmerz. In gewisser Weise ist er ein Künstler. Er kann Totenscheine fälschen, obwohl Lola nicht weiß, ob sie ihn Marias Namen daraufsetzen lassen sollte. Das würde sich zu gut anfühlen.

»Geht auch die Großmutter?«, murmelt Lola ins Telefon.

»Geht genauso«, sagt Andrea.

»Kann ich dir den Schein geben?«

»Ich kann veranlassen, dass er an die richtige Dienststelle überstellt wird.« Lola spürt, dass ihre Partnerin nicht mehr sagen möchte, solange eine andere Person im Raum ist. »Ich muss Schluss machen«, sagt Andrea. »Aber ich melde mich.« Schon hat sie aufgelegt.

»Ich bin mir nicht sicher mit diesen Avocados. Sie riechen ein bisschen metallisch.« Maria schnuppert an einer der dunkelgrünen Früchte.

»Dann wirf sie weg.«

»Das wär doch Verschwendung!«

»Willst du lieber eine Lebensmittelvergiftung?«

»Hmmm.« Maria versucht, die Bemerkung ihrer Tochter zu verarbeiten.

»Mom. Setz dich.« Lola deutet auf einen Küchenstuhl.

Maria gehorcht, ehe sie nachfragt: »Ist was passiert?«

»Die Frau, die du hergebracht hast.«

»Jorges Cousine?«

»Sie war nicht Jorges Cousine. Seine Cousine ist die Schwangere, die bei mir im Wohnzimmer sitzt.«

»Oh.« Maria wirkt weder überrascht noch zerknirscht. Lola will, dass ihre Mutter eine Reaktion zeigt. Am liebsten hätte sie, dass sie sich schlecht fühlt.

»Du hast sie hergebracht. Du hast dich für sie eingesetzt.«

»Ich hab dir nur gesagt, was sie mir gesagt hat«, erwidert Maria.

Die beiden Frauen starren sich an, und Lola denkt plötzlich, dass sie zu ihrer Mutter durchgedrungen ist.

»Okay. Alles klar«, sagt sie und hofft, dass Maria an ihrem Ton erkennt, dass es überhaupt nicht okay ist. Doch ihre Mutter nickt zustimmend. Maria findet offensichtlich nicht, dass sie einen Fehler gemacht hat. »Aber denk bitte nach. Was hat sie sonst noch gesagt?«

»Nur dass sie schwanger ist.«

»Mom!«

»Dass sie zu Fuß hergelaufen ist.«

»Sie ist schwanger und zu Fuß hergelaufen? Wie weit?«

»Na ja, sehr weit kann's nicht gewesen sein. Sie sah doch ziemlich schwanger aus.«

»Ja, so sah sie aus. Aber alles andere war gelogen. Sie ist zu Fuß gegangen und war nicht außer Atem, oder?«

»Nein«, räumt Maria ein.

Lola war nie schwanger, ihre Mutter schon, wenigstens zwei Mal. *Wie ist es*, möchte sie fragen, *wenn man ein Kind in sich trägt? Wie hast du dich gefühlt? Spürt eine Frau, die selbst ein Kind ausgetragen hat, etwa nicht, wenn eine andere ihr eine Schwangerschaft bloß vorspielt? Solltest du das nicht besser wissen als ich? Hätte ich's nicht besser wissen sollen?*

Stattdessen fragt Lola: »Erinnerst du dich noch an was anderes?«

Maria kneift die Augen zusammen wie ein Kind, das eine Überraschung erwartet. Aber als sie sie ein paar Sekunden danach aufreißt, sagt sie nur: »Tut mir leid. Mehr weiß ich nicht.«

Lola nickt, und ihre Mutter sieht darin ein Signal zum Aufbruch. Sie ist schon an der Wohnzimmertür, als sie sich umdreht und die Taschen ihrer Jeans abklopft. Die Hose ist schmal geschnitten, trotzdem schlottert sie Maria um die Beine. Nach dem jahrelangen Heroingebrauch kann ihr Körper Nahrung nur noch schlecht verwerten.

»Sie hat das da fallen lassen.«

Als Lola das kleine Stück Papier sieht, ist sie stinksauer, weil Maria erst Mist gebaut hat und jetzt womöglich die Situation wieder rettet. Aber vielleicht ärgert sich Lola auch nur über sich selbst, weil sie ihrer Mutter vertraut hat. Sie nimmt den Fetzen Papier und betrachtet ihn. Es ist die Quittung aus einem Schnapsladen ein paar Blocks weiter. Lola liest, was die Frau gekauft hat. Billigen Wodka. Strohhalme. Einen Schokoriegel.

Als sie auf die unterste Zeile blickt, beginnt ihr Herz zu klopfen. Sie liest die Summe, erst danach lenkt sie den Blick auf die Bezahlart. Kreditkarte.

»Sehr gut.«

»Was?«

»Sie hat mit Kreditkarte bezahlt«, erklärt Lola.

Maria linst über Lolas Schulter. »Sie hat Wodka gekauft. Eine Schwangere.«

»Miststück«, sagt Lola. Das ist das schlimmste Schimpfwort, das Lola für ihre Mutter einfällt. Aber wie immer merkt Maria gar nicht, dass sie damit gemeint ist, und selbst wenn sie es merken würde, würde es Lola abstreiten.

»Die Kreditkartennummer ist ja gar nicht zu lesen. Da stehen nur kleine x«, bemerkt Maria.

»Die letzten vier Zahlen sind schon da«, sagt Lola und ist froh, dass ihr nur ein kleines Puzzlestück fehlt, um das große Ganze zu sehen.

5
RUHE VOR DEM STURM

Jedes Mal wenn sich Lola in den Westen von Los Angeles wagt und zum Bay Cities Deli fährt, ist sie überrascht, wie viele Menschen unter der Woche hier sind – Surfer, arbeitslose Schauspieler, Geschäftsleute, die früh Pause machen, und Bauarbeiter, die seit sechs Uhr arbeiten. Viele Deli-Gäste kommen vom Strand, tragen Sand mit herein und ziehen eine Spur aus Salzwassertropfen von der Tür zu der Glasvitrine, die sich über die ganze Ladenbreite erstreckt. Manche tragen Anzüge, andere Yogahosen. Alle ziehen eine Nummer.

Hinter ein paar Tischen mit Surfern entdeckt sie ihre Partnerin Andrea Dennison Whitely, die auf das Chipsregal starrt und wartet, dass einer der Männer hinter dem Tresen ihre Nummer aufruft. Lola beobachtet, wie Andreas grüne Augen zwischen den Meersalzchips und denen mit Barbecuegeschmack hin- und herspringen. Nach einem längeren Moment der Unentschiedenheit, die bei der Staatsanwältin selten ist, nimmt Andrea beide Tüten.

»Siebenundzwanzig«, ruft ein Mann, und Andrea tritt an den Tresen. Lola hört nicht, was sie bestellt, und eigentlich bräuchte sie das auch nicht zu interessieren. Zwischen den beiden – die eine Latina, die andere eine Weiße, die eine Drogendealerin, die andere Staatsanwältin – sollte es keine Verbindung geben außer den Gitterstäben zwischen ihnen.

Es ärgert Lola, dass sie nicht weiß, was Andrea gern isst, obwohl sie sich in den vergangenen zwei Jahren mehrmals getroffen haben. Selbstverständlich können sie sich nicht einfach an einen der Betontische auf der Terrasse am Lincoln Boulevard setzen. Stattdessen nehmen sie ihre Sandwiches in Tüten mit und stehlen sich zum Hintereingang hinaus, um die dringenden geschäftlichen Angelegenheiten zu besprechen, die sie zu einem persönlichen Treffen zwingen.

Ehe Lola Andreas Partnerin im Drogengeschäft wurde, wusste sie nicht, dass Andrea unter Stress raucht. Aber sie war auch nicht oft gestresst.

Als Lola auftaucht, zündet sich Andrea mit der baumelnden Plastiktüte am Handgelenk eine an.

»Kein Hunger?«, fragt Lola.

»Viel zu tun«, sagt Andrea.

»Gerichtstermin?« Lola versucht es erneut.

Andrea schüttelt den Kopf und saugt Teer und Nikotin in ihre Lunge. Als sie im Sommer vor zwei Jahren ihre Zusammenarbeit begannen, wäre Lola Andreas stillschweigendem Befehl gefolgt und hätte keine weiteren Fragen gestellt. Weil aber ihr Bruder in Gefahr ist und Andrea die Macht hat, Gefängnistore zu öffnen, bohrt Lola weiter. Und selbst wenn sie im Bay Cities Deli nicht zusammen am Tisch sitzen können, Partnerinnen sind sie dennoch.

Während Andrea erneut an der Zigarette zieht, bemerkt Lola eine Veränderung an ihrem Äußeren. Andrea sieht keinen Tag älter aus als ihre siebenunddreißig Jahre. Das Alter hat Lola auf ihrem Führerschein gesehen, als Andrea bei einem ihrer ersten Meetings die Brieftasche geöffnet hat, um den Lunch zu bezahlen. Andrea wirkt allerdings nicht gestresst. Ihre Haut ist milchweiß, die Nase keck, die Augen strahlend grün, alles mehr oder weniger unveränderliche Merkmale, auch wenn sie hier in L.A. sind und Besuche bei Schönheitschirurgen quer durch alle Schichten zu einer Art Freizeitbeschäftigung geworden sind.

Nein, es liegt nicht an Andreas Gesicht. Es ist das Haar, vermutet Lola, es scheint etwas dunkler und ist so braun, dass man es im entsprechenden Licht für schwarz halten könnte. Andrea hat sich die Haare gefärbt. Viele Frauen – in Los Angeles alle Frauen – ihres Alters tun das. Sie bringen die grauen Strähnen zum Verschwinden, tilgen die Spuren des Alters, machen ihre Haare gern heller. Blond ist immer gut. Aber dunkler? Wer färbt sich kastanienbraune Locken schwarz?

Lola blickt auf ihren Zopf, ein dickes seidenschwarzes Tau, das über ihrer Schulter liegt, als wäre es hindrapiert. Er hat fast dieselbe Farbe wie Andreas Haare. Ist es vorstellbar, dass sich diese Frau sie zum Vorbild genommen hat? Nein, denkt Lola, Andrea möchte niemand anderes sein als sie selbst.

»Hast du dir die Haare gefärbt?«

Zuerst tut Andrea so, als habe sie die Frage nicht gehört, und beißt in ihr Sandwich. Als eine scharfe Peperoni zwischen den Brothälften herausrutscht, nimmt sie sie zwischen ihre lila Fingernägel und bugsiert sie sich in den Mund. Ihr Appetit ist zum richtigen Zeitpunkt zurückgekehrt.

Vor zwei Jahren hatte Andrea Sergeant Bubba, ihren ergebenen, korrupten Cop, zu Lolas alter Wohnung geschickt, um ihr eine Nachricht zu überbringen – einen Zettel mit Adresse und Uhrzeit, eine Nachricht, wann und wo Lola sein sollte. Lola wusste, dass die Anweisungen von Andrea kamen. Sie hatte auch gewusst, dass sie für niemanden als sich selbst arbeiten wollte.

»Ich will nicht für dich arbeiten«, hatte Lola zu Andrea gesagt.

»Du würdest nicht für mich arbeiten. Du würdest mit mir arbeiten. Wir wären Partnerinnen.«

»Fifty-fifty?«

»Das versteht sich bei Partnerinnen.«

Zwei Jahre später, hinter dem Bay Cities Deli, beginnt Lola zu dämmern, dass die Macht zwischen ihr und Andrea ungleich verteilt ist, auch wenn sie die Gewinne gerecht teilen. Sie kann nicht nach Locust Ridge fahren, um ihren Bruder zu besuchen, ohne dass Andrea vorher bei den Wachleuten anruft. Sie weiß nicht, welches Sandwich Andrea bestellt, weil sie nicht am selben Tisch sitzen können.

»Ich wollte mal was anderes«, sagt Andrea und streicht ihre dunkleren Haare zurück. »Es liegt was in der Luft. Irgendwas stimmt nicht. Spürst du's nicht auch?«

Andrea blickt Lola in die Augen. Lola muss wegsehen. Manchmal geschieht das. Andrea blickt einem in die Seele und sieht einen nackt. Ziemlich beängstigend.

Andreas Stimmung entspricht dem trüben Tag. Lola möchte möglichst schnell raus aus der Westside, wo der graue Himmel nicht zu den millionenteuren Grundstücken passt. Bei ihr im Viertel fällt grauer Himmel nicht so auf – Armut und Menschen, die versuchen, den ewigen Schmutz von ihren verfallenden Häusern zu kratzen.

Lola hatte schon mehrfach versucht, Hector anzurufen, doch sie war immer nur weiterverwiesen worden, oder die Verbindung war unterbrochen worden. Die einzige Antwort, die sie in Locust Ridge erhalten hatte, war offene Ablehnung. Sie hatte es mit verzweifelter Stimme versucht, aber das ließ Wachleute und Verwaltungsmitarbeiter an den Gefängnistelefonen nur noch lauter seufzen und die Worte deutlicher aussprechen, bis nur noch einzelne Silben übrigblieben. Am Ende stand immer dieselbe Antwort: Nein.

Um zehn Uhr abends hatte schließlich das Festnetztelefon in Lolas Wohnung geklingelt. Sie hob beim ersten Klingeln ab.

»Ja, ich bin einverstanden«, sagte sie, weil sie die Frage der weiblichen Automatenstimme erwartet hatte, ob sie das R-Gespräch aus einem Gefängnis annehmen wollte.

Als sie Hectors Atem in der Leitung hörte, wollte sie sagen: »Bitte, tu's nicht.«

Aber er war schneller: »Es ist erledigt.«

Also sagte Lola stattdessen: »Okay.«

Ein älteres Paar kommt aus dem Bay Cities Deli. Links geht

der Mann, rechts die Frau, und beide suchen mit bebrillten Augen ihr Auto auf dem Parkplatz. Der Mann sieht Andrea, aber sie erwidert seinen Blick nicht. Seine Augen verengen sich zu Schlitzen, während er sie weiter anstarrt, so als könnte er nicht glauben, dass zwei Frauen hier draußen gemeinsam eine Zigarette rauchen. Als er näher kommt, beugt sich Andrea zu Lola.

»Und was hat er gesagt, nachdem er Sie geschlagen hat?«

Das ist Andreas Lieblingsspiel. Strafverfolgerin und Opfer, Weiße und Latina. Wenn dich jemand erkennt, mach ihn glauben, dass du hier deiner normalen Arbeit nachgehst.

»Er hat gesagt, dass es ihm leidtut ..., dass er es nie wieder tut«, antwortet Lola und senkt den Kopf so tief, dass Andrea und der Lauscher ihren verletzlichen Nacken sehen können.

»Und was war dann?«

»Dann ... weiß ich nichts mehr. Ich glaube, er hat mir was in den Drink getan.«

Andrea drückt ihre Zigarette an der Mülltonne aus und beißt sich in die Innenseite der rechten Wange, um nichts zu sagen, was sie später bereut. Lola hat festgestellt, dass Andrea nie was sagt, was sie später bereut. Sie ist eine Frau, die damit rechnet, dass jedes Wort von ihr in den Medien landet, sei es die Zeitung oder das Netz. Wenn sie von ihren Drogengeschäften spricht, dann nur verschlüsselt. Sie streut auch immer wieder gern Worthülsen ein, in denen es um Unrecht gegen Frauen und Minderheiten geht. An guten Tagen zeigt sie sich auch mitfühlend – sie hat sogar schon Lolas Hand genommen, wenn fremde Augen auf sie beide blicken.

»Ich kann Ihnen helfen«, sagt Andrea. »Aber Sie müssen mir vertrauen.«

»Komisch. Genau dasselbe sagt er auch.«

Andrea schiebt die Lunch-Tüte vom Handgelenk weiter den Unterarm hinauf. Damit zeigt sie, dass sie von Lolas passiv-aggressiver Stichelei die Nase voll hat und beim nächsten Seitenhieb aufsteht und geht. Eigentlich ist Andrea hart im Nehmen. Die paar Spitzen von Lola sollten an ihr abperlen. Es sei denn, Lola hat unwissentlich einen wunden Punkt berührt.

Die alte Frau ruft ihren Mann zum Auto. Kurz darauf fahren sie so langsam vom Parkplatz wie Leute, die nicht mehr fahren sollten.

»Also, hast du was rausgefunden? Über den Mann?«, fragt Lola und kehrt zum Anlass ihres Treffens zurück. Sie will wissen, wen sie hatte umbringen sollen. Und warum.

»Ja«, sagt Andrea in einem Ton, der die Frage beiseitewischt wie eine lästige Fliege. Sie ist gereizt und zündet sich eine weitere Zigarette an.

»Was ist los?«

»Läuft gerade scheiße.«

»Wo?«

»Überall hier.« Andrea schwenkt mit der Zigarettenhand über ganz Los Angeles.

Lola macht sich nicht die Mühe, sie darauf hinzuweisen, dass das sowohl für ihren legalen Job als Staatsanwältin als auch für den als Drogenbaronin gelten könnte. Lieber wartet sie. Sie hat noch nie viel davon gehalten, Gesprächspausen zu füllen. Das überlässt sie anderen. Sie hört zu.

»Los Liones sind am Ende. Nachdem ihr Boss ausgeschaltet wurde, kriegen sie nichts mehr auf die Reihe.«

Vor zwei Jahren hat Lola Juan Gomez mit einer Glasscherbe, die in ihrem Fuß steckte, die Kehle durchgeschnitten. Andrea war sauer, dass Lola ihn umgebracht hat und sie den Anführer des Los-Liones-Kartells nicht mehr belangen konnte.

»Nur damit das klar ist: In diesem Augenblick spreche ich als Staatsanwältin«, sagt Andrea. Lola versteht. Und sie findet es gut, dass Andrea Lolas Verbrechen nicht in der Öffentlichkeit breittreten möchte.

»Es hat zwei Jahre gedauert, aber jetzt werden die Karten in der Stadt neu gemischt. Ein neues Kartell ist da.«

»Welches?«

»Rivera. Aus Kolumbien. Ein Mann namens Paulo Cortes hat es gegründet. Er hat eine Organisation geschaffen, die sich um alle Bereiche des Geschäfts kümmert – Anbau, Ernte, Transport, Vermarktung und Verkauf. Wenn Paulo noch leben würde, könntest du was von ihm lernen.«

Lola schweigt wieder. Andreas Vortrag klingt immer weniger wie eine Geschichtsstunde und immer mehr wie ein Vorwurf.

»Dieses Kartell ... die Rivera-Leute haben Texas übernommen. Aber offenbar reicht ihnen das nicht, deswegen kommen sie jetzt nach Kalifornien. Wie der große Treck nach Westen, nur diesmal mit Heroin. Sie sind gewalttätig, keiner kennt die Bosse. Immer dasselbe, nur mit anderem Scheißpersonal. In der Stadt dreht sich einfach alles im Kreis.« Andrea zermalmt die ausgerauchte Zigarette unter ihrem Absatz und pickt den Stummel mit den Fingerspitzen auf. Lola weiß nicht, ob sie keinen Müll oder keine DNA-Spuren hinterlassen will.

»Du hast also Konkurrenz«, sagt Lola und versteht den Grund für die Raucherei, die gefärbten Haare, die unausgesprochene Sorge.

Andrea hat schon die nächste Zigarette und ein knallpinkes Einwegfeuerzeug in der Hand, ohne dass Lola gesehen hat, woher beide plötzlich kamen. Es fällt ihr auf, dass Andrea keine Handtasche dabeihat.

»Ja, haben wir«, sagt Andrea. »Aber das ist nicht der Punkt. Ich rede von der Begrenztheit meiner Ressourcen. Ich kann keine prügelnden Ehemänner, Vergewaltiger und Kinderschänder verfolgen, wenn ich mich darum kümmern muss, dass sich der Kartellnachwuchs gegen seine Bosse erhebt. Ein bescheuerter Drogenkrieg. Völlig unnützer Quatsch.« Andrea zündet ihre dritte Zigarette an. Lola hat sie noch nie so neben der Spur erlebt.

»Schon komisch, das aus dem Mund einer Staatsanwältin zu hören.«

»Was? Glaubst du etwa, dass auch nur eine einzige Sache, die wir unternehmen, funktioniert?«

»Wer ist ›wir‹? Die Gesetzesvertreter?«

»Ja.«

»Auf dieser Seite des Spielfelds kenn ich mich nicht aus. Ich weiß nur, dass ich Kohle mache.«

»Du hast eine Tochter. Würdest du das auch zu ihr sagen?«

Lola weiß nicht, was sie darauf antworten soll. Bis jetzt hat sie nie darüber nachgedacht, dass Lucy eines Tages fragen wird, womit Lola ihr Geld verdient, und sie es dann in der Hand hat, das Leben des Mädchens zu zerstören, je nachdem ob sie lügt oder die Wahrheit sagt. Wenn sie die Wahrheit sagt, eröffnet sie ihrer Tochter die Möglichkeit, in ihre Fußstapfen zu treten und ins Familiengeschäft einzusteigen. Wenn sie lügt, wird Lucy nie erfahren, wer Lola wirklich ist, nämlich Mutter und Drogenboss zugleich, und dass sie zum Zeitpunkt der Frage schon ein illegales Imperium aufgebaut hat, das sich über die vielen Städte erstreckt, aus denen Los Angeles besteht, von der Wüste bis zur Küste. Wenn sie lügt, wird Lola niemals zu ihrer Tochter sagen können: *Das alles habe ich nur für dich getan.*

»Du sagst, du weißt, wer er war. Der Mann.« *Den ich töten ließ*, denkt Lola den Satz zu Ende.

»Das hab ich dir doch schon gesagt«, sagt Andrea.

Andrea ist aufgestanden, um zu ihrem roten Audi zu gehen. Er steht zwischen zwei SUVs gequetscht.

»Du hast was vom Rivera-Kartell und vom großen Treck nach Westen gesagt. Und dass ich von ihrem Anführer was lernen könnte, wenn er noch am Leben wäre.«

Wenn er noch am Leben wäre.

Andrea bleibt stehen und sagt, den Rücken zu Lola gewandt: »Hast du's noch nicht kapiert?«

Lola versteht. Sie hat einen Mann namens Paulo Cortes getötet, einen der Gründer des Rivera-Kartells.

Lola hat getan, was Männer tun. Sie hat einen Krieg angefangen. Sie weiß nur nicht, warum.

6

AUSTAUSCH

Entweder ist das Wartezimmer heute kühler, oder Lola ist aufgeregt, genau weiß sie es nicht. Sie hat die Arme vor der Brust verschränkt und die Kapuze über den Kopf gezogen, weil sie vor der Fahrt nach Locust Ridge keine Zeit hatte, sich die Haare zu föhnen. Es ist Samstag. Sie hält einen gefälschten Totenschein für eine erfundene *abuela* in der Hand. Sie bezweifelt, dass sie damit durchkommt. Für den Notfall hat sie noch Tränen. Wenn sie rechtzeitig daran gedacht hätte, hätte sie einen Secondhandladen in der Gegend nach einem einfachen schwarzen Kleid durchstöbert und es jetzt getragen, um den Anschein zu erwecken, die Beerdigung würde unmittelbar bevorstehen. Lola kann sich nicht erinnern, wann sie zum letzten Mal ein Kleid getragen hat, irgendein Kleid, nicht unbedingt ein trauerschwarzes. Aber hat sie wirklich schon einmal jemanden begraben, um den sie getrauert hat? Ihren Vater hat sie nie kennengelernt. Ihre Mutter lebt noch, und ihr Bruder sitzt im Gefängnis. Ihren ersten Liebhaber, Carlos, hat sie selbst erschossen, ihre neuen Soldaten mussten ihre Treue beweisen, indem sie seine Leiche im Angeles National Forest entsorgten. Selbst wenn sie ihre Trauer um Carlos hätte zeigen wollen, nie wurde eine Leiche gefunden, die sie hätte beweinen können.

»Lola Vasquez«, ruft eine Wachfrau hinter einer verschmierten Glasscheibe.

Die fünf Schritte vom Plastikstuhl zur Scheibe und der Wachfrau kommen Lola ewig vor.

»Was ist Ihr Anliegen, Ma'am?«, fragt die Wachfrau. Eine Schwarze, kräftig, nicht freundlich, aber auch nicht unfreundlich.

»Ich möchte meinen Bruder abholen. Wegen der Beerdigung unserer *abuela.*«

»Haben Sie die Sondergenehmigung?«

»Ja, hab ich.«

»Wollen Sie mit dem Direktor sprechen?«

»Ja.« Lola versucht, selbstsicherer zu klingen, als sie es ist.

Das Büro des Direktors ist überraschend klein, überall liegen Aktenstapel herum. Als sie eintritt, beginnt das Telefon zu klingeln, aber die Sekretärin scheint sich mehr dafür zu interessieren, dass die Kaffeemaschine nicht funktioniert. Sie klopft gegen den Metallkasten und fleht: »Los jetzt, mach schon!« Die dünne nervöse Frau in Bleistiftrock und Sweatjacke erinnert Lola an eine Bibliothekarin. Beziehungsweise daran, was sie in Büchern über Bibliothekarinnen gelesen hat.

»Nehmen Sie Platz«, sagt die Sekretärin zu Lola.

Lola setzt sich. Das Telefon klingelt weiter. Lola hält die Arme verschränkt. Als sie den gefälschten Totenschein ansieht, bemerkt sie, dass der Blattrand schon von ihrem Schweiß feucht ist.

Ein Mann kommt herein. Er ist klein, nicht größer als einen Meter siebzig, und sein Anzug ist zwei Nummern zu groß für seine gebeugte Gestalt. Die Haare – kastanienbraun wie der Schnauzer –, die seine Glatze rahmen, sind durcheinander. Auf den dichten Barthaaren unter der Nase entdeckt Lola einen weißen pudrigen Fleck und denkt im ersten Moment an Kokain. Dann hört sie Plastikfolie rascheln und das angestrengte Kauen eines Menschen, der einen Frühstücksdonut hinunterschlingt, ehe der Direktor sagt: »Miss Vasquez. Ich bin Direktor Thorpe. Was kann ich für Sie tun?«

»Mein Bruder ... es geht um meinen Bruder. Oder eher meine Großmutter. Sie ist tot. Gestorben.« Mit zitternden Händen reicht ihm Lola den gefälschten Totenschein und hofft, dass das Zittern ihrer Trauer und nicht der Furcht vor Entlarvung zugeschrieben wird. Sie will ihren Bruder herausholen, ehe das Rivera-Kartell Rache nehmen kann.

»Hector Vasquez.« Die Art, wie der Direktor den Namen ihres Bruders ausspricht, verrät, dass er keinen Schimmer hat, wer Hector ist. Gut.

»Ja.«

»Das muss ein Mustergefangener sein. Ich hab seinen Namen noch nie gehört.«

»Vielen Dank.«

»Haben Sie ihn aufgezogen?«

»Ja«, sagt Lola, aber statt Stolz zu empfinden, ist sie verletzt. Welche Klischees verkörpert sie, eine Latina, die hier im Büro des Gefängnisdirektors darum bittet, dass ihr straffällig gewordener kleiner Bruder zu einer Trauerfeier darf? Was glaubt Direktor Thorpe von ihr, wenn er sich ohne Grund dazu veranlasst fühlt, seine Besucherin zu fragen, ob sie und Hector von einer kaputten Mutter abstammen, deren Aufgaben Lola schon mit jungen Jahren übernehmen musste?

Lola muss ihr Ziel im Auge behalten und Hector aus dem Gefängnis bekommen, ehe das Kartell den Tod eines seiner Gründer rächen kann. Außerdem kann sie dem Direktor vielleicht noch ein paar Informationen entlocken.

Direktor Thorpe prüft den Totenschein und notiert etwas auf einen Spiralblock. Als sein Computer, ein klobiger, surrender Kasten, mit einem Ping einen E-Mail-Eingang anzeigt, wendet er sich ihm sofort zu. Aufgeregt und konzentriert blickt er mit halboffenem Mund über seine Brillengläser hinweg, statt durch sie hindurch. Lola beschließt zu warten, bis Thorpe die Antwort formuliert und in die Tastatur gehackt hat. Als sie das Zischen der abgehenden E-Mail hört, ergreift sie das Wort.

»Gibt es viele Mustergefangene?«

Der Direktor lächelt freundlich. »Leider nicht genug.«

»Was macht einen Mustergefangenen denn aus?«

Der Direktor rutscht auf dem Stuhl herum. Selbst unter seiner schmächtigen Gestalt ächzt und quietscht das Metallgestell. »Gehorsamkeit. Ruhe. Geduld.«

»Und was einen schlechten?«

»Alles andere.« Lola begreift erst, dass das ein Witz ist, als Thorpe loslacht, den Kopf in den Nacken wirft und sein Körper tiefer in den Stuhl sinkt. Klar, der Mann findet sie attraktiv und will sie beeindrucken.

»Und wer ist der Schlimmste?«, fragt sie weiter, weil sie diese günstige Gelegenheit nicht verstreichen lassen will.

Der Direktor richtet sich wieder auf. Faltet die Hände und beugt sich zu ihr. »Der Schlimmste ist jetzt weg«, sagt er.

»Was hat er denn gemacht?« Lola beugt sich zu ihm und fährt sich mit der Zunge gespannt über die Lippen. Das ist nur ein schwacher Ersatz für ein Dekolleté, das sie ihm nicht bieten kann, aber es klappt.

»Organisierte Kriminalität. Drogenhandel. Folter und Verstümmelung. Sogar Frauen und Kinder.« Der Direktor sieht Lola in die Augen, als würde er sich eine Antwort wünschen. Aber er besteht nicht darauf, weil sie eine junge Frau ist und von solchen Dingen gar nichts wissen sollte. Sie ist eine Latina. Sie hat ihren kleinen Bruder aufgezogen, der straffällig geworden ist. Er ist weiß, und vielleicht würdigt er es sogar, dass sie schon einiges erlebt hat.

Lola ist sicher, dass er das einer weißen Frau niemals erzählen würde.

»Und jetzt ist er ...?«

»Jemand hat ihn abgestochen«, sagt er und wartet, dass das Mädchen aus dem Ghetto entsprechend reagiert. Ihre Miene versteinert.

»Ach so.« Sie zuckt mit den Achseln, und der Direktor findet ihre Reaktion so gut, dass sie für einen Moment glaubt, er würde ihre Hände ergreifen.

»Sie können Ihren Bruder in zehn Minuten am Tor in Empfang nehmen. Bitte sorgen Sie dafür, dass er spätestens in zweiundsiebzig Stunden zurück ist.«

Lola weiß nicht, was sie erwartet hat – die Aufforderung zu einem Blowjob, einem Handjob, sonst einem Job. Stattdessen hat sich Direktor Thorpe wieder seinem Computer zugewandt, tippt eine weitere E-Mail und ruft nach der Sekretärin, damit sie das Wachpersonal informiert und alles für Vasquez' Hafturlaub vorbereitet wird.

Lola erhebt sich. Als er es bemerkt, erhebt auch er sich. Er streckt ihr die Hand entgegen. »Es war mir ein Vergnügen, Miss Vasquez«, sagt er.

»Danke.«

Als sie fast an der Tür ist, ruft er ihr hinterher: »Richten Sie Andrea einen schönen Gruß aus. Auch wenn Sie sie wohl lieber nicht so bald wiedersehen wollen, was?«

Jetzt weiß Lola, was Sache ist. Der Direktor hat sie und ihren Antrag nur akzeptiert, weil Andrea vorher angerufen hat. Für ihn ist sie bloß eine weitere »Mustergefangene«, eine Latina, die den Blick gesenkt hält und versucht, möglichst wenig Aufmerksamkeit auf sich zu ziehen.

Als Lola zum Gefängnistor kommt, steht dort ein dünner Wachmann mit Schnurrbart und der gleichen Brille wie Thorpe. Sie überlegt gerade, ob sie verwandt sind, da hört sie den Summer, dann den Namen »Vasquez«, der von einem dunklen Bariton ausgesprochen wird, während das Gittertor aufgleitet. Im nächsten Moment kommt ein Gefangener in einem orangen Overall durch die Öffnung, wo eben noch Gitterstäbe waren.

Aber der Gefangene ist nicht ihr Bruder. Es ist ein dicker Mexikaner mit schlechten Zähnen, der gut zwanzig Jahre älter ist als Hector.

»Bitte sehr, Ihr Bruder.« Der Wachmann grinst sie höhnisch an. Lola begreift, dass er von diesem Austausch wusste.

Außerdem wird ihr klar, dass Hector, wo immer er sein mag, nicht mehr in diesem Gefängnis ist. Noch vor Lolas Ankunft und ihrem Gespräch mit Direktor Thorpe muss das Rivera-Kartell ihn woanders hingebracht haben.

Das Kartell hat den Rachefeldzug gegen sie schon begonnen. Und Lola hat keine andere Wahl als den Krieg, den sie angefangen hat, auch zu führen.

7
ANGESCHLAGEN

Die Lagerhalle von Jorges Onkel, einem harmlosen Dieb, ist selbst tagsüber dunkel. Als vor zwei Jahren bei Lola der Geldfluss einsetzte, der ihrer Partnerschaft mit Andrea entsprang, hat sie die Summe verdoppelt, die Jorge dem Onkel zusteckt, damit keine anderen Kunden kommen, wenn die Crenshaw Six eines der zwanzig Lagerabteile in der Halle benötigen.

»So viel Geld?«, sagte Jorges Onkel. »Dafür kriegst du die halbe Halle. Wann immer du willst. Um die Kunden kümmere ich mich.«

»Du hast nur zehn Kunden?«

»Die Wirtschaft ist am Boden. Kein Mensch hat noch Sachen zum Einlagern«, behauptete Jorges Onkel.

Lola war bei diesem Gespräch nicht dabei gewesen, aber sie kannte Jorges Onkel gut genug, um auch seine Kunden zu kennen – unterprivilegierte Leute aus Huntington Park, die sich lieber nackt über die Straße jagen ließen, als den Basketball mit Michael Jordans Unterschrift wegzugeben, der ein bisschen Geld bringen könnte, wenn er nicht platt, kaputt und gefälscht wäre. Keiner aus Lolas Gegend muss irgendwas entrümpeln. Das Wenige, was sie besitzen, halten die Leute verbissen fest, und allen überflüssigen Krempel lagern sie in billigen Hallen wie dieser ein.

Jeder weiß, dass Lola mit dem Schlüssel, den Jorge von seinem Onkel bekommen hat, die Lagerräume selbst inspiziert. Das Gerümpel darin ist genau das, was sie erwartet hat – billige eingebrannte Töpfe mit rußigem Boden, angeknabbertes Katzenspielzeug, kistenweise Babystrampler, die über Generationen weitergegeben wurden, aber kein weiteres Jahrzehnt halten. Aber so lange bleiben die Strampler hier, gefangen in der Zeitlosigkeit und ohne Nutzen für weinende, hungrige und frierende Babys.

Genau wegen dieser Strampler hatte Lola Jorges Onkel ins Herz geschlossen. Er ist schon lange genug im Lagergeschäft, um zu wissen, dass die meisten seiner Kunden nicht im Traum daran denken, einmal eingelagerte Dinge wieder abzuholen. Sie wollen nur die Gewissheit haben, dass sie da sind, sicher in der Dunkelheit verwahrt. Was kann es also schaden, wenn er ab und zu ein paar Dinge abzwackt – nicht für sich, sondern um Gutes zu tun? Jorges Onkel ist eine Art Schrottplatz-Robin-Hood, der Zeug aus seinem eigenen Lager klaut, um anderen damit zu helfen.

Als Lola ihm gegenüber die Strampler erwähnte, hatte er nicht gefragt, was sie da suchte oder warum sie im Hab und Gut seiner Kunden herumschnüffelte. Stattdessen sagte er: »Wo sind die denn?«

Sie zeigte sie ihm, und er hob den Karton herunter, der nicht mehr als zwei, drei Kilo wiegen konnte und stellte ihn beiseite.

»Was hast du damit vor?«, fragte sie.

»Ach, ich kenn jemand, der hat grad seinen Job verloren und ein Baby bekommen. Er hat lauter Strampler für Neugeborene gekauft, aber sein Kleiner ist riesig.«

Und das war's. Jorges Onkel überließ den Crenshaw Six eine Hälfte der Lagerhalle, eine Gangseite mit zehn Räumen. Und keiner der regulären Kunden bekam mit, was in den Räumen der Crenshaw Six vor sich ging, wenn sie nicht gerade etwas von ihren Sachen auf der anderen Gangseite abholen wollten. Aber dieser Fall trat nie ein. Sobald etwas in einen dieser Lagerräume kam, war es für immer verschwunden, wie eine im Wald verscharrte Leiche.

Jetzt gehen Lola und Manuel durch den Gang vor den Crenshaw-Six-Räumen. Vor ein paar Wochen hatte Lola Ramon

Geld gegeben, um die Glühbirnen auszutauschen und ein paar der Rohre zu reparieren, aus denen Abwasser auf den Betonboden blubberte. Seither ist Lola nicht hier gewesen, aber jetzt stellt sie fest, dass Ramon gute Arbeit geleistet hat. Die Glühbirnen sind hell genug, so dass niemand über die Löcher im Boden stolpert, aber nicht so hell, dass man sich wohlfühlen könnte.

Manuel schweigt, und sie überlegt, ob ihm etwas durch den Kopf geht, oder ob er sich immer so verhält, wenn er sich auf das vorbereitet, was sie jetzt vorhaben. Sie plaudert vorher gern ein wenig, es macht ihr Freude, ihre Soldaten mit Fragen nach ihrem Privatleben zu überraschen. Das Problem bei Manuel ist jedoch, dass sie, soweit sie weiß, sein ganzes Privatleben ist. Sie vögelt mit ihm, dann schmeißt sie ihn aus dem Bett. Mehr Mann will sie gar nicht, vor allem nicht bis Lucy groß ist.

»Hast du Hunger?«

»Nein«, sagt er, aber erst nachdem er sie lang genug angesehen hat, um herauszufinden, welche Antwort sie erwartet.

»Okay.«

Sie bleiben vor Raum 7 stehen. Das ist Lolas Raum, hier arbeitet vor allem sie, hier hat sie auch vor zwei Jahren einer Frau zwischen die Augen geschossen. Darin fühlt sie sich wohl, sie weiß, wie viele Schritte sie braucht, wenn sie bei einem Verhör von der einen zur anderen Seite gehen will. Sie hat festgestellt, dass Gehen sie beruhigt, aber die Verhörten nervös und damit gesprächiger macht.

Lola nickt Manuel zu, der das Vorhängeschloss aufsperrt, den Metallrollladen klappernd nach oben schiebt und die Frau zum Vorschein bringt, die sich als Jorges Cousine ausgegeben hat. Sie trägt ein Baumwollkleid und hat einen Babybauch, sie schwitzt, obwohl der Novembertag schön mild ist. Hier gibt es keine Klimaanlage.

»Wasser«, sagt Lola, und Manuel nimmt eine Flasche

aus dem Paket, das in einer Ecke steht, und wirft sie ihr zu.

»Danke.«

Manuel kennt sein Stichwort. Er geht hinaus, lässt den Rollladen herunter, und als das metallische Klappern ganz verklungen ist, hört Lola nur noch das angestrengte Atmen der Frau. Sie hat Angst.

Noch hat sie niemand angefasst. Lola will erst verlässliche Informationen.

»Trink«, sagt Lola und reicht der Frau, die vielleicht, vielleicht aber auch nicht, Camilla heißt, die Wasserflasche. Sie ist nicht gefesselt, sie hat viel zu viel Angst, um wegzulaufen.

Die Frau stürzt das Wasser so schnell hinunter, dass Lola fürchtet, sie könnte sich verschlucken. In wenigen Sekunden ist die Flasche leer, und die Frau japst nach Luft, als hätte Lola sie unter Wasser gedrückt, statt ihr etwas zu trinken gegeben.

»Steh auf.«

Die Frau gehorcht.

»Zieh dich aus.«

»Was?«

Lola schweigt. Einen Augenblick hält die Frau dem Schweigen stand, dann beginnt sie, das Baumwollkleid abzustreifen, bis sie in Büstenhalter und Höschen dasteht – und mit dem falschen Schwangerschaftsbauch, mit dem sie Lolas Mitleid gewonnen hat.

»Warum trägst du das immer noch?«, fragt Lola. »Die Show ist vorbei.«

»Die Leute sind netter, wenn ich das trage.«

»Wie – netter?«

»Damit krieg ich manchmal Sachen umsonst. Snacks und Wasser. Einen Sitz in der U-Bahn.«

Die Frau ist also eine der Wenigen, die das lächerlich kleine und schlechte, dafür aber leere und saubere U-Bahn-System von L.A. nutzen.

»Von mir hast du auch Wasser umsonst bekommen. Und ich hab dir einen Riesengefallen getan.«

»Ich weiß, tut mir leid.« Nachdem der falsche Bauch auf dem kalten Betonboden liegt und die Frau halbnackt vor Lola steht, sind die Dellen in ihrem eigenen Bauch zu sehen.

»Dafür hab ich nichts verlangt. Ich hab einfach getan, worum du mich gebeten hast.«

»Es tut mir leid«, wiederholt die Frau und bricht in Tränen aus.

Lola zieht sich einen Klappstuhl aus der Ecke, setzt sich rücklings darauf, legt die Unterarme auf die Rückenlehne und neigt den Kopf zur Seite, um die Frau zu mustern – wabblige Arme, sonnengebräunte Waden, Fettdellen auf dem Bauch, fettiges Haar. Auch blaue Flecken, lila Blutflecken unter der Haut, die zum Teil schon gelb und grün werden.

»Wer hat dich geschlagen?«

Die Frau beginnt laut zu schluchzen. Am Rand ihres linken Nasenlochs blubbert eine Rotzblase.

»Bitte töte mich nicht!«, fleht sie.

»Wie heißt du?«

»Flora.«

»Flora, ich hab dich was gefragt, verdammt noch mal. Wer hat dich geschlagen?«

»Mein Mann.«

Lolas Seufzer macht Flora deutlich, dass sie mit der Antwort unzufrieden ist und sich nicht noch einmal von ihr hinters Licht führen lassen will.

»Das ist schon komisch, Flora, weil dein Mann ja angeblich im Gefängnis ist und du von mir wolltest, dass er nie wieder rauskommt.«

»Ich weiß, ich weiß.« Ein, zwei, drei Mal hebt sich die Brust der Frau, als sie, unterbrochen von lautem Schluchzen, Atem schöpft. Das Kinn auf die Hände gestützt, wartet Lola, bis Flora ruhiger wird, und betrachtet sie dabei wie ein seltsames, nie gesehenes Tier.

»Du hast mich angelogen«, sagt sie, weil sie wissen will, wohin Floras Geschichte führt, jetzt, wo sie auf Lolas Terrain in die Enge getrieben ist, halbnackt, während zwei Räume weiter bewaffnete Männer warten.

»Das stimmt. Aber alles war nicht gelogen.«

»Was war denn gelogen? Dass du deinen Mann tot sehen wolltest?«

»Ja.«

Flora weicht Lolas Blick aus, aber an der Stimme erkennt Lola, dass es genau auf diese Lüge ankommt. Nicht auf den Auftragsmord an sich, aber darauf, dass Lola ihn ihrem kleinen Bruder aufgetragen hat.

»Aber das mit meinem Mann ... dass er auf der Straße ausgerastet ist und diesen anderen verprügelt hat ... das stimmt.«

»Dein Mann ist also im Gefängnis?«

»Nein.« Flora hebt den Blick, und Lola findet, dass sie das gut macht. Sie weiß, wann sie ihrem Kidnapper in die Augen sehen muss. Sie weiß, dass dieser Teil der Geschichte bei Lola Eindruck machen wird. »Er ist zu Hause. Bei mir.«

»Niemand hat die Polizei gerufen?«

»Natürlich hat jemand die Polizei gerufen. Aber Johnny, so heißt mein Mann, hat den anderen so eingeschüchtert, dass er nicht gegen ihn aussagen wollte und die Anklage fallengelassen wurde. Am Ende hat keiner was unternommen ... bis auf dich.«

Schmeichelei. Lola würde Flora noch mehr Komplimente machen lassen, wenn sie nicht so viel um die Ohren hätte.

Sie hört, wie drüben in der Halle eine Maschine anspringt und zu summen beginnt. Dort hat Ramon eine improvisierte Druckerpresse eingerichtet, mit deren Hilfe der endgültige Totenschein für Marias Mutter gefälscht wird, eine Mexikanerin, die Lola nie kennengelernt hat. Von Rosita Vasquez weiß sie nur, dass sie kein Englisch konnte und der jungen Maria selbst für kleine Störungen wie zu lautes Atmen in einem stillen Zimmer ins Gesicht schlug. Immer das Gleiche, denkt Lola, Apfel und Stamm.

»Wo ist Johnny jetzt?«, fragt Lola mit einem Seufzer.

»Zu Hause. Er hat seinen Job verloren. Er trinkt ziemlich viel.«

»Noch so einer«, stöhnt Lola. Immer dreht es sich um die gleichen Scheißkerle und ihre Sauferei und wie sie ihren Frust im Suff an Schwächeren auslassen.

»Sie hat gesagt, sie könnte veranlassen, dass es aufhört.«

Das Pronomen lässt Lola von ihrem Stuhl aufspringen. Sie kann nicht mehr die Lässige und Coole spielen. Flora hat sie aus der Fassung gebracht.

»Sie? Eine Frau hat dich zu mir geschickt?«

»Ich weiß nicht, wer sie ist. Ich hab sie nur einmal gesehen. Nachdem die Polizei da war, als Johnny ... das mit mir gemacht hat.«

Lola glaubt, ihr platzt der Kopf. Ihr Gehirn brüllt, dass sie des Rätsels Lösung längst kennt. Frau. Hat sie geschickt. Häusliche Gewalt. Tauchte nach der Polizei auf. Die Macht, es zu beenden. Anklage.

Lolas Handy braucht fast eine Minute, um das Foto hochzuladen, weil Jorges Onkel sich nur heimlich über den Laden nebenan ins Internet einloggt.

»Ist sie das?«

Und Flora sagt: »Ja. Sie hat gesagt, dass du nicht lange überlegen würdest, einer Schwangeren zu helfen, die von ihrem Mann geschlagen wird.«

Das Foto, das Lola ihr gezeigt hat, ist eins von Andrea.

8
TEXAS GIRL

Um kurz nach vier fährt Louisa Maes Mutter mit ihrem silbernen Mercedes Kombi vor der Schule vor.

»Ist zwar gebraucht, aber super in Schuss.« Louisa Maes Dad hatte übers ganze Gesicht gestrahlt, als er den Wagen nach Hause brachte. Ihre Mom war jedoch nicht besonders beeindruckt und quittierte das Geschenk nur mit einem kleinen höflichen Lächeln. »Gefällt er dir nicht?«, hatte ihr Vater gefragt.

»Doch, doch. Die Farbe ist schön.«

»Es ist ein Mercedes.«

»Wunderbar.«

Louisa Mae war alt genug, um die unausgesprochene Frage zu verstehen, die in den dürren Worten ihrer Mutter mitschwang. *Wie können wir uns das leisten?*

Heute wartet Miss Flannery vor der Privatschule, auf die ihre Eltern Louisa Mae seit letztem Jahr schicken. Miss Flannery ist Geschichtslehrerin. Sie ist ledig, lebt aber mit einem Mann zusammen, das weiß Louisa Mae, weil sie gehört hat, wie ihre und Caseys Mutter am Anfang des Schuljahrs darüber am Küchentelefon getuschelt haben.

Jetzt ist Anfang November, Halloween ist gerade vorbei. Louisa Mae und ihr vier Jahre jüngerer Bruder hatten sich als Apfel und Orange verkleidet. Louisa Mae wäre gern als Kätzchen oder Popstar gegangen, aber ihr kleiner Bruder, der erst acht ist, hat sich in der neuen Schule noch nicht so gut eingewöhnt wie seine Schwester in der siebten Klasse.

»Ich will aber nicht wo klingeln und Süßes oder Saures sagen«, hatte er gejammert, obwohl Louisa Mae genau wusste, was er wollte. Ihr Bruder liebt Süßigkeiten. Alle Süßigkeiten, sogar Tootsie Rolls und Candy Corn. Ihr Bruder ist dicklich. Er soll Football spielen, meint Dad, weil ihn das abhärtet. Aber sie leben in einer texanischen Kleinstadt, wo der Sport selbst bei Achtjährigen zu Rippenbrüchen und Gehirnerschütterungen führen kann und die rauflustigen Jungs Helme tragen, um Schädelbrüche zu vermeiden.

»Wir gehen zusammen«, hatte Louisa Mae gesagt. »Als was ganz Doofes. Als Hund und Katze. Oder Apfel und Orange. Dann wissen wir schon vorher, dass es doof ist, und niemand kann sich über uns lustig machen.«

Ihr kleiner Bruder fand das gut.

»Da kommt deine Mutter«, sagt Miss Flannery. Louisa Mae läuft schon zum Auto. Miss Flannery fröstelt, obwohl es gar nicht so kalt ist. Sie zieht ihren braunen Wollpulli enger um sich. »Louisa Mae?«, ruft sie ihr nach. »Ist wirklich alles okay?«

»Was?«

Miss Flannery überlegt, ob sie deutlicher werden soll, lässt es aber. »Nichts. Ich wollte nur ... schönen Abend!«

»Danke, dass Sie auf sie aufgepasst haben«, ruft Louisa Maes Mutter Mary. Sie steckt den Kopf aus dem Fahrerfenster, ohne auszusteigen. Sie hat es eilig, nach Hause zu kommen, um für Louisa Maes Vater das Abendessen vorzubereiten.

»Kein Problem«, sagt Miss Flannery, und Louisa Mae sieht, wie ihre Lehrerin einen letzten Blick auf den Mercedes wirft, während sie sich auf dem Beifahrersitz anschnallt. Klick. Klack. Los.

»Tut mir leid, dass ich später dran bin«, sagt Mary. »Ich musste ... die Bank hat angerufen.«

Louisa Mae weiß nur, dass es dabei um Geldprobleme geht. Sie weiß nicht, ob es das Geld fürs Haus oder fürs Auto ist oder ob eins der Geschäfte ihres Vaters – eine Kette von Western-Union-Büros im Südwesten von Texas – daran schuld ist.

Sie weiß bloß, dass sie heute Abend ihren Vater lieber nicht danach fragt, was die anderen Mädchen in der Schule vorhin von ihr wissen wollten.

Ihr Haus ist zweistöckig. Der Backsteinbau steht etwas von der Straße zurückversetzt. Letzten Frühling hat ihre Mutter auf jeder Seite der geteerten Auffahrt kleine Bäume gepflanzt. Seither haben sie ihre wenigen Blätter verloren, kleine gelbe und orange Fleckchen, die ihre Mutter in kürzester Zeit zusammengekehrt und in die große grüne Tonne geworfen hat.

»Vor dem Abendessen musst du bitte deinem Bruder bei den Hausaufgaben helfen«, sagt Louisa Maes Mutter, während sie in den Rückspiegel blickt, so als könnte ihr Vater heute Abend früher nach Hause kommen. So als würde sie verfolgt werden.

»Ist gebongt«, sagt Louisa Mae.

Vielleicht kann sie ja ihre Mutter fragen.

»Heut war's komisch in der Schule«, redet sie weiter.

»Ach ja?« Louisa Maes Mutter fährt den Mercedes behutsam in die Garage, in die drei Autos passen. Sie ist übervorsichtig, obwohl kaum etwas darin ist.

»Ja. Casey hat mich wegen Dad was gefragt.«

»Was denn?«

»Was er arbeitet.«

»Er leitet eine Kette von Western-Union-Büros. Er ist von der Firma ausgezeichnet worden«, sagt Louisa Maes Mutter.

»Weiß ich.«

»Und hast du Casey das nicht gesagt? Sie müsste das doch eigentlich wissen. Ich bin mit ihrer Mama befreundet.«

»Doch, das weiß sie. Sie meinte ... die andere Arbeit.«

Louisa Maes Mutter muss Gas und Bremse verwechselt haben, weil sie mit dem Auto gegen die Garagenwand rumst, an die Vaters Zimmer anschließt. Es folgen ein metallisches Knirschen und ein unterdrückter Schrei von Mary.

»Ach du Scheiße«, zischt Mary. »Scheiße, Scheiße, Scheiße.«

Louisa Mae versucht gar nicht erst, ihrer Mutter zu sagen,

dass es bloß ein Kratzer ist und sie versichert sind. Sie ist zwölf. Sie weiß nicht, ob es bloß ein Kratzer ist. Sie hat auch keine Ahnung von Versicherungen. Ob ihre Mutter dafür einen Vermerk im Führerschein bekommt? Darf Mary in Zukunft auf Klassenausflügen vielleicht keine Schüler mehr fahren?

Natürlich ist das ihre geringste Sorge.

»Tja, das sagen wir deinem Dad wohl lieber erst nach dem Abendessen«, sagt ihre Mutter. Als ob das die Sache besser macht. Als ob ein Scotch und ein Steak verhindern könnten, dass ihr Vater explodiert.

In der Küche lässt Mary ein Stückchen Butter in die Grillpfanne gleiten. Sie salzt und pfeffert ein großes Stück Fleisch, von dem Louisa Mae nicht weiß, von welchem Teil des Rindes es stammt. Erst als das Fleisch in der Pfanne zischt und das Blut grau wird, weil ihr Vater sein Steak *well done* mag, fällt Louisa Mae auf, dass ihre Mutter gesagt hat, *wir* sagen es Vater nach dem Abendessen. Sie hat Louisa Mae zur Komplizin gemacht.

Lag es an ihrer Frage nach der Arbeit ihres Vaters? Hat das ihre Mutter aus dem Konzept gebracht? Wenn diese Frage die Macht hatte, das Auto gegen die Wand zu fahren, heißt das doch, dass irgendetwas dahintersteckt?

»Hilfst du jetzt bitte deinem Bruder?«, sagt Mary.

Louisa Mae findet ihn am Esstisch, auf dem seine Mathematikarbeitsblätter verteilt liegen. Die erste Divisionsaufgabe hat er schon gelöst, aber mit der zweiten hat er Schwierigkeiten.

»Eigentlich müsstest du doch gut in Mathe sein.«

»Was?« Er hebt den Kopf wie ertappt, dann sieht er seine ältere Schwester lässig an den Türrahmen gelehnt, so als bräuchte er sie gar nicht.

»Du hast doch eine Brille. Wer eine Brille hat, ist doch angeblich gut in Mathe.«

»Ha, ha, ha«, lacht er. »Sehr witzig.«

»Immerhin hast du gelacht.«

»Aber es war kein freudiges Lachen.«

Louisa Mae findet es eigenartig, wenn ein Achtjähriger so etwas sagt. Selbst wenn er ihr Bruder ist. Das muss er irgendwo gelesen haben.

Sie blickt auf die Aufgabe, mit der er nicht weiterkommt, und sagt ganz beiläufig: »Ich hab immer schon die Aufgaben gehasst, bei denen man was übertragen muss. Auch wenn's nur eins ist. Warum muss da was übrigbleiben?«

Ihr kleiner Tipp lässt ihm ein Licht aufgehen, und er schreibt die Lösung aufs Blatt.

»Hat Mom dich geschickt?«

»Mir war sowieso langweilig.«

Auf diese Weise bearbeiten sie das ganze Blatt. Dabei fällt Louisa Maes Blick über den Tisch auf den Geschirrschrank, in dem die passenden weißen Ess-, Salat- und Nachtischteller mit dem Dekor aus hellblauen Kreisen stehen. Die Stapel wirken ganz gleichmäßig, immer zwölf Stück. Das Geschirr stammt, wie Mary dauernd allen erzählt, die es noch hören mögen, von der Hochzeit ihrer Großmutter, was mindestens fünfzig Jahre her ist.

Wie kann man etwas so Zerbrechliches so lange haben, ohne dass etwas davon kaputtgeht?

Wie jeden Abend kommt er um fünf nach sechs nach Hause, löst sofort die Krawatte und klagt über den Verkehr, dann nimmt er den Scotch, den Mom ihm reicht, und kippt ihn hinunter, weil er meint, dass ein Mann seiner Statur Scotch einfach mögen muss. Louisa Mae weiß, dass er, wenn sie alle im Bett sind, eine Dose Pabst-Bier öffnet und es sich in seinem Sessel gemütlich macht, um sich auf dem Sportkanal alte Spiele anzusehen.

Er kommt ins Esszimmer und küsst Louisa Mae auf den Kopf. Hinterher kratzt sie sich an der Stelle, weil sie ihre Frisur lieber selbst durcheinanderbringt. Er wuschelt seinem Sohn durch die Haare und gibt ihm einen etwas zu festen Klaps auf den Rücken.

»Und wie war's heute in der Schule? Gut?« Von keinem seiner Kinder erwartet er eine Antwort.

»Essen ist fertig!«, ruft ihre Mutter so laut, als wäre sie nicht nur ein Zimmer, sondern drei Häuser weit entfernt. Sie will sich nicht vorwerfen lassen, dass das Essen kalt ist, nur weil sie zu leise ruft. Louisa Maes Vater fordert Mary ständig auf, lauter zu sprechen.

Nach dem ersten Bissen sagt Louisa Maes Vater: »Das Steak ist perfekt.«

Mary strahlt. »Oh, danke!«

Louisa Maes Bruder beginnt zu essen. Louisa Mae überlegt, ob jetzt ein guter Zeitpunkt wäre für die Frage ihrer Schulkameradinnen. Aber sie kann die Atmosphäre in einem Raum erspüren, vor allem wenn es das Esszimmer ihrer Familie ist. Nicht der richtige Zeitpunkt.

»Wie war's in der Schule?«, fragt ihr Vater wieder.

Marys Blick huscht von ihrem Mann zu ihrer Tochter und wieder zurück. Eine Warnung, die Louisa Mae nicht braucht.

»Gut«, sagt sie und richtet den Blick auf ihren Teller, auf dem kein Steak, sondern Spaghetti mit Fleischklößchen liegen. Louisa Mae weiß, dass es diese Woche im Supermarkt Hackfleisch im Sonderangebot gab. Das Fleisch, das ihre Mutter für sich und ihre Kinder kauft, ist immer das Sonderangebot. Für die Steaks für ihren Mann zahlt sie den Normalpreis.

»Was war das?«

»Gut.«

»Nein«, sagt ihr Vater und reckt das Kinn in Marys Richtung, so als müsste er sie bei einer polizeilichen Gegenüberstellung identifizieren. »Der Blick, mit dem dich deine Mutter angesehen hat. Was hatte der zu bedeuten?« Er lächelt. Ein gemeines Lächeln.

»Nichts«, wirft Mary rasch ein, ehe ihre Tochter antworten kann. Louisa Mae möchte ihrer Mutter sagen, sie soll sich keine Sorgen machen. Louisa Mae kann besser auf sich und ihre Familie aufpassen, als es ihre Mutter je könnte.

Ihr Vater hat sie nie geschlagen. Noch nicht. Sie ist nicht so dumm zu glauben, das würde daran liegen, dass sie besser mit seinen Stimmungen zurechtkommt. Sie weiß, dass ihre Mädchenjahre irgendwann zu Ende gehen und sie eine junge Frau sein und das Haus verlassen wird. In nicht allzu ferner Zukunft. Und dann wird sie für ihn eine Bedrohung sein.

»Nichts? Glaubst du das, Louisa Mae?« Ihr Vater wendet sich ihr zu, wobei sich sein grausames Lächeln so verzieht, dass es fast ein wenig verschwörerisch wirkt, so als wären sie ein Team und würden später gemeinsam ihre Mutter schlagen.

»Nein«, sagt Louisa Mae. Darauf legt Mary ihre Serviette in den Schoß und drückt ihre Stirn gegen die gefalteten Hände. *Das ist das Ende*, scheint ihre Haltung zu rufen. *Bitte, lieber Gott, mach dem ein Ende.*

»Hörst du das, Mary? Wir haben ein gutes Mädchen. Eines, das seinen Vater nicht anlügt.«

Louisa Mae sieht, wie sich der Rücken ihrer Mutter in ungleichmäßigen Wellen hebt und wieder fällt, so als hätte ihr Rückgrat Schluckauf. Ihre Mutter weint.

Der Anblick ärgert Louisa Mae. Mary ist eine gute Mutter. Sie sorgt dafür, dass ihre Kinder etwas zu essen bekommen, saubere Kleidung haben und in die Schule gehen. Sie tröstet sie, wenn sie hinfallen, und umarmt sie vor dem Zubettgehen.

Sie kann nur nicht allein gegen das Monster ankämpfen.

»Casey hat mich nach deiner anderen Arbeit gefragt«, sagt Louisa Mae und sieht ihrem Vater ins Gesicht. Sie hat immer gedacht, ihr Vater hat blaue Augen, aber heute Abend sind sie grau wie der Winterhimmel. Und genauso kalt.

Mit einem Satz ist ihr Vater vom Tisch aufgesprungen.

Mary sagt nichts, hält nur den Kopf gesenkt, so als würde sie der Schlag nicht treffen, wenn sie sich nicht bewegt.

Aber er trifft.

»Mom!«, entfährt es Louisa Maes Bruder, der es besser wissen müsste. Aber die Gefühle überwältigen ihn.

Nein, möchte Louisa Mae zu ihm sagen, *das darfst du nicht.*

Aber als sie ihn ansieht, flüstert er schon: »Das wollt ich nicht, das wollt ich nicht, das wollt ich nicht.«

Es ist okay, hätte Louisa Mae beinahe gesagt.

Bis heute Abend hat er auch seinen Sohn nicht geschlagen.

Aber das ändert sich rasch. Louisa Mae wundert sich, wie schnell es geht. Wie schnell man nicht mehr nicht geschlagen worden ist. Sie fragt sich, ob der Übergang von Mensch zu Monster bei ihrem Vater genauso schnell gegangen ist. Ob er gewusst hat, dass er, sobald er einmal eine Frau geschlagen hat, diesen Sündenfall nie mehr würde gutmachen können und deswegen erst recht weitermachte.

»Nein!« Jetzt wird Louisa Mae selbst von ihren Gefühlen überwältigt. Ihr Vater hört gar nicht mehr auf, auf ihren kleinen Bruder einzuschlagen. Wieder und wieder, weil ihn das Winseln immer wütender macht. Louisa Mae blickt zu ihrer Mutter. Sie hält den Kopf weiter gesenkt, obwohl Blut aus ihrer Nase auf den Teller mit Spaghetti und Fleischklößchen tropft.

Louisa Mae muss das selbst regeln.

Sie kennt die Zahlenkombination für den Waffenschrank. Ihr Vater ist ein viel zu großer Angeber, um nicht ab und zu seine Waffen herauszuholen und sie von seinen Kindern bewundern zu lassen. Er hat ihr und ihrem Bruder die Namen verraten, die bösartige Kombination von Buchstaben und Zahlen, die Tod bedeuten. Er hat ihnen gezeigt, wie man eine Kugel in die Kammer lädt und sie – »Peng« – abfeuert.

Ihre Finger zittern, als sie die Tastatur berühren. Sie kennt die Kombination genau. Es ist ihr Geburtsdatum, fast so, als hätte ihr Vater gewusst, dass seine Tochter eines Tages den Waffenschrank öffnen muss, um sich vor ihm zu schützen.

Wie oft hat sie schon geträumt, eine Freundin, Casey vielleicht, anzurufen, damit sie herkommt und Louisa Mae und ihre Familie rettet, dann aber nicht mehr als die ersten drei Ziffern eingeben kann, weil sie von jemandem gejagt wird oder sich nicht an den Rest erinnert.

Das jetzt darf nicht so sein wie in ihrem Traum. Sie muss es schaffen.

Sie hat schon die Waffe in der Hand, spürt kühles Metall, als sie ein langgezogenes tiefes Stöhnen hört. Stammt es von ihrer Mutter oder von ihrem kleinen Bruder?

Als sie ins Esszimmer zurückkehrt, sitzt ihre Mutter noch so da wie zuvor. Ihr kleiner Bruder liegt regungslos am Boden.

Stellt er sich tot? Wahrscheinlich, denkt Louisa Mae, er ist ziemlich schlau. Nur in Mathe ist er nicht so gut. Aber er schreibt tolle Geschichten. Er hat Fantasie. Damit kann er allem entfliehen, und das tut er jetzt sicher auch.

Aber als Louisa Mae genauer hinsieht, kann sie nicht erkennen, dass sich sein Brustkorb hebt und senkt.

»Nein«, sagt sie.

Ihr Vater steht mit dem Rücken zu ihr, die Hände in die Hüften gestemmt, und blickt zum Fenster hinaus auf die Straße, die so weit entfernt ist, dass niemand in das Haus sehen kann.

Als sie die Waffe hebt, findet sie sie gar nicht so schwer. Sie ist ihre Komplizin geworden.

Sie schießt ihrem Vater in den Rücken, während die Waffe ihr sagt: »Ja, ja, du machst das richtig. Ich helfe dir, das alles wieder in Ordnung zu bringen.«

Als ihr Vater zusammensackt, steht Louisa Mae ganz aufrecht da.

9
REINIGUNG

Als sie am Samstagabend kurz vor acht die Stadtgrenze von Los Angeles erreicht, ist Lola froh, den Trip nach Locust Ridge bald hinter sich zu haben. Sie und der dicke Mexikaner, der als ihr Bruder ausgegeben wurde, haben kaum mehr geredet als ein paar Bemerkungen über die Temperatur in ihrem Honda Civic: Erst war es zu heiß, dann zu kalt. Als Lola auf dem Freeway auf über hundertzwanzig beschleunigte, weil wenig Verkehr war, nannte er ihr seinen Namen.

»Ich heiße Allen«, hatte er gesagt. »Ich habe Familie. Bitte töten Sie mich nicht. Ich bin nur ein Platzhalter.«

Lola weiß, dass das alles wahrscheinlich stimmt, aber auf der Basis von »wahrscheinlich« kann sie kaum eine Entscheidung treffen. Erst jetzt, nachdem sie Allen in der Erdgeschosswohnung abgeliefert hatte, in der ihre Männer ihn rund um die Uhr bewachen werden, hat sie Zeit, um über ihre nächsten Schritte nachzudenken.

Die kleine Ladenzeile gegenüber einer der zwei Straßenecken von Ricky liegt fast völlig im Dunkeln. In anderen Teilen von Los Angeles leuchten die Neonschilder über Ladenzeilen auch nachts, weil die Besitzer der Läden, seien es Sonnenstudios oder Subway-Filialen, gern ein paar Dollar in die Hand nehmen, um bei angetrunkenen Autofahrern und den an Bushaltestellen wartenden Arbeitern für ihr Geschäft zu werben. Aber hier in Huntington Park ist Lola die Besitzerin. Die Ladenzeile gehört ihr. Alle Geschäfte darin gehören ihr. Damit verdient sie auch ohne Leuchtwerbung Geld.

Aus dem Waschsalon, dem einzigen Geschäft darin, das vierundzwanzig Stunden geöffnet hat, fällt nur trübes Licht auf den Parkplatz. Drinnen trägt eine müde aussehende Frau tropfende schmuddelige T-Shirts und Unterwäsche von einer Waschmaschine zu einem Trockner. Als Lola an den freien Stellplätzen vorbeigeht, deren abgefahrene weiße Begrenzungslinien auf dem rissigen Asphalt aussehen wie abblätternder Zuckerguss auf einem Schokokuchen, macht sie sich in Gedanken eine Notiz, einen Techniker zu schicken, der bei allen Waschmaschinen den Schleudergang prüft.

Sie ist hierhergekommen, damit das Rivera-Kartell sie findet.

Lola setzt sich auf eine Bank am Rand des Parkplatzes, nicht weit von einem Nissan Sentra mit so dunkel getönten Scheiben, dass sie unmöglich vorschriftsmäßig sein können. Innen hört sie ein Radio quäken, aber keine Musik, sondern eine Männerstimme. Ein Comedian? Ein Politkommentator? Sie hört nur Gebrabbel.

Hat das Rivera-Kartell wegen ihr diesen Wagen geschickt?

Sie hofft es.

Auf der anderen Straßenseite sieht sie ihre Jungs. Zwei, Jamie und Rodrigo, wechseln sich damit ab, auf der Bank ihr gegenüber zu sitzen und zu stehen. Jetzt sitzt Jamie und Rodrigo steht. Sie sollen nicht auf und ab laufen, nicht die geringste Nervosität zeigen, aber Ricky ist nicht da, um auf sie aufzupassen und sie daran zu erinnern, dass sie nichts tun sollten, was ihre Angst verrät.

Der Nissan muss sie nervös machen. Vermutlich glauben sie, dass es für einen verdeckten Ermittler kein besseres Auto gibt als eines mit unzulässig getönten Scheiben. Sein eigentlicher Besitzer muss Gangmitglied oder Möchtegerngangster sein. Nach Lolas Erfahrung sind diejenigen, die unbedingt ein Gangsterleben führen wollen, wesentlich gefährlicher als die wirklichen Kriminellen. Denn sie sind bereit, dafür sämtliche roten Linien zu überschreiten.

Auf der anderen Seite, bei Lola am Straßenrand, steht ein ungefähr zehn Jahre alter Mercedes-Benz am Straßenrand. Sie muss nicht mal die Stimme des Fahrers hören, um zu wissen, dass es ein Jugendlicher ist, ein weißer Jugendlicher, höchstens siebzehn, mit mehreren Mädchen im Auto. Sie vermutet, dass er erzählt hat, er habe Kontakte, er könne ihnen besorgen, was immer sie wollen. Lola befällt Traurigkeit – oder Schuldgefühle? – wegen der Regeln, die sie selbst festgelegt hat. Normalerweise verkaufen ihre Soldaten reichen weißen Kids keinen Stoff, weil die Konsequenzen das Risiko nicht wert sind. Den Cops ist es nämlich gar nicht egal, wenn sich weiße Kids eine Überdosis setzen. Obwohl Jamie und Rodrigo selbst noch keine siebzehn sind, nehmen sie keine Drogen und verkaufen auch keine an Weiße, die so alt oder jünger sind als sie. Aber weil Ricky heute nicht da ist, um auf sie aufzupassen, werden sie diese rote Linie übertreten, genau wie Ricky es letzte Woche getan hat.

Mit einer Hand in der Hosentasche schlendert Jamie zu dem Wagen. Lola hört den üblichen Begrüßungssatz: »Yo, habt ihr euch verfahren?«

Sie hört einen Wortschwall aus dem Mund des weißen Jungen, im Licht der Wagenbeleuchtung sieht sie die Mädchen. Alle drei blond. Sie sehen sich an und fragen sich, ob der Fahrer sein Versprechen hält und sie ihn später belohnen müssen. Lola sieht das Verlangen in den Augen der Mädchen, den Wunsch, der Deal möge klappen. Zugleich wollen sie es nicht, weil sie sich dann zu einer Gegenleistung für den pickligen Typen auf dem Fahrersitz verpflichtet fühlen würden.

Es folgt ein längeres Schweigen, während Jamie zu Rodrigo blickt, der wie festgewurzelt im Schein einer Straßenlampe steht. Rodrigo, in Baggy-Jeans und schwarzer Jacke, ist dürr. Lola schätzt ihn auf kaum mehr als fünfzig Kilo. Sie weiß, dass er alles, was man ihm vorsetzt, in sich hineinstopft, trotzdem legt er kein Gramm zu. Sie weiß auch, dass seine Eltern ihre fünf Kinder nicht satt bekommen, obwohl sie beide zwei Jobs haben. Letztes Jahr hat sich bei einem Test in Mathematik, Naturwissenschaften und Lesen herausgestellt, dass Rodrigos kleine Schwester hochbegabt ist. Weil er befürchtet, dass sie als Mädchen aus dem Ghetto ihre Talente nicht nutzen kann, kam er zu Lola und bat um einen Job, um seiner Schwester zu helfen und ihren weiteren Schulbesuch zu ermöglichen. Sie wollte Rodrigo nicht als Läufer einsetzen, aber der Junge kam immer wieder. Schließlich zeigte er ihr ein Foto seiner Schwester, nachdem sie von Mitschülerinnen verprügelt worden war, nur weil sie schlau ist. Rodrigo wollte sie auf eine Privatschule schicken, wo sie sicherer wäre. Er wollte eine bessere Zukunft für sie, und das kann Lola keinem verwehren, der verstanden hat, dass Überleben allein nicht genug ist.

Jetzt überlegt Rodrigo, der im Lichtkegel der Straßenlampe wie auf dem Präsentierteller dasteht, ob er verkaufen soll oder nicht. Lola, die von ihren Jungs noch nicht entdeckt worden ist, hofft, dass er die richtige Entscheidung trifft. An sich wäre ihr nichts lieber, als dass sich haufenweise weiße, privilegierte, picklige Teenager mit aktienpaketversicherter Zukunft an das weiße Pulver ketten, das – wenn schon sonst nichts und niemand – eine Art Chancengleichheit herstellt. Aber seit letztem Samstag, als ihre Jungs ins Visier der Polizei geraten waren, weil sie Stoff an die weißen Kids in dem Range Rover vertickt hatten, hat die ganze Gang den ausdrücklichen Befehl, diesen Fehler nicht noch mal zu machen. Das LAPD oder vielmehr die Stadtverwaltung, die dahintersteht, will die aktienpaketversicherten Kids in L.A. vor sich selbst retten und verhindern, dass sie sich die strahlende Zukunft und ihre Ausbildung versauen. Schließlich sollen sie ja die Welt besser machen.

Wenn die Crenshaw Six an weiße Kids verkaufen, während die Stadt wieder mal das Drogenproblem bekämpft, wird es Lolas Gang hinter Gitter bringen, nicht die weißen Kids.

Wieder hört sie das Radio des Nissan. Es klingt nach einem Mexikaner, der auf Spanisch seine Frau beschimpft. Die übliche Stand-up-Comedy, denkt sie.

Dann schüttelt Rodrigo ganz kurz den Kopf, und es ist, als würde er den Ball Jamie zuspielen, der sich jetzt dem Benz zuwendet. Seine Worte klingen deutlich durch die Nacht: »Verzieht euch!« Lola ist erleichtert.

Niedergeschlagen lässt der picklige Junge das Fenster hoch und fährt weg. Die drei Blondinen haben schmale Lippen und finstere Mienen.

Als der Benz um die Ecke gebogen ist, wobei der Fahrer umsichtig erst den Blinker gesetzt und dann gebremst hat, hält es Lola nicht mehr auf der Bank. Sie ist nicht da, um ihre Soldaten zu überwachen, aber jetzt möchte sie die beiden für die richtige Entscheidung loben.

»Hey«, ruft sie.

»Oh Shit«, sagt Jamie, als er sie erkennt.

»Miss Vasquez.« Rodrigos förmliche Anrede versetzt ihr einen Stich. Der Junge gehört aufs College, denkt sie, und sollte sich nicht darum kümmern müssen, dass es seine Schwester mal besser hat – auch wenn er sich diese Pflicht selbst auferlegt hat.

»Hey ... Ma'am«, sagt Jamie. Offenbar nimmt er sich an Rodrigo ein Beispiel, denkt Lola. Wäre er allein gewesen, hätte er sie vermutlich einfach Lola genannt. Denn Jamie hat weder Mutter noch Vater, die ihm erklären, wie man seinen Boss anspricht. Er hat nur eine senile Großtante, die auf die neunzig zugeht. Die alte Frau sammelt Katzen, unzählige Katzen, und in der Wohnung, in der Jamie lebt, stinkt es nach Katzenpisse und Katzenscheiße. Als Lola sich ihm nähert, merkt sie, dass sein Hoodie nach Waschmittel riecht. Jamie achtet auf sein Äußeres, aber sosehr er sich auch bemüht, auf seiner Kleidung sind immer Katzenhaare – weiß auf schwarz. Seit seiner Geburt steht er auf verlorenem Posten. Seine Mutter ist verschwunden, sein Vater sitzt wegen bewaffneten Raubüberfalls im Gefängnis. Aber Jamie hat gelernt, sich und seine Kleidung sauber zu halten. Er ist pünktlich. Er macht Profit, und nach allem, was Lola gehört hat, gehorcht er Ricky. Allerdings hat er, anders als Rodrigo, noch nie versucht, von seiner Ecke loszukommen.

»Gut, dass ihr die Gringos weggeschickt habt«, sagt Lola. Vor ihren Lieutenants – Jorge, Marcos, Manuel, Ramon – hätte sie nie ein Wort wie »Gringo« benutzt. Es kommt ihr unreif vor, Weiße so zu nennen, wenn sie nicht Spanisch spricht. Aber diese Soldaten sind jung, noch im Highschool-Alter. Wenn Lola herausbekommt, dass sie die Schule schwänzen, um Stoff zu verkaufen, dann fliegen sie in hohem Bogen aus der Gang, das wissen sie.

Schlagartig wechselt Rodrigos Ausdruck von zerknirscht zu strahlend, weil er kapiert, dass er ein solches Kompliment von seinem Boss annehmen und nicht achselzuckend abtun sollte. »Danke«, nuschelt er.

»Alles klar, Ma'am, kein Problem«, sagt Jamie.

Rodrigo räuspert sich.

»Was ist los?«, fragt Lola.

»Ich ... Ich hatte Sie gar nicht gesehen. Es ist schon spät. Und der Nissan da drüben ...« Rodrigos Stimme verliert sich.

»Sprich in ganzen Sätzen«, sagt Lola.

»Oh, Scheiße«, sagt Jamie mit gedämpfter Stimme, so als sähe er einen einseitigen Mixed-Martial-Arts-Kampf im Bezahlfernsehen, der so schlimm aus dem Ruder gelaufen ist, dass man einen Arzt in den Ring holen muss.

»Ich wollte –«

»Nein. Was ist mit dem Nissan, der da drüben steht?«

»Da drüben steht ein Nissan, und ich hatte Angst, dass der Fahrer Sie erkennt.«

Mit geneigtem Kopf schenkt sie dem Jungen ein kurzes Lächeln, und als sie ihm anerkennend auf die Schulter klopft, beginnt Rodrigo zu strahlen.

»Ist doch gar nicht schwer, oder?«

»Nein, Miss Vasquez, Ma'am«, sagt Rodrigo und verhaspelt sich schon wieder, womit er Lola zu verstehen gibt, dass er zwar ihre Anerkennung gewonnen hat, sie aber nicht für selbstverständlich hält.

»Habt ihr Waffen dabei?«, fragt Lola.

»Immer doch«, sagt Jamie. Wenn es Jamie getroffen hat, dass Lola ihrem Lieblingssoldaten mehr Aufmerksamkeit widmet, so zeigt er es nicht. Wahrscheinlich ist er sich auch über seine Rolle im Klaren und weiß, wo er steht – auf der untersten Sprosse. Wenn er Glück hat, wird er eines Tages eine eigene Ecke haben, aber Lola sieht in ihm nicht mal das Potenzial für einen Block. Dennoch lässt sich Jamie nicht unterkriegen, weil er seine bescheidene Rolle in der Welt schon vor langer Zeit akzeptiert hat.

Jamie zeigt ihr den Griff seiner Waffe im Hosenbund. Rodrigo tut dasselbe, aber seine Jeans schlottert so um seine klapperdürre Gestalt, dass Lola befürchtet, die Waffe könnte runterrutschen, auf den Boden fallen und zufällig losgehen. Rodrigo sieht die Besorgnis in ihrem Gesicht und zieht die Hose hoch, damit die Waffe sicherer sitzt.

»Zu Hause hab ich 'nen Gürtel«, entschuldigt er sich. »Ich hab ihn nur vergessen.«

»Dann denk beim nächsten Mal dran.«

Rodrigo nickt mit hängenden Schultern.

»Wohin gehen wir?«, fragt Jamie.

»Auf die andere Straßenseite«, sagt Lola. Sie blickt erst nach rechts und links, obwohl es so spät am Abend ist, dass sie sogar das Rauschen der Autos auf dem Freeway aus einem Kilometer Entfernung hören kann. Aber seit der Begrüßung ihrer Jungs hat sie auf der Kreuzung zwischen dem Nissan und ihnen nur ein einziges Fahrzeug gesehen. Dann streckt sie die Arme nach links und rechts aus, um mit dem einen Jamie, mit dem anderen Rodrigo zurückzuhalten. Das geschieht instinktiv, weil ihr seit zwei Jahren ständig alle möglichen schrecklichen Dinge, die einem Kind zustoßen können, durch den Kopf schießen. Ein kleiner Fuß, der auf einen Zebrastreifen tritt, ein Autofahrer, der meint, es noch vor Rot zu schaffen. Kein böser Wille, nur ein Unfall. Aber Lola glaubt nicht an Unfälle. Sie glaubt daran, dass man auf sein Kind und auf seine Soldaten aufpassen muss.

Sie nimmt an, dass der Nissan auf der anderen Straßenseite vom Rivera-Kartell dort postiert wurde, um eine Straßenecke des neuen Rivalen im Auge zu behalten. Aber mit dem Boss haben sie sicher nicht gerechnet. Den Soldaten im Wagen muss sie wie eine Mutter vorkommen, die ihre ungezogenen Jungs nach Hause bringt.

»Hey«, sagt sie lauter, als sie eigentlich möchte. Aber sie will den Fahrer des Nissan überraschen – dass es ein Mann ist, weiß sie wegen der sexistischen spanischsprachigen Stand-up-Comedy und der Frechheit, mit der sie nach Mitternacht laut in einer fremden Gegend gespielt wird. Sie will ihm einen Schreck einjagen. Sie will, dass er sich fragt, warum diese Frau wie ein vom Kreuz gestiegener Jesus mit ausgebreiteten Armen auf ihn zukommt und zwei halbwüchsige Soldaten dabei hat, die so tun, als würden sie sie beschützen, aber zu jung sind, um zu wissen, dass sie diejenige ist, die Schutz gewährt.

Durch die Windschutzscheibe kann Lola einen Blick auf den Fahrer werfen – ein Latino mit einem Bart, von dem Lola weiß, ohne ihn genau zu sehen, dass er geschnitten werden sollte. Mehr bekommt sie auch nicht zu sehen, weil der Mann den Rückwärtsgang einlegt und vom Parkplatz jagt.

Es folgt ein Zischen und Knallen, das Jamie zusammenzucken und Rodrigo erstarren lässt. Im nächsten Moment hat Rodrigo seine Waffe gezogen und zielt auf die Windschutzscheibe des Nissan, weil er glaubt, er habe eine Kugel vorbeizischen gehört. Jamie ist langsamer, aber das stört Lola nicht – genauso wenig, dass er zusammenzuckt wie ein normaler Mensch.

»Ganz ruhig«, sagt Lola zu Rodrigo.

»Aber die Waffe steck ich lieber nicht weg, Miss Vasquez«, sagt Rodrigo, weil er immer noch nicht weiß, was für Geräusche das waren und warum der Nissan fünf Meter außerhalb des Parkplatzes zum Stehen gekommen ist.

»Okay. Halt dich bereit. Aber geschossen wird erst, wenn ich es sage. Ihr bleibt hier«, sagt Lola. Dann trabt sie los. Rodrigo und Jamie blicken ihr hinterher, zu verschreckt, um zu fragen, was zum Teufel gerade passiert ist und was verdammt noch mal jetzt passiert.

Lola klopft nicht erst ans Fahrerfenster. Sie packt gleich den Griff – nicht verriegelt … was für ein Idiot! – und reißt die Tür auf. Der Mann fällt vom Sitz, aber das kann nicht sein. Niemand hat geschossen. Oder doch? Für eine Sekunde lässt sie ihn aus den Augen und wirft einen Blick auf die Ursache des Knallens und Zischens – vier platte Reifen. Sie schaut kurz auf die Nagelsperre, die sie ausgelegt hatte, ehe sie sich auf die Bank gesetzt hatte. Der Reifenkiller da ist wieder einsatzbereit. Sie wird ihren Jungs sagen, sie sollen ihn zu ihr nach Hause bringen.

»Aufstehen, Arschloch«, sagt Lola.

Der Mann rührt sich nicht. Er ist auf allen vieren wie ein Hund. Sein Rücken bebt. Weint er? Lola macht einen Schritt auf ihn zu. Es ist irgendetwas an der Art, wie sein Rücken sich bewegt, wie seine linke Hand etwas weiter auf dem Asphalt nach vorne greift als seine rechte. Sie erkennt das Geräusch, das sein zuckender Körper macht. Das Arschloch lacht.

Sie unterdrückt den Wunsch, das Messer aus der Tasche ihrer Cargohose zu ziehen. Sie sollte ihm auf der Stelle die Kehle durchschneiden, aber aus einer durchgeschnittenen Kehle kommt viel Blut, und sie braucht das Arschloch, um Hector zu finden.

Außerdem ist er nicht nur »das Arschloch«. Sie kennt ihn.

»Hey Lola«, sagt Garcia. Die Worte und der Bart lassen ihn eher wie einen Comic-Bösewicht als ihren Exgeliebten aussehen. Sie ist sich nicht sicher, aber sie meint, Alkohol zu riechen. Ist er etwa betrunken zu ihr ins Viertel gekommen?

Sie erwidert den Gruß nicht. Sie spürt, dass Rodrigo und Jamie hinter ihr begreifen, dass etwas passiert, weil gar nichts passiert. Ein Nachwuchsgangster würde in einer so verfahrenen Situation losballern. Sie muss ihnen zeigen, dass alles okay ist. Aber Garcia ist betrunken und deswegen mutiger, als er je war. In diesem Zustand glaubt er vielleicht, er könnte es mit ihr aufnehmen.

»Hat sie euch von mir erzählt?«, sagt Garcia.

»Nein«, sagt Jamie, der noch nicht ganz begriffen hat, was hier schiefläuft, außer dass möglicherweise ein Lieutenant einer rivalisierenden Gang auf einen Kampf aus ist.

Rodrigo spürt, dass zwischen Lola und Garcia etwas ist. Er war noch jung, als die beiden zusammen waren, vermutlich nicht mal in der Highschool, aber jeder wusste, dass Garcia seine Freundin Kim verlassen hatte, nachdem sie das Kind verloren hatte, vor dem sich Garcia sowieso fürchtete.

»Man kann mit keiner Frau zusammen sein, die keine Kinder kriegen kann.« Lola erinnert sich noch, was die runzligen Alten im Viertel vor fünf Jahren meinten, während sie über ihre Brillenränder auf das Ablaufdatum der Milchkartons und Cotija-Käse-Packungen in der Bodega an der Ecke sahen, ohne mitzubekommen, dass sie mithörte und sie beobachtete. Sie hatte nicht widersprochen und erklärt, dass die Fehlgeburt vor allem Garcias Schuld war. Er hatte die rote Ampel an der Kreuzung Maywood und Gage übersehen und war in einen Pick-up gedonnert. Kim hatte eine Fehlgeburt, ehe der Krankenwagen kam. Kurz danach stand Garcia bei ihr vor der Tür. Schon an dem Tag, als sie ihn tropfnass und nach dem Ende seiner Zukunft als Vater und Ernährer in ihr Haus gelassen hatte, war ihr klar gewesen, dass er nicht mehr gehen würde, bis es zwischen ihnen aus war. Hatte sie immer schon gewusst, dass sie sich trennen würden, sogar schon, als er vor ihrer Tür stand? Oder hatte sie gehofft, dass sie beide eines Tages auf der Veranda eines größeren Hauses in Huntington Park sitzen würden und, weil die Schaukelstühle für eine Unterhaltung zu laut knarrten, einander schweigend die gelesenen Teile der *L.A. Times* reichen würden, obwohl sie diese Zeitung bislang gar nicht regelmäßig las. Hatte sie in dieser eingebildeten Zukunft Schüsse gehört, oder hatte ihr Wunschbild das Viertel in eine Gegend verwandelt, in dem Kinder vor Vergnügen schrien statt vor Schmerz, in dem ihr Blut aus Kratzern und Schrammen vom Spielen stammte und die Narben der Kindheit nicht von Gewalt und Missbrauch herrührten?

»Du bist Garcia«, sagt Rodrigo, weil Lola nichts einfällt, was sie zu dem vor ihr auf dem Gehweg Kauernden sagen soll, der sich betrunken lachend in Sentimentalität suhlt und seine Macht genießt, sie wissen zu lassen, dass er jetzt für die Rivalen arbeitet, die sie nie haben wollte.

»Ja, der bin ich. Wisst ihr, dass ich hier mal gelebt hab? Mit ihr zusammen?«

»Ja«, sagt Rodrigo. »Hab gehört, du bist nicht damit klargekommen, dass deine Frau der Boss ist.«

Die Bemerkung lässt Lola zusammenzucken, aber Rodrigo hat recht – Garcia konnte nicht Soldat und Liebhaber zugleich sein. Es war okay für ihn, solange er nach außen den Boss spielen konnte, aber als die Umstände – eine vermasselte Übergabe, das Verschwinden von zwei Millionen Dollar in Heroin und zwei Millionen in cash – offenbar machten, dass sie die eigentliche Anführerin war, hatte er ein Problem. Garcia war außer

Kraft gesetzt, hing in der Luft, kannte weder seine Position in der Gang noch zu Hause. Er hatte Lola nicht widersprechen wollen – das ging gegen seinen Instinkt als Soldat –, aber zugleich wollte er derjenige sein, der das Sagen hatte. Zu seinem Pech war er zu schwach, die Capitana Lola von seiner Freundin Lola zu trennen. Deswegen war die Partnerschaft, die er mit ihr im Bett und außerhalb gewollt hatte, nicht möglich.

»Du redest mehr, als sie mich je hat reden lassen.« Garcia stößt ein meckerndes Lachen aus.

Lola hebt die Hand, aber nicht gegen Garcia, sondern gegen Rodrigo, der eine Grenze überschritten hat, auch wenn er nur die Stille hatte füllen wollen, die sich wegen ihrer Unfähigkeit zu sprechen eingestellt hat.

»Lola«, sagt Garcia. »Bring mich nach Hause.«

Sie zieht das Messer aus der Tasche und schlitzt Garcia die Wange vom Ohr bis zum Mund auf. Er schreit, ein hoher, schrecklicher Schrei.

»Oh Scheiße«, sagt Jamie.

»Du verpisst dich aus meinem Revier.« Lola versucht es mit einem Flüstern, aber Garcias Schreien übertönt ihre Worte. Sie wiederholt sie lauter und beugt sich so nah auf der verletzten Gesichtsseite an sein Ohr, dass sie den metallischen Geruch des Bluts riecht, das von der Wange auf den Boden tropft. »Sag deinem Boss vom Rivera-Kartell, dass sie sich aus meinem Revier verpissen sollen.«

Für einen Moment ist Garcia zu überrascht, um den Schmerz zu spüren, aber Lola ist unklar, ob er überrascht ist, weil er den Namen des Kartells nicht kennt oder weil sie weiß, dass es ihn zur Kontaktaufnahme zu ihr geschickt hat.

»Ziemlich idiotisch, mit deinen beschissenen Flautas auf meiner Party aufzukreuzen. Aber jetzt macht es Sinn. Du arbeitest für sie.«

»Fick dich«, sagt Garcia. Als er in ihre Richtung spuckt, fliegt

Blut. Er ist zu betrunken, um gut zu zielen. Die Mischung aus Blut und Spucke landet vor Jamies Füßen. Er springt zur Seite. Kurz meint Lola, er würde sich auf Garcia stürzen und seinen Kopf auf den Asphalt dreschen. Jamie mag's nicht, wenn seine Schuhe schmutzig werden.

»Fick dich«, sagt Garcia erneut.

»Hast du schon«, sagt Lola. »Aber du hast nicht mal die eine Sache gelernt, von der ich dachte, ich hätte sie dir beigebracht.«

»Was denn?« Der betrunkene Garcia klingt verzweifelt.

»Wenn du mich fickst, fick ich dich zurück.«

Sie hat den Parkplatz schon halb überquert, als sie sich noch mal umdreht und ihrem Ex zuruft: »Sag deinem Boss, ich will ihn sehen.«

»Ich hab keinen Boss mehr. Ich hab eine Freundin. Und die kann wenigstens kochen.«

Rodrigo und Jamie erstarren. Jamie holt geräuschvoll Luft und stößt sie dann mit einem lauten »Shit« aus.

Lola steht mit dem Rücken zu ihrem Ex. Sie sieht die müde Frau mit einem Wäschekorb, die wie gebannt vom Schaufenster des Waschsalons aus die Szene draußen verfolgt. Lola kennt sie nicht.

Sie hört, wie Garcia die Autotür zuschlägt, den Motor abstellt und den Schlüssel abzieht. Schritte hört sie keine, nur sein leiser werdendes Fluchen – *dumme Schlampe, dämliches Stück Scheiße, fick dich.* Er haut ab.

Als er weg ist, tritt die Frau aus dem Waschsalon. Sie hat sich einen Hoodie übergezogen. Den Wäschekorb stellt sie vor sich ab.

»Entschuldigen Sie, wenn wir Sie gestört haben«, sagt Lola. Die Frau ist nicht aus der Gegend, so viel sieht sie jetzt. Ihre Haare sind sehr sorgfältig gefärbt, die Haut rein, die makellosen quadratischen Nägel blassrosa lackiert. Die Frau richtet sich auf.

»Ich bin wegen dir hier«, sagt die Frau. Sie beugt sich über den Wäschekorb, schwarze Blusen landen auf dem Asphalt, als sie eine Waffe herauszieht und auf Lola richtet.

Also hab ich mich getäuscht, denkt Lola. *Garcia arbeitet nicht für sie.*

Kann es sein, dass Garcia wirklich nur wieder mit ihr zusammen sein will? Über ihre Antwort kann sie jetzt, da sie auf dem Parkplatz der Ladenzeile auch noch in eine Öllache tritt und eine andere Frau sie mit einer Waffe bedroht, aber nicht nachdenken.

»Du steigst jetzt in das Auto«, sagt die Frau. Sie spricht das Englisch einer mexikanischstämmigen Amerikanerin, die die meiste Zeit südlich der Grenze lebt. Sie trägt ein blassrosa Kleid. Unter dem lockeren Schnitt kann Lola fast keine Konturen ausmachen. Keine kräftigen Oberschenkel, nicht den geringsten Bauchansatz. Die Frau ist so schlank, dass ihr Körper unter der Baumwolle überhaupt nicht sichtbar wird.

Das Auto, auf das sie mit einer kleinen Bewegung mit dem Lauf zeigt, als ob sie sicher ist, dass Lola keine Chance zur Flucht hat, ist ein Lexus SUV. Nicht schwarz, sondern weiß, aber mit getönten Scheiben. Er stand nicht auf dem Parkplatz, sondern biegt jetzt erst ein und bleibt kurz vor der Schusslinie stehen. Ein Kompromiss.

Rodrigo und Jorge haben ihre Waffen gezogen. Sie stehen noch immer hinter Lola, links und rechts von ihr, aber die Frau in Rosa achtet nicht auf sie.

»Du steigst jetzt in das Auto«, wiederholt sie.

»Das werden meine Soldaten nicht zulassen«, sagt Lola, ohne zu wissen, ob das stimmt. Es sind fast noch Kinder. Nur Eckensteher.

»Ganz sicher nicht, darauf können Sie einen lassen«, versucht es Rodrigo, aber keiner achtet auf seinen gemurmelten Protest. Die Worte hat er vermutlich aus einem Film aufgeschnappt oder von Jamie, der sie aus einem Film hat.

»Das sind noch Kinder«, sagt die Frau.

»Dann lass sie gehen«, antwortet Lola, denn es ist zwecklos, weiter so zu tun, als könnten die Jungs sie schützen. Wenn die Frau Rodrigo und Jamie abziehen lässt, werden sie zu ihren echten Soldaten laufen – Manuel, Jorge, Marcos –, aber das wird zu spät sein. Lola wird dann schon in dem Lexus sitzen und – wohin fahren? Nach Süden über die Grenze? Ein Bordell in Tijuana? Die Wüste? Dorthin, wo ihr Bruder ist? Aber wo ist ihr Bruder?

»Sie werden nicht freiwillig abziehen«, sagt die Frau.

Lola hat es geahnt, aber ein Versuch war es wert. Jamie, denkt sie, wäre vielleicht gegangen. Aber Rodrigo hätte zu ihr gehalten und wäre geblieben und gestorben. Jetzt kann sie sich einreden, er wäre zum Bleiben gezwungen gewesen, weil ihn die Frau mit der Waffe bedroht hat.

Mit einem leisen Summen öffnet sich das Schiebedach des Lexus. Eine andere Frau erscheint, ebenfalls konturlos unter ihrem blauen Baumwollkleid. Sie hat ein Scharfschützengewehr. Aus dieser Entfernung ist das überflüssig, aber wie jedes Kartell muss auch das Rivera-Kartell seine Gewaltbereitschaft demonstrieren.

Am Steuer des Lexus sitzt ebenfalls eine Frau, wie Lola jetzt bemerkt.

»Du hast's erfasst«, sagt die Frau im rosa Kleid, ohne zu lächeln.

Lola verkneift sich die Frage, die ihr auf der Zunge liegt – warum? Hier auf dem dunklen Parkplatz ihrer Ladenzeile, wo geladene Waffen das Einzige sind, was Bedeutung hat, an das Geschlecht zu denken, wäre ein Affront gegenüber ihrem eigenen und würde implizieren, dass es das schwache ist.

Sie könnte diese Frauen ausschalten, denkt Lola. Aber das bringt ihr nichts im Kampf gegen die Anführer. Kartellgewalt ist fast nie unmittelbar. Selten gibt es Streit, selten prügeln sich zwei. Es gibt nur den Einschlag der Kugel, das Zerfetzen eines Körpers, aber selten Mann gegen Mann, bei dem der körperlich Stärkere gewinnt.

»Wo ist mein Bruder?«

»Er ist in Sicherheit.«

»Ich will ihn zurück.«

»Steig ins Auto.«

»Wenn ich das tue«, sagt Lola, »werd ich dann zu ihm gebracht?«

Die Frau neigt leicht den Kopf zur Seite. Lola sieht ein Lächeln auf ihrem Gesicht. Sie betrachtet Lola, als ob sie auf einem Objektträger läge und unter ein Mikroskop geschoben würde.

Was sieht sie?, fragt sich Lola. *Was sehe ich? Ist sie wie ich?*

Die Frau spannt den Hahn, schwenkt den Lauf um wenige Millimeter nach rechts und schießt Rodrigo ins linke Knie. Das Bein des Jungen knickt ein, als hätte es ihm jemand von hinten weggetreten. Rodrigo knallt mit seiner linken Seite auf den Boden. Er bleibt stumm, an seiner Stelle schreit Lola vor Schmerz auf.

Sie sieht nicht, wer als Nächster schießt, aber als sie sich neben Rodrigo auf den Boden wirft, sieht sie Jamies Schuhe an sich vorbeirennen. Die nächste Kugel dröhnt nahe an ihrem Kopf vorbei und zischt leiser werdend auf die Frau in Rosa zu.

Jamie schießt und läuft weiter.

Die Frau in Rosa schießt zurück.

Lola hat nur ihr Messer.

Rodrigo will sich hochrappeln. Die Waffe ist noch in seiner Hand, aber er ist zu geschwächt, als dass er sie ruhig halten könnte.

»Nein«, bellt Lola ihn an. »Bleib unten, verflucht.«

Er schüttelt den Kopf.

»Das war ein verdammter Befehl. Du sollst gehorchen!«

Rodrigo schüttelt immer noch den Kopf und stemmt sich auf ein Knie.

»Unten bleiben oder ich bring deine verdammte Schwester um!«

Was anderes fällt ihr nicht ein, damit er unten bleibt und sich nicht erschießen lässt, weil er sie beschützen will. Es funktioniert.

Jamie und die Frau ballern immer weiter. Kugeln schwirren über den Parkplatz. Das Schaufenster des Waschsalons mit seiner Werbung für einen 50-Cent-Waschgang zerplatzt.

Die Frau, die den Kopf aus dem Schiebedach des Lexus gesteckt hatte, hat ihr Gewehr im Anschlag. Sie hat noch nicht geschossen, aber Lola weiß, dass sie bereit ist. Sie weiß, dass sie selbst im Fadenkreuz der Frau ist.

Deswegen rennt sie jetzt im Zickzack los.

So hat man das auch den Kindern in Blooming Gardens beigebracht, weil es dort jetzt Amok-Trainings gibt, in dieser Welt, in dieser Schule in der Westside, wo der amerikanische Traum noch geträumt wird. Beim ersten Training hatte Lucy sich gemeldet und gefragt, ob sie mitmachen muss.

»Warum willst du denn nicht mitmachen?«, hatte ihre Lehrerin gefragt.

»Weil ich so was schon kenne«, hatte Lucy geantwortet.

Auch Lola kennt es, weswegen sie im Zickzack über den Parkplatz läuft. Die Scharfschützin kriegt sie nicht ins Visier. Lola hört, wie laut knirschend ein Gang eingelegt wird.

Sie wollen sie überfahren.

Eine andere Option haben sie auch nicht.

Sie ist vier Meter von der Fahrertür entfernt. Zwei Meter.

Sie weiß, dass die Tür verriegelt ist. Dass sie sie nicht einfach aufreißen und die Fahrerin an ihren langen schwarzen Haaren herauszerren kann.

Deswegen schlägt sie mit dem Ellbogen die Scheibe ein.

Die Glassplitter beißen sich in ihre Haut, reißen und zerren daran wie die unerbittlichen Zähne eines Hundes.

Sie achtet nicht auf das Blut, erwischt den Türhebel und zerrt die Tür auf.

Die Frau ist angeschnallt. Lola schneidet den Gurt mit einer schnellen Bewegung durch, zieht die Fahrerin aus dem Wagen und wirft sie zu Boden, dann springt sie selbst auf den Fahrersitz.

Hinter sich sieht sie die Beine der Scharfschützin in schwarzen Stiefeln mit flachen Absätzen. Die Frau will zurück in den Wagen tauchen, aber Lola zieht ihr mit dem Messer über die Fersen und durchtrennt beide Achillessehnen.

Mit schmerzverzerrtem Gesicht stürzt die Frau auf den Rücksitz. Lola findet es beschissen, dass sie einen Wagen voll Kartellkillerinnen fertigmachen muss.

Die Frau im blassrosa Kleid nimmt Jamie ins Visier. Er ist zu nah. Lola hat ihm das anders beigebracht. Beziehungsweise Jorge oder Marcos. Aber manchmal müssen Männer einfach schnurstracks in den Kampf ziehen, weil Zickzacklaufen als Schwäche ausgelegt werden könnte statt als das, was es wirklich ist – nämlich schlau.

Das rosa Kleid flattert in einer Böe. Sie schießt Jamie in den Kopf, und im nächsten Moment donnert Lola mit dem Lexus gegen sie und ihr luftig-leichter Körper liegt zerschmettert auf dem Boden.

Als Lola den Gang rausnimmt, hört sie eine Männerstimme. Die Verbindung ist schlecht, die Stimme scheppert.

Der Lexus hat eine Bluetooth-Verbindung. Jemand hat den ganzen Vorfall mitgehört.

»Sonya?«, sagt die Männerstimme mit starkem Südstaatenakzent.

»Sonya ist tot«, sagt Lola. »Wer zum Henker spricht da?«

Nach einer kurzen Pause sagt der Mann: »Du musst Lola sein.«

Lola schweigt.

»Ich hab deinen Bruder«, sagt der Mann. »Ich würd ihn dir gern zurückgeben. Aber jetzt hast du meinen Partner und vermutlich drei meiner Soldatinnen getötet, also werden wir wohl kaum noch Freunde.«

»Wenn du mit mir reden willst, musst du schon bessere Leute schicken, die mich abholen.«

»Frauen«, sagt der andere, und es klingt, als zuckte er mit den Achseln.

»Ich hab den Mord an deinem Partner nicht angeordnet.« Die Lüge kommt Lola problemlos über die Lippen. Nur ein leicht salziger Geschmack bleibt zurück. »Das war jemand anderes.«

»Sie haben auch einen Partner? Interessant. Den würde ich gern kennenlernen.«

»Kannst du haben. Wenn ich meinen Bruder zurückkriege.«

»Guter Vorschlag.«

Lola steigt aus dem Wagen und läuft zu Rodrigo. Sie nimmt den Jungen in die Arme. Er wiegt beinahe so viel wie sie, aber dennoch hebt sie ihn hoch und stützt ihn, um mit ihm über den Parkplatz zu gehen.

Als sie die Ecke erreichen, ruft Lola laut nach Hilfe.

10
NACHSPIEL

Als Louisa Mae am nächsten Morgen aufwacht, steht die Sonne hoch am Himmel. Es muss fast Mittag sein. Sie liegt in eine Decke gehüllt auf dem Sofa in Dads Zimmer. Im Fernseher läuft eine Seifenoper. Der Ton ist zwar zu leise, um etwas zu verstehen, aber die Mimik der Schauspieler ist eindeutig – Sehnsucht, Wut, Betrug.

Dads Zimmer ist tabu, sie und ihr Bruder dürfen da nicht rein. Dass sie hier geschlafen hat, gibt Ärger.

Louisa Mae setzt sich auf und strampelt die Decke von ihren Beinen. Sie hat noch immer dasselbe an wie gestern in der Schule – Jeans und ein grünes Sweatshirt.

Eigentlich müsste sie schon wieder in der Schule sein.

Dann erinnert sie sich. Es ist aber nicht der Schalter, der einen von der unbewussten in die bewusste Welt befördert. Das Überschreiten jenes schmalen Grats zwischen Traum und Wachsein, das dem Gehirn den Unterschied zwischen Vorstellung und Realität klar werden lässt.

Es ist der Geruch. Metallisch. Säuerlich. Blut und Gedärme.

Sie läuft ins Esszimmer. Das Haus ist so groß, dass man darin laufen kann. Der Geruch wird stärker, und als sie die Küche erreicht, ist er so stark, dass sie nicht stehen bleibt, um ihre tote Familie durch den Rahmen der Küchentür anzusehen. Sie läuft einfach weiter.

Dann prallt sie gegen schwarzen Stoff, ihre Stirn trifft auf Muskeln und Knochen.

Weil ihr Mund zu trocken zum Schreien ist, blickt sie nach oben in das Gesicht über dem schwarzen Stoff.

Der Mann ist Latino. Ein Fremder. Jung, vielleicht Anfang

zwanzig, vermutet Louisa Mae. Ein Detective? Er trägt keinen Anzug. Er ist ganz schwarz gekleidet – langärmliges Baumwollhemd und Cargohose, dazu geschnürte Militärstiefel.

Und er hat eine Waffe in der Hand. Sie ist nicht auf sie gerichtet, aber so lässig, wie er sie hält, scheint sie die Verlängerung seiner Hand zu sein, die er heben und abfeuern kann, ehe sie Zeit hat, um ihr Leben zu betteln.

Er versucht gar nicht erst, ihr zu sagen, dass sie keine Angst zu haben braucht. Aber sie weiß trotzdem, dass er ihr nichts tun wird – genau wie sie weiß, dass dieser Mann schon getötet hat.

»Wer bist du?«, fragt sie.

»Ich bin hierhergeschickt worden«, sagt er.

»Wer hat dich geschickt?«

»Die Leute, für die ich arbeite. Das sind dieselben Leute, für die auch dein Vater gearbeitet hat«, sagt der junge Mann.

Also stimmt es. Ihr Vater hat noch einen zweiten Job. Etwas, das Casey »halbseiden« genannt hat. Das Wort hatte eher nach Caseys Mutter geklungen, der größten Klatschtante in der Stadt.

»Warum bist du hier?«, fragt Louisa Mae, weil sie wieder diesen Geruch in der Nase hat, den Geruch von verwesendem Fleisch. Von ihrem Fleisch. Von dem ihres kleinen Bruders.

»Ich wurde hergeschickt, um euch zu töten.«

Jetzt läuft sie los, zurück ins Esszimmer mit dem rechteckigen fleischfarbenen Teppich, der von einem sattgrünen Rand gerahmt wird. Sie lässt sich neben ihrem Bruder auf den Boden fallen, nimmt seinen Kopf und legt ihn sich in den Schoß. Sie weiß, dass er tot ist, aber sie will nicht, dass der Mann ihn anrührt.

»Es ist okay«, sagt der Mann. Er steht über ihr. Louisa Mae weiß nicht, wie viel Zeit vergangen ist – Sekunden, Minuten, Stunden.

Sie spürt etwas Festes im Haar ihres Bruders, wo er sich das Shampoo nicht ganz rausgewaschen hatte.

»Ich werde dir nichts tun. Ich ... ich hab alles gesehen. Was passiert ist.«

»Aber du tötest auch Kinder«, sagt sie.

»Nein. Ich ... ich wusste das nicht.«

Es klingt falsch. Selbst für sie in ihrer Trauer.

»Es tut mir leid. Das war gelogen.«

Er hat einen Akzent, aber seine Aussprache ist gut.

Erst jetzt denkt Louisa Mae daran, ihre Mutter anzusehen. Sie erinnert sich, dass sie mit der Waffe ins Esszimmer zurückkam. Sie erinnert sich, dass sie ihren Bruder da liegen sah. Sie erinnert sich, dass ihr Vater mit dem Rücken zu ihr aus dem Fenster sah. An der Haltung war deutlich zu erkennen, wie verärgert er darüber war, wozu ihn seine Familie gezwungen hatte. Sie erinnert sich, dass ihre Mutter noch in derselben Haltung war, als sie zurückkam – die Hände wie zum Gebet gefaltet, den Kopf gesenkt.

Aber das kann nicht sein. Weil die Wange ihrer Mutter auf dem Tisch liegt. Das Gesicht hat sie zu ihrem toten Sohn und zu ihrer lebenden Tochter gedreht, der Mund ist entspannt, die Augen offen, so als blickten sie ergeben in ihr Schicksal.

Ihre Mutter sieht friedlich aus. Louisa Mae stellt sich vor, dass man so aussieht, wenn man einen Job verliert, für den man sich nicht eignet.

»Wie ist sie gestorben?«, fragt sie den Mann. »Meine Mutter?«

»Er hat sie mit dem Steakmesser erstochen.«

Louisa Mae wirft einen Blick um den Kirschholztisch und entdeckt den rustikalen Holzgriff eines der Steakmesser. Die Mutter hat Louisa Mae unzählige Male erzählt, dass sie das Besteck anlässlich ihrer Hochzeit gekauft hat. Damals klang ihre Mutter hoffnungsvoll, wie immer, wenn sie an frühere Zeiten dachte, in denen sie noch nicht geahnt hatte, dass sie am Ende mit einem ihrer Hochzeitsmesser in sich tot daliegen würde.

»Du hast sie nicht getötet«, sagt Louisa Mae, ohne den Mann anzusehen, der über ihr steht.

»Nein.« Er sagt die Wahrheit.

»Hättest du meinen Bruder getötet, wenn er nicht schon tot gewesen wäre?«

»Ich weiß nicht.«

Er verlagert sein Gewicht von einem Bein auf das andere. Diese Frage ist ihm sichtlich unangenehm.

»Bitte«, sagt er. »Du musst von hier verschwinden. Sie werden nach dir suchen.«

»Haben Sie mich zugedeckt? Drüben in Dads Zimmer?«

»Ich hab dich da hingelegt. Und den Fernseher angemacht.«

»Warum?«

»Damit du keine Angst hast, wenn du im Dunkeln aufwachst.«

Der Gedanke ist so lächerlich, dass Louisa Mae loslacht. Obwohl, wer weiß, vielleicht wäre sie in dem Schwebezustand zwischen Schlafen und Wachen noch unschuldig genug gewesen, sich im Dunklen zu fürchten.

»Du musst weg von hier.«

»Und wohin?«

»Irgendwohin. Sie werden dich suchen.«

»Ich will ihn aber nicht allein lassen«, sagt Louisa Mae mit Blick auf ihren Bruder. Er hat die Augen geschlossen. Sie denkt, dass er jeden Moment seufzen wird, so friedlich schlummert er.

»Das musst du.«

»Ich will aber nicht. Warum wollen Sie mich retten? Sie sollen mich doch töten.«

Bitte, denkt sie plötzlich, *bitte töten Sie mich.*

Sie denkt an ihren kleinen Bruder in seiner Halloween-Verkleidung als schöne runde Orange und muss weinen. Dicke Tränen, herzzerreißende Schluchzer lassen den Mann erstarren.

»Bitte«, sagt er wieder. »Es muss so aussehen, als wärst du auch getötet worden. Sonst schicken sie einen anderen. Nicht mehr mich.«

»Ich will aber meinen Bruder mitnehmen. Ich will …«

Sie erinnert sich an ein Gespräch, das niemals in ihr Bewusstsein hätte zurückkehren dürfen.

Wenn ich tot bin, will ich nicht beerdigt werden. Ihr kleiner Bruder hatte Platzangst. Nie ist er Aufzug gefahren, nie hat er die Badezimmertür abgesperrt. Sie kann nicht zulassen, dass er beerdigt wird. *Wenn ich tot bin, soll meine Asche im Pazifik verstreut werden.*

Warum im Pazifik?

Weil er weit weg von hier ist.

Warum haben sie über ihren Tod gesprochen? Hat sie ihm auch von ihrem Plan erzählt, oder hat sie versucht, ihn davon abzuhalten, ihr seinen zu erzählen, so als würde das seinen Tod unmöglich machen.

»Er darf nicht beerdigt werden«, sagt sie.

Der Mann in Schwarz seufzt.

»Wenn du mir dabei hilfst, dass es so aussiehst, als wärst du tot, dann helfe ich dir mit deinem Bruder«, sagt er.

Louisa Mae muss nicht fragen, was sie tun kann, um tot auszusehen. Sie weiß es einfach. Und woher? Aus dem Fernsehen?

Sie weiß, dass es schwierig wird, das Steakmesser aus dem Körper ihrer Mutter zu ziehen. Welches Organ hat es getroffen? Eine Niere? Die Lunge? Sie weiß fast nichts über die menschliche Anatomie, sie hat keine Ahnung von der Lage der Organe, die dafür sorgen, dass sie atmen und denken und trauern kann, aber sie weiß, wie sie ihre Füße auf den Teppich setzen und ihre Knie beugen muss, um einen sicheren Stand zu haben, damit sie das Messer aus dem Bauch ihrer Mutter ziehen kann.

Das Blut ihrer Mutter spritzt nicht aus der Wunde, weil ihr Herz nicht mehr schlägt und es herauspresst.

Aber als Louisa Mae sich die Klinge des Steakmessers über den eigenen Arm zieht, quillt das zornige junge Blut schnell und hellrot und reichlich heraus.

Sie sieht den Mann in Schwarz an. Sie hat eine Aufgabe – lebend hier rauszukommen, aber es so aussehen zu lassen, als wäre sie tot. Man muss seinen Feind kennen.

»Wie heißt du?«

»Juan.«

»Und für wen arbeitest du?«

»Für ein Kartell. Rivera-Kartell heißt es.«

11
BEGEGNUNGEN

Lola hat Rodrigo in einem Krankenhaus in einem anderen Stadtviertel untergebracht und lässt ihn von Ramon, ihrem ältesten Soldaten, bewachen. Sie hatte ihn gestern in den frühen Morgenstunden angerufen, und eine halbe Stunde später war der alte Mann in kurzärmligem Hemd und dunkelblauer Arbeitshose erschienen. Außerdem hatte er einen Packen billiger mexikanischer Heftchenromane dabei, deren Cover Männer mit nacktem Oberkörper auf schweißglänzenden Hengsten in gestrecktem Galopp zierten. Lola selbst versucht an diesem Montagmorgen ihre tägliche Routine beizubehalten, an die sie und Lucy sich in den vergangenen zwei Jahren gewöhnt haben.

Aufstehen, pinkeln, Hände waschen, Frühstück machen und essen, noch mal pinkeln, noch mal Hände waschen, Zähne putzen, duschen, Haare kämmen, anziehen, ab ins Auto. Lunchpaket nicht vergessen!

Jamie ist tot. Lola hat ihm nicht befohlen, schnurstracks in ein Feuergefecht zu marschieren, sie hat aber auch nicht versucht, ihn davon abzuhalten. Ohne seinen Feuerschutz hätte sie es nicht zum Lexus geschafft. Hätte nicht Rodrigos Leben retten können.

In zwei Tagen findet die Beerdigung statt. Die Trauerfeier wird von mehreren Frauen aus der Nachbarschaft organisiert, weil Jamies Familie sich das nicht leisten kann.

Lola kann nicht dabei sein, weil sie in vierundzwanzig Stunden Andrea gegen ihren Bruder Hector eintauschen wird. Sie weiß nur noch nicht, wie sie ihre ehemalige Partnerin kidnappen wird, um ihren weißen Arsch einem Kartellboss zu servieren.

Aber dieses Problem muss einstweilen warten. Jetzt kommt erst mal das übliche Tagesprogramm.

Die Fahrt von Huntington Park nach Culver City offenbart alle sozialen und wirtschaftlichen Unterschiede von Los Angeles. Obwohl Huntington Park nicht das ärmste Ghetto oder ein ghettonaher Vorort ist, gibt es hier genug erschöpfte brave Bürger, die versuchen, nach zwölf Stunden Bodenwischen oder Fäden-in-eine-Nähmaschine-Einziehen über die Runden zu kommen. Viele der Häuser, an denen Lola und Lucy morgens auf dem Weg in die Schule vorbeifahren, haben vergitterte Fenster, in den Einfahrten davor stehen oft tiefergelegte Protzkarren.

Als Lola mit ihrem Honda Civic an einer roten Ampel halten muss, versucht sie Lucy abzulenken. Auf der anderen Straßenseite, gegenüber von Lolas mexikanischem Lieblingsrestaurant, in das sie jeden Dienstagabend mit Lucy geht, fährt Ricky mit dem Fahrrad kleine Kreise. Er umkreist eine Frau in einem seit zwanzig Jahren aus der Mode gekommenen Wildlederimitat-Kostüm, die sich gerade ihren Gehaltsscheck hat auszahlen lassen. Sie lässt etwas fallen und geht weiter. Er hebt es fahrradfahrend auf. Die Frau verschwindet um eine Ecke, wo ein anderer junger Mann mit Hoodie am Steuer eines Autos wartet, um ihr ein Plastiktütchen mit weißem Pulver zu geben.

Lola weiß das, weil das ihre Jungs und ihre Straßenecken sind und weil sie hier ihr Geld verdient.

Selbst an einem Tag wie heute, an dem sie zwei Leute weniger sind – einer für immer, einer zeitweise –, muss das Geschäft weiterlaufen.

Lola hält Ausschau nach schwarzen SUVs mit getönten Scheiben und dunklen Männern oder Frauen in Maßanzügen oder luftigen Baumwollkleidern, die aus ihnen aussteigen. Die SUVs könnten auch zu einer staatlichen Behörde gehören, aber Maßanzüge sind das, was Kriminelle von Polizeileuten unterscheidet.

»Mama!«, ruft Lucy vom Rücksitz.

»Runter mit dir!«, ruft Lola zurück und greift mit einer Hand hinter sich, um Lucys Kopf aus dem Fensterbereich zu drücken. Sie wartet auf den Schuss, von dem sie überzeugt ist, dass er kommt, bis Lucy wieder etwas sagt.

»Ich wollte dir doch nur sagen, dass ich Isa gesehen hab.«

»Oh. Ich ... oh.« Lola fällt Andreas Frage wieder ein: Was sie ihrer Tochter antworten würde, wenn sie fragt, was sie tut? Zum Glück wohnen sie in einem Viertel, wo es im vormittäglichen Pendlerverkehr durchaus passieren kann, dass durchs Autofenster auf jemanden geschossen wird. Deswegen denkt Lucy auch nicht weiter darüber nach.

Lola entdeckt Isa, als sie an ihren Jungs an der Ecke vorbeigeht. Sie will schon aus dem Civic steigen und ihnen sagen, dass sie Lucys Freundin aus Huntington Park Platz machen sollen, aber genau in dem Moment bremst Ricky mit quietschenden Reifen vor den Jungs und scheucht sie aus Isas Weg. Wegen Lola lassen sie Kinder in Ruhe und nähern sich ihnen nicht, es sei denn, ihnen droht Gefahr. Dann dürfen sie mit Lolas Segen auch schießen.

»Geht sie zu Fuß zur Schule?«

»Sieht so aus«, sagt Lola. Isas Eltern haben kein Auto. Ihre Mutter fährt mit dem Bus zu ihrer Putzstelle in Pacific Palisades, und ihr Vater wird von seinem Bruder nach Vernon in die Backwarenfabrik mitgenommen. Wenn Lola Lucy erlaubt, bei Isa zu spielen, muss sie immer ihr Entsetzen verbergen, wenn Lucy heimkommt und sagt, wie viel »Glück« Isa hat, weil sie jeden Abend Kuchen zu essen bekommt. Irgendwann wird Lola ihr erklären müssen, dass es nichts Gutes ist, sich von Fertigbackwaren zu ernähren, sondern ein Gefängnis namens Armut.

Selbst jetzt klingt diese Rede in Lolas Erwachsenenohren scheinheilig, ganz zu schweigen von der Arroganz und der privilegierten Stellung, die darin zum Ausdruck kommen.

»Können wir sie nicht mitnehmen?«, fragt Lucy.

»Tut mir leid, *mija*, aber wir haben keinen extra Kindersitz für sie«, sagt Lola. Lucy sitzt nur deswegen auf einem Kindersitz, weil sie für ihr Alter klein ist. Lola verbirgt mit dieser Ausrede eine düsterere Wahrheit, die sie nicht zugeben möchte, nicht einmal vor sich selbst. Sie will nicht, dass Lucy hier zu viele Freundinnen hat. Sie will, dass sie sich ihre Freunde in Blooming Gardens sucht, wo die Eltern nicht erst auf ihren Kontostand blicken müssen, ehe sie etwas kaufen, sondern davon ausgehen, dass schon genug da ist.

»Okay«, sagt Lucy und winkt ihrer Freundin zu, aber Isa hält den Kopf gesenkt, den Blick auf den Gehweg gerichtet, die Daumen unter die Riemen des Rucksacks geschoben. Sie hat gelernt, dass es besser ist, sich klein zu machen und keine Aufmerksamkeit auf sich zu ziehen, um heil die zehn Blocks von ihrem Zuhause zur Schule zurückzulegen.

»Sie hat mich gar nicht gesehen«, sagt Lucy.

Weil sie hier nichts sehen will, denkt Lola.

Ein paar Blocks weiter fahren sie an dem beige-blauen Bau der staatlichen Grundschule vorbei. Auf dem Spielplatz versuchen gestresste Lehrer, die Kinder vor dem Gong in die Klassenzimmer zu lotsen. Kleine Jungen springen von der höchsten Stufe eines rostigen Klettergerüsts herunter. Kleine Mädchen wackeln mit den Hüften zu einem unhörbaren Beat. Aus nichteinsehbaren Ecken tönen Schreie – ein Tunnel, eine Rutsche, ein schmutziger Sandkasten –, und Lola hört ein Knacken, von dem sie hofft, dass es kein brechender Knochen ist.

Als Lola in den Rückspiegel sieht, hat Lucy den Kopf zum Spielplatz gedreht. Ihre Hände liegen gefaltet im Schoß, ihre Beine sind an den Knöcheln überkreuzt. Schätzt sie die Nachbarskinder ab, oder möchte sie mit ihnen zusammen sein?

Lola weiß, dass sie in Momenten wie diesen versuchen sollte herauszufinden, was ihr Kind beschäftigt. Lucy ist rechtlich gesehen schon seit zwei Jahren ihr Kind. Lola musste nur ihre drogensüchtige Mutter dazu bringen, die Adoptionspapiere zu unterschreiben, und als Belohnung dafür hatte ein Tütchen Heroin gereicht. Sie haben schon viele dieser Rückspiegelgespräche geführt, in denen Lucy Fragen über die Welt stellt, und Lola nach anderen Antworten sucht als einem »So ist es eben«.

»Warum hält niemand an, um einen Mann mitzunehmen, der ein Schild in die Höhe hält, auf dem steht, dass er für Essen jede Arbeit übernimmt?«

»Weil er eine Waffe haben könnte.«

»Warum schreit die Frau ihr Baby an?«

»Weil sie müde und genervt ist und niemanden hat, der ihr hilft.«

»Was ist mit uns? Können wir ihr nicht helfen?«

»Wir müssen zusehen, dass du rechtzeitig zur Schule kommst.«

»Warum hat die Familie nach der Quittung gefragt, als du ihr Windeln und Babynahrung gebracht hast?«

»Weil sie wieder in den Laden gehen wollen und die Dinge zurückgeben, die sie angeblich für ihr Baby brauchen, um sich das Geld dafür auszahlen zu lassen. Damit kaufen sie dann Drogen.«

»Ach, stimmt«, hatte Lucy an jenem Tag gesagt. Lola erinnert sich, dass die Antwort sie beunruhigt hatte, weil offenbar eine verschüttete Erinnerung bei Lucy geweckt worden war.

Lola gefallen solche Rückspiegelgespräche besser, wenn sie sich nicht um die unzähligen gesellschaftlichen Grausamkeiten drehen, sondern um Lucys Tag. Was hat sie in der Schule gemacht? Hat ihr die Lehrerin noch mehr schwierige Bücher zum Lesen gegeben? War Miss Laura im Klassenzimmer, als Lucy die Matheaufgabe gelöst hat?

Blooming Gardens Elementary School ist eine Privatschule in Culver City und hat wachsenden Zulauf. Mit vierzig, auf zwei

Klassen verteilten Schülern je Jahrgangsstufe benötigte die Schule ein weiteres Gebäude auf dem Gelände mit Spielplatz, Sporthalle, Cafeteria und Klassenzimmern. In dem neuen Gebäude soll es ein Musikzimmer, ein Atelier und ein Computerlabor geben, in dem die Schüler kodieren lernen – ein Wort, das Lola bis vor zwei Jahren gar nicht kannte, als Lucy ganz aufgeregt nach Hause kam und ihrer neuen Mutter ihr neues Können zeigte. Lola weiß, welche Finesse notwendig ist, um einen knappen Befehl richtig zu formulieren, auch wenn der Befehlsausführende in diesem Fall kein Mensch, sondern eine Maschine ist. Ihr gefällt auch die Vorstellung, dass Lucy ein virtuelles Start-up gründet und kein blutiges Drogenimperium.

Lola war erfreut, als sie erfuhr, dass ihre beträchtliche Spende zur Finanzierung des Computerlabors Lucy einen Platz im Hort von Blooming Gardens gesichert hatte, auch wenn die Rektorin Miss Laura es nicht so formuliert hatte. Miss Laura hatte von der schrecklichen Krankheit einer anderen Schülerin gesprochen, die am Jahresende die Schule verlassen musste. Miss Laura hatte auch etwas von Zuschüssen zur Schulgebühr gesagt, aber Lola hatte abgelehnt, sie bräuchten keine Almosen. Lucy hatte mit ihrem Jahrgang im selben August angefangen. Zwei Jahre später ist sie eine der besten Schülerinnen.

»Charlie!«, ruft Lucy und reißt die Tür auf, ehe Lola den Wagen in der geschwungenen Auffahrt zum Stehen gebracht hat. Lola tritt so fest auf die Bremse, dass der Split auf dem Asphalt wegspritzt.

»Lucy!«, brüllt Lola, und sofort zieht das Mädchen die Tür wieder zu. Als Lola in den Rückspiegel blickt, sitzt Lucy stocksteif da, den Rücken durchgedrückt, die Hände gefaltet, die Knöchel verschränkt. Sie blickt ernst und verängstigt.

»Tut mir leid«, sagt Lola. »Ich hab nur geschrien, weil ich Angst hatte, dass dir was passiert.«

»Nein, es war meine Schuld. Ich muss besser aufpassen«,

sagt Lucy. Die Bereitwilligkeit, mit der Lucy die Schuld auf sich nimmt, gefällt Lola nicht.

»Na, lauf schon zu Charlie«, fordert Lola sie auf.

Lucy sagt, dass sie nicht kann, Lola muss sie erst aus dem Auto lassen. »Natürlich«, sagt Lola, die vergessen hat, dass sie den Sicherheitsgurt vom Kindersitz lösen muss.

»Na, die Kindersicherung vergessen?« Die Stimme hinter Lola, die sich gerade über Lucy beugt, ist männlich, selbstbewusst und weiß.

»So was gibt's in meinem Wagen gar nicht«, sagt Lola, die mindestens zwei Tassen Kaffee getrunken haben muss, bevor sie sich eine Belehrung von der privilegiertesten Spezies der Erde, dem weißen Mann, anhören kann. Letzte Woche hat Lola in der Westside ein Wort aufgeschnappt, »Mansplaining«, und es hat ihr so gefallen, dass sie es bei ihrer Mutter ausprobiert hat. Allerdings hat es bei Maria nur einen höchst erstaunten Gesichtsausdruck hervorgerufen, gefolgt von einem Themawechsel zu Kräutertees, die Lola beim Einschlafen helfen könnten. Als sie es später am Tag bei einem Arbeitstreffen mit ihren Soldaten benutzte, hatten diese überhaupt nicht auf das Wort reagiert, und taten so, als hätten sie es überhört. An den gesenkten Köpfen und unruhigen Fingern erkannte Lola, dass sie sich für sie schämten, weil sie im Ghetto mit dem Vokabular einer weißen Lady um sich warf.

Lola war vorher schon klar gewesen, dass sie mehr Freundinnen bräuchte – oder wenigstens eine Freundin.

Als sie sich umdreht, steht ein Mann hinter ihr, der ihr wie ein weiser Alter in einem attraktiven jungen Körper vorkommt. Seine Muskeln spannen den Baumwollstoff des weißen T-Shirts, seine sonnengebleichten blonden Haare sind in einer Art verwuschelt, die nach Lolas Überzeugung nur mit teuren Pflegemitteln erreicht werden kann. Er hat blaue Augen und zu seinen Haaren passende helle Stoppeln im Gesicht. Er trägt

Flipflops und Boardshorts, als hätte er eben erst eine Welle abgesurft, aber statt nach Meer riecht er nach Duschgel. Sein Lächeln ist so breit wie der Schirm einer Baseballcap.

»Lucys Mom?«, fragt er.

»Yeah.« Wäre es eine andere Mutter aus Lucys Schule gewesen, hätte sie einfach »Ja« gesagt und höflich gelächelt. Viele der Mütter hier sind ehemalige Geschäftsführerinnen oder Abteilungsleiterinnen, Frauen, die zwölf Stunden am Tag gearbeitet und ein Dutzend oder mehr Angestellte unter sich gehabt hatten, ehe sie ohne PDA ein Kind auf die Welt brachten und dann ihr Facebook-Profil aktualisierten, um bekannt zu geben, dass sie jetzt Vorstandsvorsitzende eines Haushalts sind und nur noch den Befehlen von jemandem gehorchen, der sie zu jeder Tages- und Nachtzeit weckt und in die Windel macht.

Die Väter in Blooming Gardens sind anders. Wenn sie ihre Kinder abliefern oder abholen, hängen sie am Handy oder schalten demonstrativ vor ihren Kindern und allen anwesenden Eltern das Gerät ab, um sich von ihrem Sprössling zu verabschieden.

Dieser Mann, in Boardshorts und Flipflops, überrascht Lola. Hat er sich heute freigenommen? Aber die Haare, denkt Lola. Sie sind fast schulterlang. Sie weiß nicht viel von Hollywood, aber sie hat sich alle Agenten und Studiomanager in Blooming Gardens angesehen. Diejenigen, die keine Glatze haben, gehen mindestens zwei Mal im Monat zum Friseur. Einmal im Jahr lassen sie sich einen gepflegten Bart stehen, um auf die Gefahren von Prostatakrebs aufmerksam zu machen, was Lola nicht nachvollziehen kann und will, aber abgesehen davon achtet ein »arbeitender Vater« – auch ein Begriff, den Lola bei einem Weißengespräch gehört hat – auf seine Frisur.

»Ich bin Charlies Dad«, sagt der Pseudosurfer jetzt. »Zach.«

»Oh«, sagt Lola, weil Charlie schon drei Monate nach Schulbeginn Lucys beste Freundin in der Klasse war. Auch jetzt spielen die beiden wieder Fangen und flitzen über den ganzen Schulhof. Sie lachen hell und süß und unbefangen.

Charlies Mutter ist eine schmale, stille Frau, die nur zögerlich mit Lola Bekanntschaft geschlossen hatte. Lola schätzt, dass sie in ihrem früheren Beruf als Onkologin eine einflussreiche Koryphäe war.

»Sieht so aus, als mögen sich die beiden«, sagte Charlies Mutter eines Nachmittags beim Abholen, als sie und Lola Charlie und Lucy kaum trennen konnten, nicht mal mit dem Versprechen auf ein Eis.

»Das stimmt«, antwortete Lola und wusste nicht, wie sie das Gespräch fortsetzen sollte. Bisher hatte sie der Austausch mit den Blooming-Gardens-Eltern überfordert. Abgesehen von drei asiatischen und einer nigerianischen Familie mit singendem englischen Akzent, sind alle weiß. Dennoch überschüttete jede Mutter Lola, die einsame Latina, entweder beim Hinbringen oder beim Abholen nahezu mit freundlicher Aufmerksamkeit. Durch ihr strahlendes Lächeln und bemühtes Lachen fühlt sich Lola, die nie ohne triftigen Grund lacht, noch mehr als Außenseiterin.

Auch Charlies Mutter lacht nicht ohne Grund. Lola vermutet, dass die Jahre, in denen sie Patienten sagen musste, dass es keine Heilung gebe, sie von jeder Gekünsteltheit geheilt haben.

»Sie ist ein starkes Mädchen«, sagte Charlies Mutter an dem Tag, als sie sich kennenlernten, und zeigte mit einer Kopfbewegung, dass sie Lucy meinte, nicht ihre eigene Tochter. Bis sie nach Blooming Gardens kam, hatte Lola nicht gewusst, dass auch Mädchen Charlie heißen können.

»Kann sein«, entgegnete Lola. Und dann war es aus ihr herausgeplatzt, obwohl sie nichts von Lucys Vergangenheit erzählen wollte. »Ihre ersten fünf Jahre waren hart. Ihre biologische Mutter ... sie war drogensüchtig. Sie zwang Lucy zu einigen schrecklichen Dingen.«

Charlies Mutter antwortete nicht mit den üblichen Plattitüden, kein »Das tut mir wirklich leid«, kein »Wie schrecklich!« oder »Das arme Kind«. Stattdessen sah sie ein paar Sekunden in Lolas Augen, nicht unfreundlich, eher wie eine Ärztin, die einen Patienten untersucht und herausfinden will, ob sie mehr über die Geschichte erfahren muss, um eine geeignete Therapie zu finden. Was sie sah, war, dass Lola ihr bereits mehr erzählt hatte, als sie eigentlich beabsichtigt hatte. Lola war unter dem Blick der Frau erstarrt, so als würde sie dadurch unsichtbar werden.

»Ich bin Susan«, sagte Charlies Mutter und streckte Lola ruhig die Hand entgegen.

»Lola.« Der Händedruck der Frau, der zugleich kräftig und sanft war, versicherte ihr, dass Lucys Geheimnis gut bei ihr aufgehoben war.

Jetzt aber, da sie vor Charlies Vater, einem Fake-Surfer mit Dauergrinsen, steht, ist Lola verwirrt. Wie waren die beiden nur zusammengekommen und hatten dann auch noch ein lebhaftes Mädchen wie Charlie hervorgebracht, die in diesem Augenblick von der Schultür zu Lucy und zurück flitzt, lachend und kreischend?

»Wo ist Susan?« Lolas Frage klingt aggressiver, als sie es beabsichtigt hat.

»Wir haben beschlossen, dass sie wieder arbeitet«, sagt Charlies Vater. Lola will ihn unterbrechen und fragen, warum, aber dann fällt ihr ein, dass diese Frage bei jedem Beruf absurd wäre, aber bei jemandem, der Krebspatienten behandelt, ganz besonders. Dass Susan mehrere Jahre bei Charlie zu Hause geblieben ist, hat möglicherweise einigen Menschen das Leben gekostet, zumindest aber einen leichten Onkologenmangel in Los Angeles verursacht.

»Arbeitest du auch?«, fragt Lola.

»Ich bin Koch«, sagt Charlies Vater. »Ich arbeite abends.«

»Wo?«

»Ich hab ein eigenes Restaurant«, sagt er. »Ich hab mich auf mexikanische Küche spezialisiert.«

»Mexikanisch?«, wiederholt Lola. Warum zum Teufel kocht dieser weiße Surferboy-Darsteller mexikanisch?

Immerhin hat Zach den Anstand, rot zu werden. »Ich war lang in Mexiko. Die Küche dort finde ich interessanter als alle anderen auf der Welt. Deswegen hab ich hier ein mexikanisches Restaurant aufgemacht.«

»Cool.« Lolas Ton verrät, dass sie das nicht findet.

»Magst du mit Lucy diese Woche vielleicht mal vorbeikommen, damit die beiden zusammen spielen können?«

»Zu euch nach Hause?«

»Yo.« Zach wippt in seinen Flipflops von den Zehen auf die Fersen und zurück. Lola kann nicht sagen, ob er wegen eines möglichen Treffens nervös ist oder ob er einfach nicht stillstehen kann.

Lola hat bisher immer gezögert, Einladungen zum Spielen anzunehmen, wenn sie von einer von Lucys Mitschülerinnen kamen. Lucy war noch nie in einem Haus in der Westside. Das kleine Mädchen hat noch nie gesehen, wie ein Angehöriger ihrer eigenen Minderheit beschäftigt wurde, um den Dreck von anderen wegzumachen.

»Ja«, sagt Lola jetzt, obwohl ihr nicht klar ist, warum es für sie plötzlich in Ordnung ist, dass Lucy Charlie zu Hause besucht. Vielleicht haben sie das lässige Aussehen von Charlies Vater oder seine ausgiebige Beschäftigung mit der Küche des Landes, aus dem ihre Großeltern stammten, dazu verleitet.

»Dann sagen wir doch gleich morgen«, meint Charlies Vater. »Morgen ist ja wieder so eine Lehrerfortbildung und keine Schule.« Er checkt weder den Kalender seines Handys noch schickt er seiner Frau eine Nachricht, um zu fragen, ob ihr das passt.

»Ist Susan auch da?«, fragt Lola.

Verzieht Charlies Vater ein klein wenig seinen Mund? Und wenn ja, bedeutet es, dass er sich über ihre Frage wundert? Oder will er Zeit zum Überlegen schinden, ehe er antwortet?

»Lola.« Es ist eine Frauenstimme, entschieden und laut. Sie lässt Lola keine Zeit, bei Charlies Vater nach einer Antwort nachzuhaken. Selbst wenn sie wollte, kann Lola nicht so tun, als hätte sie Miss Laura nicht gehört.

Die Rektorin ist groß und kräftig, ihr Gesicht herzförmig, ihre geblümten Röcke betonen ihre Weiblichkeit. Vor zwei Jahren hatte Miss Laura weggesehen, als Lola bei Lucys desaströsem und augenöffnendem Vorstellungsgespräch ein Puppenhaus geklaut hatte – samt Vater, Mutter und Möbeln. Dass Miss Laura nichts dazu sagte, brachte ihr Lolas Vertrauen ein, und jetzt leben die beiden in einer Welt, die aus Freundlichkeit und Höflichkeit, aus Exkursionen, unterschriebenen Merkzetteln und Einverständniserklärungen sowie aus nussfreien Frühstückssnacks besteht.

»Hat Lucy es Ihnen gesagt?« Miss Lauras graue Augen bekommen bei dieser Frage einen Stich ins Blaue und verraten Lola damit, dass das, was immer Lucy ihr nicht gesagt hat, etwas Gutes ist.

»Was gesagt?«

»Das Naturkundequiz. Sie hat gewonnen«, sagt Miss Laura.

Lola blickt zu Lucy, die mit Charlie Fangen spielt. Das Mädchen mit seinen kindlich-ungelenken Armen und Beinen schlägt Charlie sanft ab und ist ganz erstaunt über sein Glück. Noch nie hat Lucy es geschafft, Charlie zu fangen, weil Charlie sonst nie stillsteht.

»Stimmt«, windet sich Lola heraus. »Das ist toll.«

»Okay, du bist dran. Du musst mich fangen. Fang mich, Charlie!«, fordert Lucy Charlie auf, die nur still dasteht und starr auf Lola und Miss Laura blickt, als ginge es in dem Gespräch über Lucy auch um sie.

»Sie kann dich doch nicht fangen, wenn du nicht wegläufst«, ruft Lola Lucy zu und hofft, ihre Worte treiben sie von Charlie weg, auch wenn es Lolas Schuld ist, dass Lucy hier in Blooming Gardens ist statt in Huntington Park mit Isa, den Kopf gesenkt, um sich unsichtbar zu machen für die gewalttätige Welt um sie herum.

12
HIGH LIFE

Eine halbe Stunde später wirft Lola ein paar Münzen in einen Parkscheinautomat am Abbott Kinney Boulevard, ein paar Blocks von der Stelle entfernt, wo ihr kleiner Bruder vor zwei Jahren die Übergabe vermasselt und einen Krieg mit dem Los-Liones-Kartell ausgelöst hatte.

In der Stadt dreht sich einfach alles im Kreis, hatte Andrea geflucht. Andrea, die Lola an ihrer Stelle in den selbstangezettelten Krieg gegen die Drogen geschickt hat.

Andrea, ihre Partnerin. Die Frau, die Lola jetzt töten muss.

Eigentlich schade, denkt Lola, denn sie war gern Teil von Andreas Welt. Aber hatte sie wirklich dazugehört, wenn sie sich nicht einmal in einem italienischen Deli zusammen an einen Tisch setzen konnten, sondern hinten hinausschleichen mussten, um neben einer Mülltonne heimlich miteinander zu reden und ein, zwei Zigaretten zu rauchen?

Der Cannabisladen befindet sich zwischen einem Geschäft für Votivkerzen und einem Verleih von Beachcruiser-Fahrrädern für Touristentouren auf dem Venice Beach Boardwalk. Auf dem Ladenschild leuchten ein grünes Kreuz und der Name »High Life« in grünen Blockbuchstaben vor einem weißen Hintergrund.

Lola hat weder das grüne Apothekenkreuz noch den Namen ausgesucht. Das alles hat sie denjenigen überlassen, die sich um das Alltagsgeschäft kümmern.

Zwei weiße Wachleute lehnen an der Backsteinmauer links und rechts von der zweiflügeligen Glastür – kugelsicher. Dafür hatte sich Lola eingesetzt, und in Anbetracht der Geschäfte, die dahinter gemacht werden, gab es keinen Widerspruch.

Selbst wenn das nur ein legitimer Cannabisladen wäre, wäre das kugelsichere Glas angebracht. Genauso wie die bewaffneten Wachmänner, die sich entspannt über den von Backstein, Glas und blauem Himmel gerahmten Eingang hinweg unterhalten.

Keiner der vormittäglichen Spaziergänger auf dem Venice Beach Boardwalk schenkt dem Cannabisladen Beachtung. Wer neugierig auf das Geschäft blickt, das den in Kalifornien gestatteten Verkauf von Marihuana betreibt, verrät sich als Tourist, und das ist für jeden, der in Venice lebt, eine schwere Sünde – zumindest für die Neuankömmlinge, für die Venice nicht nur ein Ort zum Leben, sondern auch eine Lebenseinstellung ist.

Die Wachmänner kennen Lolas Namen nicht, sind aber klug genug, sie mit einer kleinen Verbeugung zu grüßen, als sie den Summer neben der Glastür drückt und in die Sicherheitskamera blickt.

»Hi, hi«, sagt eine bekannte Stimme, dann folgt ein langes Summen und ein Klicken.

Die Frau, die im Laden hinter dem Tresen steht, unterbricht ihr Verkaufsgespräch nicht, um Lola zu begrüßen. Sie ist weiß, hat kastanienbraune Locken und eine für ihr schmales Gesicht etwas zu große Nase. Ihre Stimme klingt leicht nasal, ist aber klar und bestimmt.

»Ehrlich gesagt, ich würde diese Brownies nicht nehmen. Die sind mir zu süß. Ich hab schon mit unserer Bäckerei geredet, sie sollen das Rezept ändern, aber so richtig kriegen sie's nicht hin. Ich glaube, das liegt auch daran, dass sie Milchschokolade nehmen, keine Zartbitter. Irgendwann muss ich mich wohl selbst in die Küche stellen und rumprobieren. Soll ich Sie dann für ein Dutzend mit Chocolate Chips vormerken?«

Der Kunde nickt. Auch er ist weiß, wie die Wachleute, wie die Ladenbesitzerin, wie alle außer Lola, dem Boss, oder genauer: einem der beiden Bosse. Aber die Leute hier kriegen nur

Lola zu Gesicht. Andrea ist eine öffentliche Person. Sie kann nicht riskieren herzukommen, höchstens mit einem Durchsuchungsbefehl, um den Laden hochzunehmen.

Der Mann scheint trotzdem auch noch Brownies zu wollen, aber die Entschiedenheit, mit der die Frau hinter dem Tresen seine Tüte verschließt und ihm die Ware mit einem »Dann viel Spaß damit« reicht, hält ihn davon ab.

Niemand widerspricht Mandy Waterston.

Lola hatte Mandy bei dem Feuer kennengelernt, das die Heroinvorräte von ihr und ihrem Mann Eldridge vernichtete. Als das Haus zu Schutt und Asche niederbrannte, hatte Mandy Lucy in Sicherheit gebracht.

Lola wird sie immer dafür lieben, dass sie furchtlos ihre Tochter rettete. Andrea war weniger gnädig, weil sie Mandy und Eldridge Heroin im Millionenwert anvertraut hatte.

Jetzt sind Mandy und Eldridge das Verkaufsteam in dem Cannabisladen, in dem vorne Gras und Plätzchen verkauft werden und im Hintergrund der härtere Stoff verwahrt ist. Es ist ein perfektes Arrangement, das die Wachleute und kugelsicheren Türen und Fenster erklärt. Kunden müssen per Summer rein- und rausgelassen werden. Kameras erlauben es Mandy und Eldridge, sich alle Besucher vorher anzusehen und zu entscheiden, ob sie willkommen sind oder nicht.

Lola fragt sich, was Mandy weiß. Sie hat schon für Andrea gearbeitet, ehe Lola in das Geschäft eingestiegen ist. Lola weiß aber nicht, wie lange und in welchem Umfang Mandy für Andrea tätig war. Auch wenn sie Wert darauf legt, über alles Bescheid zu wissen, auf die Idee, die Freundschaft der beiden Weißen zu hinterfragen, ist sie nie gekommen, so als wären sie keine Gefahr.

»Wie geht's Lucy?«, fragt Mandy und füllt die Kasse mit Bargeld auf, teilweise sauberes, teilweise schmutziges Geld, das über gefälschte Bestellungen gewaschen werden soll – ein

Dutzend Brownies hier, ein Tütchen Gras da. Lola und Andrea führen eine Reihe solcher Geldwaschanlagen, nach dem Motto: Kleinvieh macht auch Mist.

»Sie hat in einem Naturkundequiz gewonnen«, sagt Lola.

»Was denn sonst«, sagt Mandy und wischt weiter den Tresen sauber, rückt die Grastütchen darunter zurecht und ruft »Mehr Kekse!« ins Hinterzimmer.

»Zwei Minuten noch.«

»Vergiss nicht, sie auf dem Gitter auskühlen zu lassen«, ruft Mandy zurück. Und zu Lola: »Ein Neuer.«

»Davon hat sie mir nichts gesagt.«

»Den hab ja auch ich eingestellt«, sagt Mandy.

»Nein, ich meine Lucy. Sie hat mir nicht erzählt, dass sie gewonnen hat.«

Mandy hört mit dem Staubwischen auf und sieht Lola an: »Ach.«

»Was meinst du mit ›Ach‹?« Lola spürt, wie sich ihr Puls beschleunigt.

»Das ist seltsam«, sagt Mandy.

»Find ich auch.« Lola kann nicht sagen, wie viel Mandy weiß – über das Rivera-Kartell, das Verschwinden ihres Bruders, den Mordauftrag, den Andrea Lola hat erteilen lassen, um einen Krieg zu beginnen.

»Hast du von ihr gehört?«, fragt Mandy, und Lola weiß, dass sie Andrea meint. Sie nennen sie nicht beim Namen, nicht mal beim Vornamen. Sie ist eine Latina-Drogendealerin. Andrea ist die weiße Staatsanwältin, die den Krieg gegen Drogen führt. Die eine kann nicht ohne die andere.

Doch jetzt wird eine das müssen.

»Ja.« Lola ist bemüht, dass man ihrer Stimme nichts anmerkt. Sie weiß nicht sicher, ob Mandy auf Andreas Seite ist. Aber sie weiß auch nicht sicher, dass sie es nicht ist. »Wir dachten, es wär mal an der Zeit, dass ich die Vorräte checke.«

»Klar«, sagt Mandy. »Eldridge ist hinten. Eigentlich sollte er ja rüber zu Starbucks und mir einen Latte holen, aber er hat drauf bestanden, den Neuen zu beaufsichtigen.«

»Ich weiß nicht, ob jetzt ein guter Zeitpunkt ist, jemand Neuen hier reinzulassen.«

»Wegen dem Rivera-Kartell?«, fragt Mandy.

»Woher weißt du das?«

Mandy winkt Lola zu sich hinter den Tresen und zeigt ihr die Livebilder der Sicherheitskameras. Vier Quadrate mit Ansichten der Ladeneingänge.

»Schwarzer SUV, keine Behördenkennzeichen, tätowierter Latino, der sich Votivkerzen ansieht. Ein anderer schwarzer SUV, auch ohne Behördenkennzeichen, ein Mann im Maßanzug und mit so viel Gel in den Haaren, dass es klatschnass aussieht.«

»Mir ist niemand gefolgt.«

»Weiß ich. Die sind schon den ganzen Vormittag da.«

»Woher weißt du, dass sie Rivera sind?«

»Sie hat gesagt, ich soll mich drauf einstellen. Und dich beschützen, falls du vorbeikommst.«

Lola schätzt diese Umsicht, aber sie ist diejenige mit Knöchelholster und einem Schnappmesser in der Hosentasche. Mandy ist eins siebzig groß, wiegt gut sechzig Kilo und hat weder Waffen noch ein nennenswertes Fahrertraining, abgesehen von dem für den aufgemotzten Kinderwagen ihres Kleinkinds.

»Hab schon kapiert. Du kannst auf dich selber aufpassen.«

»Nicht, wenn Leute, mit denen ich zusammenarbeite, mir das Messer in den Rücken rammen.«

»Davon weiß ich nichts«, sagt Mandy.

»Du hast bei mir einen Stein im Brett, weil du meine Tochter gerettet hast. Aber hör auf, mich anzulügen. Natürlich weißt du es.«

Der letzte Satz macht Mandy wütend. Sie mag es nicht,

wenn man mit ihr wie mit einer Zweijährigen spricht, die vergessen hat, sich beim Husten die Hand vor den Mund zu halten.

»Wirst du sie töten?«, fragt Mandy.

»Was denkst du denn?«

»Ich denke, dass du was Besseres machen könntest.«

»Was soll das sein?« Außer dem üblichen *Weißenscheiß*, denkt Lola – ein Wort, das sie kürzlich beim Fernsehen aufgeschnappt hat.

»Du musst sie nicht umbringen. Du kannst sie vernichten.«

Der Summer ertönt, und Mandy blickt auf die Bilder von der Eingangskamera. Zwei weiße Frauen in Yogahosen stehen vor der Tür. Sie haben Jutetaschen in der Hand und plaudern.

»Haben sich die Typen da draußen irgendwie für mich interessiert?«, fragt Lola.

»Die haben dich überhaupt nicht angeschaut«, sagt Mandy. »Aber sie werden bestimmt neugierig, wenn du ohne irgendwas in der Hand wieder rausgehst.«

Lola begreift es nicht. Wenn das Rivera-Kartell ihren Bruder hat, dann müssten sie doch wissen, dass sie den Mord in Auftrag gegeben hat.

Es sei denn, Hector hat nichts verraten.

Andrea hat ihn in Gefahr gebracht.

13
AUTÉNTICO

»Wenn ich zurück bin, bist du schon im Bett«, sagt Lola am selben Abend zu Lucy. Es ist bereits nach sechs, die Novemberdunkelheit hat sich auf das Viertel gesenkt. Lucy sitzt vor einem kleinen Teller Brokkoli, braunem Reis, Hühnchen und Käse, zu ihren Füßen Valentine, die erwartungsvoll zu ihr hochblickt. Um ihre Schnauze zeigt das braune Fell schon erste Spuren von Grau.

»Wer bleibt bei mir?«

»Manuel«, sagt Lola. Nur mit Mühe war es ihr gelungen, ihren hübschen Exkartellkiller von ihrer Wohnung und ihrem Bett fernzuhalten, aber heute Abend stand sie vor dem Problem, vor dem die arbeitenden Frauen aller Schichten und Ethnien stehen. Sie musste sich um einen Babysitter kümmern. Lola hat zwar nichts dagegen, dass sich ihre Mutter um Lucy kümmert, aber nur solange sie auch in der Nähe ist.

Aber gegen das Rivera-Kartell kann ihre Mutter sowieso nicht antreten.

Heute hat Lola alle Männer im Haus versammelt. Sie halten Ausschau nach schwarzen SUVs ohne Behördenkennzeichen. Sie halten Ausschau nach Latinos in Anzügen, mit polierten Schuhen, zurückgegelten Haaren, auch nachts getragenen Sonnenbrillen. Sie halten Ausschau nach Männern, die ausgesandt wurden, um Lola und ihre Familie zu töten.

»Manuel ist nett«, sagt Lucy.

»Ich bring dich ins Bett. Er ist im Wohnzimmer und kommt, wenn du ihn rufst. Du kannst die Tür gern auch abschließen.«

Der dicke Mexikaner namens Allen, der Lola in Locust Ridge anstelle ihres Bruders als Geisel übergeben wurde, hat den orangen Sträflingsoverall ausgezogen und ist in ein für seine Mopsfigur zu enges T-Shirt geschlüpft. Er steht unter strenger Bewachung, bis sie über sein Schicksal entscheidet. Morgen wird sie ihn entweder dem Direktor in Locust Ridge zurückgeben oder ihn erschießen. Sie weiß nicht genug über ihn, um sich eine dritte Alternative zu überlegen. Sie weiß nicht mal, ob es überhaupt eine gibt.

Vom vorderen Fenster aus sieht Lola Allen im Hof, den Lola seit Sonnenuntergang taghell erleuchten lässt, hin und her gehen. Allen geht von Jorge zu Marcos und zurück. Zuerst denkt sie, sie spielen das langsamste Neckball der Welt. Dann hört Lola ihre amerikanischen Männer lachen und begreift, dass Allen auf die Toilette muss.

Sie zerrt am Fenster, bis es aufgeht, und schreit wie eine wütende Mutter: »Lasst ihn aufs Klo. Und lasst mich so einen Scheiß nie wieder sehen!«

Jorge und Marcos blicken nach oben. Sie wussten nicht, dass Lola zusicht, aber ihre Überraschung zeigt ihr, dass sie überreagiert hat.

»Okay, Boss«, sagt Jorge.

Lola schließt das Fenster erst, als Jorge und Marcos Allen zu Marias Wohnung begleiten. Maria wird den Gefangenen sicher mit offenen Armen und grässlichem New-Age-Tee empfangen. Sie wird ihm erzählen, dass das seiner Seele guttut, während er nur kacken will.

»Was hat der Mann da gemacht?« Lucy hat sich Hände und Mund abgewischt und steht vor ihr. Valentine neben ihr schlingt ein Stück Huhn hinunter und hofft, dass Lola es nicht merkt.

»Nichts. Was passiert, ist nicht seine Schuld«, sagt Lola, weil sie selbst nicht genau weiß, was passiert. Klar, dass Allen höchstwahrscheinlich nur ein Sündenbock ist, ein Mann, dem das Rivera-Kartell Geld geboten hat, um sich ins Gefängnis rein- statt rausschmuggeln zu lassen und sich für einen echten Häftling auszugeben, den das Kartell rausholen wollte. Sie hat keine Ahnung, in welchen Schwierigkeiten Allen steckt, um sich freiwillig in ein Hochsicherheitsgefängnis zu begeben, ohne zu wissen, dass sie ihn herausholen würde. Aber seine eingehende Befragung muss noch warten. Jetzt muss sie erst los und mit dem zweiten Kopf der Schlange reden.

Trotzdem nimmt sie sich die Zeit, um Lucy zu baden, und lächelt, während sie die strähnigen Haare ihrer Tochter kämmt und sie beide jede Kammbewegung zählen. Sie liest ihr aus *Matilda* vor und freut sich, dass es schlauen Mädchen trotz mieser Eltern gutgehen kann. Ob das etwas Mädchenspezifisches ist, weil Jungen ja schon mit dem Gefühl geboren werden, dass die Welt nur dazu da ist, von ihnen erobert zu werden?

Als Lucy im Bett liegt und ihr wohliges Seufzen verrät, dass sie kurz vorm Einschlafen ist, fällt Lola das Naturkundequiz wieder ein. Sie hätte fragen sollen.

Es ist zu spät.

Lola geht zu Manuel ins Wohnzimmer. Er sieht leise fern und fragt, ob das in Ordnung ist.

»Lucy stört's nicht«, sagt sie. »Sie kann über ziemlich viel wegschlafen.«

»Und du?«

»Was ich?«

»Stört's dich, wenn ich fernsehe?«

»Nein.« Jetzt antwortet Lola schon freundlicher. Unwillkürlich legt sie ihm die Hand auf die Wange. Er legt seine Hand auf ihre, und im nächsten Moment küssen sie sich.

Er zieht den Kopf zurück, und sie fragt, ob etwas nicht in Ordnung ist.

»Du hast doch noch einiges vor.«

»Stimmt«, sagt Lola und ist insgeheim etwas traurig, dass nicht sie es war, die dem Einhalt geboten hat, da doch eigentlich sie genau das in ihrer Wohnung nicht gestattet. Allerdings verwenden sie und Manuel nie viel von ihrer abgezwackten Zeit zum Küssen, schon gar nicht hier im Wohnzimmer. Ihre Beziehung soll hinter geschlossenen Türen stattfinden und der Fernseher dabei laut laufen. Jetzt fragt sich Lola, ob es ihr vielleicht gar nicht so sehr darum geht, die Beziehung vor Lucy und ihren Soldaten geheim zu halten, als vielmehr darum, dass sie sich nicht in Manuel verlieben will.

Als sie durch den Hof zu ihrem Civic geht, der unabgeschlossen auf der Straße steht, weil ihn niemals jemand klauen würde, sieht sie Jorge und Marcos mit Allen aus Marias Wohnung kommen.

»Wir haben ihn auf den Topf gesetzt«, sagt Jorge. »Sorry wegen vorhin.«

Marcos grunzt seine Zustimmung.

»Schon okay. Setzt ihn in mein Auto.«

»Machen wir einen längeren Ausflug?«

»Nee. Nur er und ich«, sagt Lola. Geflissentlich übersieht sie die Blicke, die sich die beiden zuwerfen – sie will mit einem Mann, der beinahe dreimal so schwer ist wie sie, allein irgendwohin fahren. Sie haben zwar sichergestellt, dass er keine Waffen hat, aber er könnte sie mit bloßen Händen erwürgen.

»Okay«, sagt Jorge.

Marcos will Allen auf Lolas Rücksitz bugsieren, so als wäre er verhaftet, nur ohne Handschellen. Sie sagt: »Nein, nach vorne.«

Marcos gehorcht.

Nachdem Lola sich in den Verkehr eingefädelt hat und ihre beiden Soldaten im Rückspiegel immer kleiner werden, macht sie einen Anruf. Ihr Civic schnurrt über die Straßen des Ghettos, hüpft über ein Schlagloch, umfährt eine Plastikeinkaufstüte, deren zähflüssiger beiger Inhalt auf den Asphalt geflossen ist – die Farbe eines durch den Fleischwolf gedrehten Latinos.

Entspannt steuert sie den Wagen und lauscht dem Klingelton, bis eine fröhliche weibliche Stimme rangeht.

»Büro Andrea Dennison Whitely.«

Lola entfährt ein kleiner Schreckensschrei, als sie mehreren Kindern ausweicht, die einen platten Basketball in einen zerfetzten Korb werfen, den sie mitten auf die Straße gestellt haben. Die Kinder stieben links und rechts zur Seite. Mädchen und Jungen spielen zusammen Basketball, es sind Kinder aus dem Viertel. Sie kennen ihr Auto.

»Ich möchte ... Andrea sprechen. Wie kann ich sie erreichen?«

»Wer ist da?«

»Lola Vasquez«, sagt sie mit einem kurzen Seitenblick zu Allen, um zu sehen, ob er sich für ihren Namen interessiert. Er winkt den Kindern zu, was Lola ärgert, und deswegen biegt sie rechts ab, damit Allen nach links rutscht, weg von den Jungen und Mädchen, weg von ihren auf der Straße spielenden Kindern.

»Oh, Lola, hi. Es tut mir wirklich leid, aber sie hat heute ein Geschäftsdinner.«

»Können Sie mir sagen, wo?«

Die andere zögert.

»Bitte«, flüstert Lola. »Er ist zurückgekommen.«

»Sie ist im El Norte«, sagt die Assistentin. »Aber das wissen Sie nicht von mir.«

Die Verbindung wird unterbrochen. Lola wirft Allen ihr Handy zu. »Google El Norte für mich.«

Dieses Mal hat sie Andrea nicht mit einem der Wegwerfhandys angerufen. Es war ein ganz legaler Anruf. Andreas Assistentin ist informiert, dass Lola wiederholt Opfer von häuslicher Gewalt geworden ist. Selbstverständlich hätte sie Andreas Aufenthaltsort nicht verraten dürfen, aber Lola glaubt nicht, dass sie als Assistentin im Büro einer Staatsanwältin besonders gut verdient, und was kann man für so wenig Geld schon erwarten? Wenn Andrea eine Assistentin einstellen würde, die sie sowohl bei ihren legalen als auch bei ihren illegalen Geschäften unterstützt, würde das außerordentlich hohe Gehalt, das die Betreffende für ihre Verschwiegenheit verlangen würde, Stirnrunzeln hervorrufen.

Zu Lolas Überraschung findet Allen die Adresse und Telefonnummer von El Norte problemlos. Es ist in der Melrose Avenue in West Hollywood. Anders als in ihrem Viertel ist es dort schwierig, einen Parkplatz zu finden, und sie kann das Auto auch nicht stehen lassen, ohne es abzuschließen. Als Königin eines Ghettos fühlt man sich in besseren Stadtteilen nicht gerade wie in einem Schloss.

»Was macht ein Restaurant mit dem Namen El Norte in West Hollywood?«, fragt Allen. Er spricht fast akzentfreies Englisch. Aus seiner Bemerkung ist leichte Belustigung herauszuhören. Er findet diese Situation lustig. Was für ein Scheißleben er führen muss.

»Du sprichst Englisch?«, fragt Lola laut.

»*Sí*«, antwortet er.

Lola seufzt. »Auch noch ein Schlaukopf.«

»Ich geb mir Mühe.« Er kichert.

»Woher kommst du?«

»Aus San Antonio.«

»Und das Rivera-Kartell hat dich nur einfliegen lassen, um dich ins Gefängnis zu stecken?« Sie wechselt ins Spanische, was ihn überrascht.

»Du sprichst Spanisch.«

»Yeah.«

»Ich versuch immer, meine Töchter dazu zu bewegen, Spanisch zu sprechen. Aber sie weigern sich. Teenager eben.«

»Du hast Töchter?«

»Drei. Keine Söhne.« Er hebt die gespreizten Finger und lächelt. Sein stummes *Was kann man da machen?* gefällt Lola. Sie mag ihn, für den Moment jedenfalls.

»Hast du keine Angst, mir das alles zu erzählen?«

»Ich hab ja nur Hafturlaub wegen der Beerdigung meiner *abuela.*«

Allen ist über fünfzig. Seine *abuela* ist längst tot.

»Hast du je vom Los-Liones-Kartell gehört?«

»Die sind erledigt. Weg vom Fenster. Fertiggemacht von einer Frau.«

»Also kennst du das Metier.«

»Ich hatte einen Imbiss in San Antonio. Also musste ich den Mächtigen dort einen Obolus entrichten.«

»Oh«, sagt Lola. Alle Straßenverkäufer in L.A., egal ob sie gegrilltes Fleisch anbieten, mit Chili bestäubtes Obst oder auf Freeway-Brücken in Plastikfolie eingeschlagene Blumen, müssen den Gangs, auf deren Gebiet sie arbeiten, Schutzgeld zahlen. Die vielen kleinen Beträge fließen nach oben und finanzieren letztlich den Boss.

»Du fährst gemütlich neben mir in meinem Auto und trägst nicht mal Handschellen. Wie glaubst du, sieht das für deine Bosse aus, wenn sie uns verfolgen lassen?«

»Schlecht. Aber das sind nicht meine Bosse. Sie haben mir die Chance geboten, etwas Geld zu verdienen. Viel Geld.«

»Genug Geld, dass du dafür vielleicht den Rest deines Lebens im Knast verbringst?«

»Du hast mich doch rausgeholt.«

»Ich kann dich genauso wieder zurückbringen.«

»Kannst du. Hat sich für mich aber trotzdem gelohnt.«

»Warum?«

»Weil das Rivera-Kartell meiner Tochter das Leben gerettet hat.«

Während sie im Schneckentempo im Feierabendverkehr dahinkriechen, erzählt Allen Lola seine Geschichte. Seine Tochter

Adela hatte Leukämie. Allen und seine Frau, mit der er seit über zwanzig Jahren verheiratet ist, konnten sich die Behandlung nicht leisten und haben sich an die Einzigen gewandt, die ihnen und ihrer Tochter helfen würden. Das Rivera-Kartell. Genau wie Lola tut das Kartell seinen Leuten »Gefallen«. Es bietet eine Leistung im Voraus, und eines Tages – es kann eine Woche oder ein Jahrzehnt später sein – »bittet« es um eine Gegenleistung.

Adela ist seit drei Jahren krebsfrei. Vor ein paar Tagen kam ein Vertreter des Kartells und erinnerte ihren Vater an seine Schuld. Allen sollte nach Locust Ridge gehen und so tun, als sei er ein anderer Häftling. Ein Häftling, den das Rivera-Kartell herausholen wollte. Ein Häftling namens Hector Vasquez.

Allen hat sich sofort gefügt, schließlich hatte das Kartell seiner Tochter das Leben gerettet.

Natürlich kann auch sein Leben gerettet werden, wenn Lola morgen nicht die dreistündige Autofahrt auf sich nehmen will, um ihn dem höhnischen Gefängniswärter zu übergeben, der ihn für die Beerdigung seiner längst verstorbenen *abuela* entlassen hat.

»Weißt du, wo sie ihn hingebracht haben? Hector meine ich.« Lola ist klar, dass die Frage sinnlos ist. Der Mann ist nicht mal ein Krimineller – er war schon gefangen, bevor er nach Locust Ridge ging, ein Gefangener des Kartells. Er wurde in dem Moment dessen Gefangener, als sich die Krebszellen im Körper seiner Tochter zu vermehren begannen und ausbreiteten, ihr Leben bedrohten und ihre Eltern zu einer verzweifelten Entscheidung zwangen, um sie zu retten.

»Nein«, sagte er, und dann: »Da! Da ist es.«

»Was?« Lola tritt auf die Bremse. Quietschend kommt der Honda zum Stehen. Einen Moment glaubt sie, Allen habe Hector gesehen, hier an der Ecke der Melrose Avenue, wo ein großes Verkehrsschild vor den Folgen des Linksabbiegens in der Rushhour warnt.

»El Norte.«

Jetzt entdeckt Lola das rote Restaurantschild, auf das der Name in einer auf authentisch getrimmten Schreibschrift gepinselt ist, garniert mit einem stacheligen grünen Kaktus. Mein Gott, denkt sie, in so einen Laden gehen die Weißen, wenn sie mexikanisch essen? Dieser Teil von West Hollywood ist voll von Bars und Clubs und sexueller Revolutionen, was Lola alles gut findet. Was sie nicht gut findet, ist das Weißwaschen der mexikanischen Küche, das Ertränken von Enchiladas in Käse und Mole, so dass man nichts anderes mehr schmeckt. Aber das hier ist Amerika. Mehr ist besser.

Dennoch gefällt ihr die rote, krakelige, hingeschluderte Schrift, in der der Restaurantname kaum zu lesen ist.

Ein Parkplatzwächter, der Lolas Blinken bemerkt hat, ehe sie an den Straßenrand fahren und nach einer Parkuhr Ausschau halten kann, tritt auf die Straße. Unweigerlich fühlt sie sich davon geschmeichelt. Der dickliche Latino, der ihrem Mitfahrer ähnelt, scheint sofort erkannt zu haben, dass sie hierhergehört, an diesen Ort, an dem auch Andrea zu Abend isst.

»Guten Abend, Miss«, sagt er mit singendem Tonfall, der zugleich respektvoll und herablassend wirkt. Lola vermutet, dass er in seinem Heimatland eine bedeutendere Rolle gespielt hat als hier in seiner grünen Uniform.

»Danke, ebenso«, sagt sie knapp, weil sie sich gerade ein Bild verschafft vom El Norte: schwere Eichentür, rötliche Beleuchtung und vermutlich hippe Ambientmusik genau in der richtigen Lautstärke, um sich unterhalten zu können. Der Parkplatzwächter geht voraus, um die schwere Tür für sie zu öffnen.

Innen ist das Licht gedämpft, aber nicht dunkel wie in vielen mexikanischen Restaurants. Das hier ist keine Höhle, sondern eine Oase angenehm roten Lichts. Lola hört den sehnsuchtsvollen Gesang einer weißen Frau, unterlegt von elektronischem Beat. Die Frauenstimme aus den Lautsprechern rührt Lola an, sie denkt an Manuel bei sich auf der Couch, der versucht, mit der Fernbedienung zurechtzukommen, um nicht Lucys Trickfilme sehen zu müssen. Ihm könnte es hier gefallen. Sie ist noch nie mit ihm zusammen in einem Restaurant gewesen.

Das gilt auch für Andrea.

»Für zwei, bitte«, sagt sie der Empfangsdame mit langen blonden Haaren, langen Beinen und einem feinen Lächeln.

Die junge Frau, die kaum älter als zwanzig sein kann, hat spindeldürre Beine auf hohen Absätzen – viel zu hoch, wenn man bei der Arbeit viel laufen muss. Sie führt sie an großzügig im Raum verteilten schweren Eichentischen vorbei. Lola erkennt Leute, die geschäftlich hier essen, sieht Hollywoodagenten in Nadelstreifenanzügen, die mit einem Handschlag den nächsten Deal besiegeln, während neben ihnen weiße Bedienungen an einem Beistelltisch die Guacamole frisch zubereiten. Sie entdeckt ältere Männer, die glauben, bei den jungen Frauen ihnen gegenüber landen zu können. An einem Tisch bemerkt sie ein paar Schauspieler, die in einer abendlichen Fernsehserie mitspielen, die sie als Hintergrundrauschen beim Zusammenlegen der Wäsche laufen lässt.

Was sie nicht sieht, ist auch nur ein einziger Mexikaner, weder an den Tischen noch unter den Bedienungen. Hier im El Norte sind die authentischsten Leute draußen vor der Tür und parken die Autos der Gäste oder begleiten sie zum Eingang.

»Sie haben Glück«, sagt die Empfangsdame. »Eben erst wurde eine Reservierung storniert.«

Während die Empfangsdame sie zu einem Ecktisch führt, liegt Lola die Frage auf der Zunge, warum sie es für nötig hielt, ihnen mitzuteilen, dass sie den Tisch beinahe nicht bekommen hätten? Warum hat sie sie nicht einfach dort platziert und gesagt, ihre Bedienung käme gleich? Aber natürlich kennt Lola die Antwort – je begehrter etwas erscheint, desto mehr will man es haben.

»Was isst man hier so?«, fragt Allen, als er Lola gegenüber Platz genommen hat. Sie will ihn gerade daran erinnern, dass sie auch noch nie hier war und dass dies nicht die Art von mexikanischem Restaurant ist, in das sie normalerweise geht. Aber dann bemerkt sie, dass die Empfangsdame auf ihren hohen Absätzen immer noch über ihnen schwebt und im Takt der Musik mit den Füßen wippt.

»Heute haben wir als Tagesgericht Wolfsbarsch. Den ganzen Fisch in Salzkruste gebacken und mit Guava de gallo serviert.«

Was zum Teufel ist Guava de gallo?

»Und natürlich mit unserer berühmten, frisch am Tisch zubereiteten Guacamole.«

»Ja, das nehmen wir«, sagt Lola, weil sie will, dass die Blonde verschwindet, und wissen möchte, woraus Weiße Guacamole machen.

»Was ist das denn für ein Laden?«, fragt Allen, als die blonde Frau gegangen ist.

»Das weiß ich auch nicht«, sagt Lola, und für einen Augenblick sind sie und Allen vereint gegen den Rest des Restaurants, verloren in diesem Gourmettempel, in dem sie sich eigentlich wohlfühlen sollten.

»Gibt's vorab keine Nachos mit Salsa?«, fragt Allen.

Ein kleiner blonder Kellner mit einem maskenhaften Lächeln erscheint mit einem Handwagen, auf dem Mörser und Stößel liegen, dazu ein Berg Avocados und Zinnschälchen mit roten Zwiebeln, Knoblauch und Limetten.

»Guten Abend. Ich bin Daniel und bereite für Sie unsere Spezialguacamole bei Tisch zu.«

»Lassen Sie den Kram einfach da. Das können wir selber«, sagt Lola.

»Es tut mir leid, Ma'am, aber das geht leider nicht.«

Lola zieht zwei Hundert-Dollar-Scheine aus der Hosentasche. Das Schnappmesser, das ebenfalls drin ist, hält sie ihm nicht gleich vor die Nase, aber sie verbirgt es auch nicht richtig. »Und bringen Sie uns Chips und Salsa, okay?«

Daniel flitzt von Lolas Tisch zum Empfang. Sie weiß, dass sie nicht allzu viel Zeit haben. Auch Allen scheint das zu spüren. Er hat schon drei Avocados von dem Berg genommen und geöffnet, drückt das Fleisch in eine Schüssel und träufelt Limettensaft darüber.

»Viel Salz«, sagt Lola und steht auf.

»Wohin gehen Sie?«

»Aufs Klo«, lügt sie. Sie hat keine Angst, Allen allein zu lassen. Er hat seine Pflicht gegenüber dem Rivera-Kartell erfüllt. Seine Tochter hat den Krebs überwunden. Lola hat ihn aus dem Gefängnis geholt und ihn in ein teures mexikanisches Restaurant mitgenommen. Jetzt kann er sich was Gutes tun und eine leckere Guacamole machen.

Lola geht zwischen den Tischen durch. Daniel ist schon an einem anderen Tisch mit vier Frauen Ende fünfzig. Ihre Gesichter sind geliftet, die Bäuche unter den fließenden Seidentops gestrafft. Er sieht Lola und verhaspelt sich bei den Wolfsbarschen im Salzmantel. Ein Gefühl des Triumphs durchzuckt sie, aber nur kurz, denn einen Tisch weiter, in einer dunklen Ecke, wirft Andrea gerade ihr dunkles Haar zurück und lacht auf.

Lola hat selten erlebt, dass Andrea lacht. Sie ist eine hektische Frau, die von einem Meeting zum nächsten rast, von einem Gedanken, einem Opfer, einem Mörder zum nächsten. Sie nimmt ihre beiden Berufe, Staatsanwältin und Drogenboss, sehr ernst. Mit hochgezogenen Schultern und gesenktem Kopf bewegt sie sich wie eine Frau, die weiß, dass sie schön ist, die es aber nicht mag, angesehen zu werden. Die wenigen Male, als Lola sie voll Selbstvertrauen gesehen hat – in Venice auf einer Straße dahineilend, um ihren früheren Strohmann Eldridge Waterston zu treffen –, war sie allein, ohne Begleitung. Im Gerichtssaal spricht Andrea mit einer Kleinmädchenstimme über missbrauchte Mädchen. Lola hat sich schon gefragt, ob das ein Trick ist – mit leiser Stimme zu sprechen, um die Leute zum Stillsitzen und Zuhören zu zwingen.

Andrea bemerkt Lola sofort. Sie hört nicht auf zu lachen, was Lola wütend macht. Andrea weiß, dass Lola ein Messer in der Tasche hat. Sie weiß, dass es in dem Restaurant so viele Ecken gibt, die sich noch besser als jede Gefängnisdusche dazu eignen, jemanden zu erstechen, weil hier niemand ständig aufpasst und sich umsieht.

Sie weiß, dass Lola gekommen ist, um über Leben und Tod zu entscheiden.

»Entschuldige mich bitte kurz.« Andrea legt eine Hand auf die des großen dunkelhaarigen Mannes, den Lola als ihren Ehemann wiedererkennt. Jack ist Psychiater und auf die Behandlung von Süchtigen spezialisiert, egal ob drogen-, spiel- oder sexsüchtig. Andrea berührt ihn, um ihm ihre Zuneigung zu zeigen, aber auch um leichter aufstehen zu können. Sie sitzt in einer Ecke, ihre drei Begleiter wenden Lola den Rücken zu. Aber alle drei drehen sich um und sehen Andrea nach, außer Jack noch ein grauhaariger Mann im Dreiteiler und seine Frau. Die hat hohe Wangenknochen und aufgepumpte Lippen und trägt ein königsblaues Kleid. Aber selbst im Sitzen ist zu erkennen, dass die Frau, die Ende fünfzig sein muss, ein breites Becken hat, wahrscheinlich vom Kinderkriegen. Die erste Frau, denkt Lola, und billigt die Ehe des Grauhaarigen. Vor Lolas Begegnung mit Andrea und dem kleinen Einblick in die Westside-Welt hätte sie den Unterschied zwischen einer ersten und einer zweiten Ehefrau nie erkannt. Das, denkt sie, ist also sozialer Aufstieg.

Lola folgt Andrea, die mit demütig gesenktem Kopf die Menge teilt, links um den Tresen herum geht und auf den winzigen Zengarten hinter der Toilette zusteuert. Von hier ist die Restaurantküche zu sehen, und dort entdeckt Lola auch die Mexikaner, die Tortillas frittieren und brechen, die kleinen heißen Stücke salzen und Limettensaft darüber träufeln, genau wie es Allen an ihrem Tisch getan hat, nur schneller und ohne Kerne darauf fallen zu lassen.

»Weißt du, dass der Laden einen Michelin-Stern hat?«, sagt Andrea zu Lola. Sie schlägt einen Ton an, der Lola wissen lässt, dass jemand mithören könnte.

»Was zum Teufel ist das?«

»Das ist was ziemlich Wichtiges für ein Restaurant.«

»Weißt du, was ich für ziemlich wichtig halte? Dass kein mexikanisches Restaurant, in das ich gehe, einen Michelin-Stern hat. Und bei dem hier sind alle Mexikaner hinten, vorne sieht man nur Weiße.«

»Guter Punkt«, sagt Andrea mit einem Seufzer und dreht sich um, so dass sie und Lola nebeneinander mit dem Rücken zum kühlen Beton der Gartenmauer stehen. Lola hört das kleine Wasserspiel unter ihnen, halb ertränkt vom sehnsuchtsvollen Ambientsound.

Lola braucht drei Beats, um sich von der Wand zu lösen und die Hände um Andreas Hals zu legen. Die Haut unter Lolas Fingern ist glatt.

Sie spürt die Organe unter der dünnen Haut von Andreas Kehle. Speiseröhre. Stimmbänder. Ihre Stimme.

Lola zwingt ihre ehemalige Partnerin näher an das Wasserspiel. Andrea blickt zu ihr hoch, ihre Finger fassen um Lolas Hände, krallen sich aber nicht fest. Dass sie keine Verzweiflung und Todesangst zeigt, macht Lola sauer.

Sie drückt fester zu. Sie will spüren, wie Andreas Adern platzen. Sie will, dass ihr Blick nicht von dem riesigen Diamanten angezogen wird, der hell an Andreas Ringfinger blitzt, sondern will Andreas klare grüne Augen fixieren, die allmählich in ihrem Hinterkopf verschwinden.

Noch immer wehrt sich Andrea nicht.

Lola lässt locker. Sie sagt sich, dass sie Andrea am Leben lassen muss, um sie dem Rivera-Kartell auszuliefern. Die nagende Stimme in ihrem Inneren, die ihr Gewissen sein muss, sagt Nein: Sie hat Andrea losgelassen, weil sie nicht um ihr Leben gebettelt hat. Sie hat Andrea losgelassen, weil Andrea aus dem, was ein Kampf auf Leben und Tod hätte sein sollen, eine Schlacht des Willens gemacht hat.

»Warum?«, bringt Lola heraus.

Andrea stützt sich auf den Betonrand des Wasserspiels, taucht die Finger ins Wasser und hebt ihre Haare, um ihren Nacken mit der kühlen klaren Flüssigkeit zu benetzen.

Es entgeht Lola nicht, dass sich Andrea kein Wasser ins Gesicht spritzt, um ihr Make-up nicht zu zerstören. Obwohl sie gerade beinahe unter Lolas Händen gestorben wäre.

»Du musstest den Krieg mit dem Rivera-Kartell beginnen, weil du ihn als Einzige gewinnen kannst.« Andreas Stimme ist vom Würgen noch kratzig, dennoch klingt es wie ein Lied, lockend und besänftigend. Lola möchte gerne glauben, dass das der Grund ist, warum Andrea sie einen Krieg anfangen ließ, aber sie weiß, dass es nicht stimmen kann.

Lola spürt Andreas Hand auf der ihren. Sie sieht hinab auf den glitzernden Diamanten, den roten Nagellack.

»Da kommt jemand.«

Sekunden später biegt der grauhaarige Mann, der an Andreas Tisch saß, um die Ecke.

»Andrea. Jonathan versucht uns zu einem Nachtisch zu überreden. Wie wär's?«

»Die Churros hier sind zum Niederknien«, sagt Andrea. »Lola, darf ich Ihnen meinen Chef vorstellen? Raymond Ewing.«

Lola kennt den Namen aus den Lokalnachrichten und seinen Bariton von Pressekonferenzen. Er ist der District Attorney von Los Angeles.

»Ich helfe ihr bei … ein Fall häuslicher Gewalt«, sagt Andrea, weil Raymond sieht, dass sie Lolas Hand hält, und er neugierig wirkt.

»Sie ist eine besondere Frau«, sagt Andrea zu Raymond, aber Lola weiß, dass diese schmeichelnden Worte eigentlich an sie gerichtet sind.

»Freut mich«, sagt der District Attorney, und im Dunkel des Restaurantgangs schüttelt er Lolas Hand.

Andrea beugt sich zu ihr, um sie auf die Wange zu küssen. Es ist Lolas erster Kuss dieser Art, den sie nicht von einer alten Latina erhält, die sie vorher kneifen und ausrufen würde, wie groß sie doch geworden sei. Andreas Lippen streifen sie so sanft, dass Lola nicht sagen kann, ob das wirklich ein Kuss ist oder etwas anderes, von dem sie bisher nur gehört hat, ein Luftkuss.

»Treffen wir uns in einer halben Stunde draußen.«

Andrea lässt Lolas Hand los und lotst Raymond wieder an ihren Tisch.

Ohne es richtig mitzukriegen, nimmt Lola aus einem Korb im Fenster zwischen Restaurant und Küche einen Churro. Als sie in das frittierte Teigstück beißt, schmeckt sie etwas Süßes und Salziges, dazu einen Hauch Zimt. Ihre Augen weiten sich vor Genuss, und als sie wieder zu sich kommt, starrt sie Zach an, Charlies Vater.

Er ist aus der Küche getreten und wischt sich die Hand an einem weißen Handtuch ab. Michelin-Sterne, der District Attorney, Hollywoodagenten in Nadelstreifen. Nur ein weißer Koch kann eine so illustre Gästeschar in ein mexikanisches Restaurant locken.

»Hey«, sagt Zach mit ausgestreckten Armen und einem echten Lächeln, als hätte er sie die ganze Zeit hier vor seiner Küche erwartet.

»Die waren für den Tisch deiner Freunde«, sagt er mit einem Nicken auf den Churro in Lolas Hand.

»Setz es auf meine Rechnung.« Eigentlich wollte sie pampiger antworten, stattdessen beißt sie noch mal herzhaft in den Churro und ist froh, dass sie schweigen kann.

»Sag schon«, sagt Zach.

»Was?« Lolas Mund ist voll buttrig-süßen Gebäcks. Zach kann nicht wissen, was für ein Feuerwerk in ihrem Hirn gerade stattgefunden hat.

»Wie ist der Churro?«

»Fantastisch«, sagt Lola und unterstreicht es mit einem Seufzen. Ganz unbeabsichtigt hat sie die Wahrheit gesagt, und sie wundert sich, ob es noch eine andere Lola gibt, die sich auf der weißen Seite von Los Angeles wohlfühlt. Und wenn es diese zweite Lola gibt, welche ist dann die echte?

14
HORIZONTE

Lola ist noch nie in Andreas rotem Audi mitgefahren. Es ist ein anderer Wagen als der, den Andrea an jenem Augusttag vor dem Apartment von Lucys biologischer Mutter abgestellt hatte, als Rosie Amaro sich mit einer Glasscherbe beide Arme aufgeschlitzt und so Lolas und Andreas Schicksale verknüpft hatte. Es ist ein anderes Auto, aber dasselbe Modell in derselben Farbe.

An jenem Tag stellten sie auch fest, dass in ihnen beiden sowohl eine Heldin als auch eine Schurkin steckt. Jedenfalls stellte Lola das fest.

Sie weiß nicht, wie viele Personen in ihrer ehemaligen Partnerin koexistieren. Zwischen dem Verstauen ihrer übriggebliebenen Portion Churros und dem Vorfahren am Hintereingang des Restaurants muss sie es irgendwie noch geschafft haben, sich umzuziehen.

Jetzt fahren sie mit konstant hundert Kilometern pro Stunde auf dem Pacific Coast Highway dahin, links der Ozean, rechts Berge und Häuser auf Stelzen. Andrea in dunkler Jeans und Hoodie, die Haare zum Pferdeschwanz zurückgebunden, lenkt mit der Linken, der Hand mit dem Diamanten. Der Sand des Will Rogers State Beach leuchtet hell in der dunklen Nacht. Das Meer dahinter gleicht einem schwarzen Loch, so dass jeder, der keinen Strand kennt, meinen könnte, das Strahlen ginge vom Sand aus.

Bei Tageslicht ist alles anders, das weiß Lola. Dann strahlt der Ozean blau und weiß, und er spült über den Sand, zieht ihn mit sich. Überall auf dem Sand liegen Holz, Algen, Glas und Müll.

Das Licht knipst die Sterne aus.

Lola weiß, wohin sie fahren, noch bevor Andrea nach dem Kentucky Fried Chicken in Malibu die Geschwindigkeit drosselt, auch wenn Lola nur einmal in diesem Restaurant war, vor zwei Jahren, als sie zum ersten Mal in die Gegend kam.

Der Wachmann am Tor kennt Andrea und winkt sie durch. Sie begrüßt ihn. Er fragt nicht, was sie hier tut, kurz vor Mitternacht. Auch Lola nickt er zu, und sie lächelt ihn an.

Der Parkplatz ist beinahe leer, aber Andrea wählt eine Stelle in möglichst großer Entfernung zum Eingang.

Vielleicht hat Andrea auch so weit entfernt geparkt, weil sie die näheren Plätze jenen überlassen will, die sie nötiger haben. Nicht den Körperbehinderten, sondern den Angehörigen, die Heroinsüchtige vor dieser Tür abliefern, vor diesem Refugium am Ende eines langen Wegs, den Andrea ihnen nicht noch verlängern will, indem sie einen nahen Parkplatz belegt.

Die New Horizons Rehabilitation Facility liegt um diese Zeit still da. Schlafenszeit, verrät Andrea Lola auf dem Weg zum Eingang mit den Doppeltüren, ist um Punkt neun.

Von den Patienten wird erwartet, dass sie dann zu Bett gehen, selbst wenn sie nicht schlafen können, weil das auf ihrem Gewissen lastet, was sie unter dem Einfluss des weißen Pulvers, das Lola und Andrea in Umlauf bringen, angerichtet haben.

Auch der Mann am Empfang winkt Andrea zu. Er ist dick, hat einen Schnurrbart und wird kahl. Lola weiß, dass am Empfang Leute arbeiten, die selbst süchtig sind. Als sie das einzige Mal hier war, saß da eine schlanke junge Frau mit strähnigen blonden Haaren, einem Südstaatenakzent und nicht dem geringsten Verständnis für die Lügen, die ihresgleichen gern verbreiten. Lola kann sich nicht vorstellen, dass dieser Mann Koks schnieft oder Heroin spritzt. Sie kann sich nicht vorstellen, dass er jemals irgendwas anderes tut, als hinter einem Empfangstisch zu sitzen und mit so leisem Ton fernzusehen, dass er nicht versteht, was auf dem Bildschirm geschieht.

»Kann sein, dass er schläft«, sagt der Mann.

»Das ist okay«, sagt Andrea. Sie schreibt sich mit einem Lola unbekannten Namen in das Besucherbuch ein.

»Was ist das für ein Name?«, fragt Lola, als sie den langen Gang entlanggehen. Tagsüber strömt Sonnenlicht durch die Glasfassaden. Jetzt, mitten in der Nacht, erstrahlt er in einem sanften Blau.

»Das wirst du gleich sehen«, sagt Andrea.

»Wie kommt dein Mann eigentlich schneller hierher als wir?«

Schließlich sind sie in der Entzugsklinik ihres Mannes Jack. Lola kann sich nicht vorstellen, dass er den ganzen Weg von West Hollywood nach Malibu gefahren ist, um zu schlafen, wie der Mann am Empfang gemeint hat.

Lola begreift auch nicht, warum sich Andrea ins Besucherbuch eingetragen hat. Ihr Mann ist kein Patient, sondern der verantwortliche Arzt.

»Jack ist zu Hause«, sagt Andrea. »Ich hab ihm nicht gesagt, dass ich hierherfahre.«

»Und was hast du gesagt, wohin du fährst?«

»Dass es was mit der Arbeit zu tun hat.«

»Das hat er geglaubt?«

»Er wollte es glauben«, sagt Andrea.

Diese Bemerkung will sich Lola merken, für später, falls sie jemals heiraten sollte. Die Lügen, an die wir glauben, um zu bewahren, was wir haben. Die Lügen, die wir denen erzählen, die wir lieben, um ihnen nicht das Gefühl von Sicherheit zu rauben. Die Lügen, die wir ihnen erzählen, damit sie uns weiter lieben.

Andrea bleibt vor einer hellen Holztür stehen. Zimmer 432. Sie nimmt ein Klemmbrett aus einem Kästchen an der Wand und liest die daran befestigten Formblätter. Lola weiß, dass Andrea keine Ärztin ist, aber aufgrund ihrer Tätigkeit als Staatsanwältin muss sie über die verheerenden körperlichen Folgen von Sucht ausreichend Kenntnis haben, um solche Patientenakten zu verstehen.

Andrea quittiert den beschriebenen Behandlungsverlauf mit einem zustimmenden Nicken, dann steckt sie das Klemmbrett zurück in das Kästchen.

Als Andrea die Tür öffnet, lässt sie Lola nicht hineinsehen.

»Warte bitte«, sagt sie.

Lola hat keine Zeit zu widersprechen, so schnell ist Andrea im Zimmer verschwunden und hat die Tür hinter sich geschlossen.

Der dicke Mann vom Empfang kommt zu ihr und ruft viel zu laut für diesen ruhigen Ort: »Möchten Sie ein Glas Wasser?«

Lola bedeutet ihm mit einer Handbewegung, dass alles okay ist und sie nichts will. Sie will die Ruhe hier nicht stören. Als der Mann sich zurückzieht und seine Schritte verklungen sind, ist es so still, dass sie das Meer hinter den Scheiben hören kann, das Anbranden und Abfließen der Wellen, das An- und Abschwellen des weißen Rauschens.

Deswegen können die behandelten Süchtigen also schlafen.

»Komm rein«, sagt Andrea, die die Tür einen Spalt geöffnet hat.

Lola tritt so nah an die Tür, dass sie das noch frische Holz riechen kann. Erst dann zieht Andrea die Tür ganz auf, bleibt aber zwischen Lola und dem Patienten stehen.

Lola erkennt ihn sofort, auch wenn er auf der Seite liegt, mit dem Rücken zu ihr. Erst als sie so dicht bei ihm ist, dass sie die Wirbel unter der straff gespannten Haut zählen kann, fällt ihr auf, dass Andrea weiter zwischen ihr und dem Jungen im Bett steht.

Er ist noch ein Junge, obwohl ihn Lola auf ungefähr fünfzehn schätzt. Er ist weiß und hat dichte rotblonde Haare. Er ist noch ein Junge, weil er nicht in Huntington Park aufgewachsen ist, sondern in einem Viertel, in dem es normal ist, wenn testosterongesteuerte Teenager in einem nagelneuen Range Rover herumfahren, den sie sich nicht von ihren Eltern ausgeliehen, sondern zum sechzehnten Geburtstag geschenkt bekommen haben.

Der Junge hier saß nicht am Steuer des Range Rover, der an der Ecke gegenüber Avila's El Ranchito stand.

Er saß auf dem Rücksitz, der niedrigsten Stufe auf der Coolness-Skala von Teenagern.

Er ist der Junge, der das Herointütchen aufgehoben hatte, das unter dem Vorderreifen lag, und damit davonkam, weil Lola aus der Dunkelheit trat, um die Cops abzulenken.

»Das ist mein Sohn«, sagt Andrea. »Christopher.«

Oh shit, denkt Lola. Und dann: *Gott sei Dank*.

Jetzt kapiert sie, warum Andrea einen Krieg angezettelt hat und dass das, was sie bisher als Verrat aufgefasst hat, Vergeltung ist.

Christopher dreht sich zu ihr. Lola sieht, dass er die klaren grünen Augen seiner Mutter hat. Selbst in seinem benebelten Zustand erkennt er sie.

»Sie«, sagt er.

Ich, will sie sagen, aber sie bringt kein Wort heraus. Ihre Stimme ist weg. Als hätte Andrea sie eigenhändig aus ihrem Hals gepresst, so wie Lola es vor einer halben Stunde bei ihr versucht hat.

»Er hat zum ersten Mal Heroin genommen. Gleich eine Überdosis«, sagt Andrea, um die Stille zu füllen. Niemand muss Lola erzählen, was da gelaufen ist.

Was da gelaufen ist, kommt in jeder Fernsehserie vor. Jeder kennt das, es ist ins Gehirn eingebrannt. Schulstoff.

Und die ganze Sache ist ihre Schuld.

15
UNVERSÖHNLICH

Es dämmert schon, als Lola nach Hause kommt. Andrea hat sie vom New Horizons zum El Norte zurückgefahren. An Allen hatte Lola keinen Gedanken mehr verschwendet, ihr war es egal, ob und wie er sich in der fremden Stadt zurechtfinden würde. Jedenfalls war er nicht mehr da. Das Restaurant war bereits geschlossen, aber ihr Auto stand noch auf dem Parkplatz, unbeaufsichtigt.

Sie hofft, dass Allen in einem Zug oder Bus nach San Antonio sitzt. Niemals hätte sie ihn zurück ins Gefängnis gebracht, selbst wenn das bedeutet, dass die Cops irgendwann an ihrer Tür klingeln werden. Wenigstens muss sie jetzt nicht lügen, sondern kann sagen, sie hat keine Ahnung, wo er ist.

»Ich hab einen Ersatzschlüssel«, hatte Lola Andrea versichert, obwohl ihre Partnerin nicht gefragt hat, wie sie nach Hause kommt.

Bevor sie aus dem roten Audi gestiegen war, hatte sich Lola noch mal an Andrea gewendet: »Kann ich irgendwas tun?«

Andrea zuckte mit den Achseln. Auf der Rückfahrt war sie ungewöhnlich schweigsam gewesen. Lola hatte ihr dabei zugesehen, wie sie Christopher in mehrere Decken wickelte, um die chemische Kälte in seinen Knochen zu vertreiben, aber nichts schien zu helfen.

Als Lola ein kleines Mädchen war, hatte sie es genauso bei ihrer Mutter gemacht, als sie die ersten Male auf Entzug war.

Diese Kälte lässt sich nicht vertreiben, wollte Lola Andrea sagen, aber das wusste Andrea bestimmt. Sie versuchte es trotzdem. Weil es ihr Kind war.

In ihrer Wohnung fand Lola Manuel auf der Couch, mit der

Fernbedienung in der Hand, das Kinn im Schlaf auf die Brust gesunken. Leise setzte sie sich neben ihn. Im Fernseher lief ein Shoppingkanal. Ein Küchengerät wurde angepriesen, das Obst und Gemüse eine Sekunde schneller zerkleinern konnte als jenes Gerät, das eine halbe Stunde zuvor angepriesen worden war. Dann kam Werbung für eine Creme, mit der Falten am Hals im Handumdrehen verschwinden.

Lola weiß nicht, wie lange sie schon neben Manuel sitzt und sanft seinen Oberschenkel berührt, als plötzlich Lucy auftaucht. Sie trägt ein Baumwollkleidchen mit Ananasmuster, das man im Spätherbst nur in Los Angeles anziehen kann, wo die Temperaturen bis in den Januar selten unter 24 Grad sinken. Lucys Arme sind nackt, und Lola bemerkt zum ersten Mal die kleinen festen Muskeln unter der nachgiebigen jungen Haut.

»Wir müssen gehen, Mama«, sagt Lucy.

Die Vorhänge sind geschlossen, aber die Werbung verrät Lola, dass es noch nicht einmal sieben Uhr sein kann.

»Wohin denn?«

»Zu Charlie.«

Lola sieht Lucy verwirrt an, und das Mädchen seufzt so enttäuscht, wie nur eine Siebenjährige enttäuscht seufzen kann.

»Zum Spielen.«

Die Verabredung zum Spielen. Lola hat sie vergessen, Zach hat die Verabredung gestern Abend nicht erwähnt.

Aber jetzt erinnert sie sich. Sie erinnert sich, dass Lucy gestern lauter Kleider und Röcke aus dem Schrank gezogen und sie nacheinander beiseitegeworfen hatte – mit einem Stöhnen, das, wie Lola jetzt denkt, nach Abscheu klang. Das nächste Mal sah sie Lucy in ebendem Kleid, das sie jetzt trägt, vor dem Spiegel stehen. Auf den Zehen vor- und zurückwippend, vor und zurück, hielt sie die Hände schüchtern hinter dem Rücken verschränkt und sagte: »Nein, danke. Ich habe keinen Hunger.«

Lola hatte es gesehen, ohne sich einen Reim darauf machen

zu können. Es waren Vorbereitungen für die Verabredung mit Charlie. Ihre Tochter wollte eine gute Figur machen.

Ein paar Stunden später steht Lola vor der Tür von Zachs und Susans Haus in Venice mit Lucy an ihrer Hand. Als Schritte zu hören sind, zieht Lucy die Hand zurück, und Lola sieht, wie ihr kleines Mädchen einen halben Schritt zur Seite macht. Sie will kein Mama-Kind mehr sein.

Lola lenkt sich mit dem Gedanken ab, dass Zach und Susan, ein Restaurantbesitzer und eine Onkologin, in einem erstaunlich bescheidenen Haus wohnen. Der Bungalow steht ein paar Schritte vom Strand entfernt auf einem handtuchgroßen Grundstück, eingeklemmt zwischen lauter identischen Bungalows. Autos drängen sich an Fußgängern vorbei in schuhschachtelgroße Garagen, so dass der Kotflügel die Wand berührt und die Stoßstange die Tür. Lachende Surfer mit nacktem Oberkörper tragen ihre Boards lässig in einer Hand wie Einkaufstüten ... oder eine kleine Pistole. Sie schenken Lola und Lucy keine Beachtung. Sie haben nur Augen für den Ozean.

Die Tür öffnet sich und dahinter steht Zach, der gerade ein T-Shirt überstreift. Lola versucht, seinen muskulösen Oberkörper zu übersehen, und als Zachs verwuschelter Blondschopf aus dem Ausschnitt auftaucht, zeigt sein Lächeln nicht, dass er Lolas Starren bemerkt hat. Es ist ein Lächeln ohne jede Zweideutigkeit, er scheint sich tatsächlich zu freuen, sie beide zu sehen.

»Hey«, sagt er. »Kommt rein. Charlie ist im Spielzimmer.«

In Lichtgeschwindigkeit verschwindet Lucy im Haus, der Ananasrock weht hinter ihr her. Eine Hose wollte sie partout nicht anziehen. Vielleicht sollte sie sich Gedanken darüber machen, warum ihre Tochter glaubt, dass sie als Mädchen Röcke tragen muss. Lola blickt auf ihre olivgrüne Cargohose, auf der ein bräunlicher Fleck ist, von dem Lola hofft, dass es Lucys Wasserfarbe ist und nichts Berufliches. Sie sollte mehr auf ihre

Kleidung achten. Sie muss den Drogenkrieg beenden, den sie unwissentlich angefangen hat.

Nur ist sie im Moment nicht in der Lage, Andrea dem Kartell zu übergeben.

Jetzt muss sie erst einmal diese Verabredung hinter sich bringen.

Lola steht auf dem verdreckten, sandigen weißen Linoleum im Eingang. Das Haus riecht nach Salzwasser und Wind, nach Fisch und Febreze. Der Teppich ist braun, eine Farbe, die zwar Flecken kaschieren kann, aber auch das Licht dämpft, das aus den zum Meer hin gelegenen Fenstern in den Raum fällt.

»Ich halt mich kaum im Haus auf«, sagt Zach. »Die meiste Zeit bin ich draußen auf der Terrasse.«

Schweigend folgt Lola ihm. Sie gehen an dem Spielzimmer vorbei, das eigentlich das Wohnzimmer ist. Lola registriert die gewölbte Decke und den edlen Teppich, wieder eine dunkle, unempfindliche Farbe, und einen Flatscreen, auf dem brüllend laut Doc MacStuffins läuft. Unter ihrer Sohle knirscht es. Sie hebt den Fuß, ein plattgetretener Käseflip. Dass es in Susans Haus so aussieht, überrascht sie, aber ist das fair? Susan ist Ärztin und heilt Menschen von Krebs. Sie überbringt gute oder schlechte Nachrichten, und selbst wenn sie einem Patienten sagen muss, dass er bald sterben wird, muss sie gefasst klingen. Verwundert es Lola tatsächlich, dass eine solche Frau keine Zeit hat, Teppiche zu saugen? Oder jemanden anzustellen, der das tut? Lola sieht Zach an – was macht er eigentlich den ganzen Tag? Warum macht sie nicht ihn für den Zustand des Hauses verantwortlich?

Nach einer heftigen Umarmung zur Begrüßung schleift Charlie Lucy zu ihrem Puppenhaus, um dort zu spielen, und zwar so, »dass die Jungen- und die Mädchenpuppe sich ineinander verlieben«. Gehorsam geht Lucy auf die Knie und nimmt mit eifrigem Blick eine Puppe in jede Hand. Ohne Murren beugt sie sich Charlies Befehl. Lola kämpft gegen den Drang an, ihre Tochter an der Hand zu packen und sie aus dem verdreckten Haus zurück zum Auto zu schleifen, das sie zum Schnäppchenpreis von zehn Dollar drei Straßen weiter abgestellt hat. Aber es sind nur zwei spielende Mädchen, und sich ein bisschen gängeln zu lassen ist nichts gegen das, was Lucy in ihrem kurzen Leben sonst schon erdulden musste.

Zachs Hand liegt auf der verschmierten Glasscheibe. Er dreht sich zu Lola um. »Kommst du?«

»Hast du was zu essen?«, fragt sie stattdessen. Sie hat keine Ahnung, wie solche Verabredungen in der Westside ablaufen, aber wenn Kinder Lucy besuchen oder einfach so bei ihr klingeln, ohne eine Erklärung außer einem hängenden Kopf und einem laut knurrenden Magen, stellt Lola ihnen etwas zu essen hin: Guacamole, Pico de Gallo, frische Speck-Tortilla, mit weißem Hühnerfleisch gefüllte Vollkornteigtaschen. Sie bringt ihnen gefiltertes Wasser in farbigen Gläsern, und zum Nachtisch bekommt jeder ein kleines Stückchen dunkler Schokolade.

Zach grinst sie an. »Ich dachte schon, du würdest nie fragen.«

Gemeinsam gehen sie in die Küche, und Lola merkt, wie ihr Bauch einen erwartungsfrohen Hüpfer macht. Zach ist Koch. Zach liefert, anders als die meisten Männer.

»Das Haus hab ich nur wegen der Küche gekauft«, sagt er und hebt eine schmiedeeiserne Pfanne aus einem Schrank mit Kindersicherung.

Die Arbeitsfläche ist aus Granit, der Gasherd mit sechs Kochstellen ist ein Viking. Lola hat schon von diesen Viking-Herden gehört – als zwei weiße Mütter wie sie vor der Schule auf ihre Kinder warteten und sich über eine Kücheneinrichtung unterhielten, die beinahe das Ende der Ehe von einer der beiden bedeutet hätte. Zu Hause hat sie gleich die Marke gegoogelt. Für die Sparversion musste man sechstausend Dollar hinblättern.

Die Fenster in Zachs Küche sind hoch und breit, der Dielenboden so hell, dass Lola sich fragt, ob sie nicht besser die Schuhe ausgezogen hätte. Sie lässt ihren Blick über Zachs nackte Füße gleiten, dann hoch zu seinen Waden, feste Muskeln unter gebräunter Haut, die Beinbehaarung von einem so hellen Blond, dass sie nur zu erkennen ist, wenn Sonnenlicht darauf fällt. Sie steigt mit dem rechten Sneaker auf die Ferse des linken, um herauszuschlüpfen. Schnell zieht sie auch den anderen Schuh aus und starrt auf ihre bloßen Zehen, die sie dunkelrot lackiert hat. Die Ränder der Nägel erwischt sie nie richtig, aber aus der Distanz fällt es kaum auf.

Zach lässt die breite, gezahnte Klinge so schnell durch die frischen Jalapeños fahren, dass sie nicht sagen könnte, wo der eine Schnitt endet und der nächste beginnt. Das Heben und Senken verschwimmt zu einer fließenden Bewegung, die hart und brutal wäre, würde man sie in Momentaufnahmen zerlegen. Als die Schoten in gleich große Würfelchen geschnitten sind, lässt Zach die Klinge in eine Avocado gleiten und dreht sie einmal um, so dass das hellgrüne Fleisch zum Vorschein kommt, das er sanft aus der rauen Haut drückt.

Lola denkt an Hector, ihren kleinen Bruder, das Innerste nach außen gekehrt nach stundenlangen Verhören und Folterung.

Was macht sie eigentlich mit ihrer Tochter in der Westside, denkt Lola, sie hat genug Probleme am Hals. Ist das bei allen arbeitenden Müttern so, dass sie zwischen den kostbaren Stunden mit ihren Kindern und den harten Entscheidungen, die die Welt ihnen abverlangt, hin- und hergerissen sind?

Jetzt wirft Zach zusammen mit einem Klumpen Fett Maistortillas in die Pfanne. Über die Tortillas kommt eine Mischung aus schwarzen Bohnen, dann ein paar Spritzer Limettensaft und geriebener Cotija-Käse.

So etwas könnte sie auch zubereiten, denkt Lola, nur würde sie dreimal so lang brauchen.

Dann gibt Zach ihr eine Quesadilla aus schwarzen Bohnen und Käse, dazu einen Klacks Guacamole und Jalapeño, das Ganze dekoriert mit Koriandergrün. Sie nimmt die Quesadilla in die Hand und hebt sie an den Mund, und noch bevor sie den ersten Bissen nimmt, weiß sie, dass sie das niemals hingekriegt hätte.

»Schmeckt's?«, fragt Zach mit einem so breiten Grinsen, dass klar ist, er kennt die Antwort.

Am liebsten würde Lola ihm sagen, er soll sofort mit ihr ins Bett gehen und die beiden puppenspielenden Siebenjährigen im Nachbarzimmer mit dem schmutzigen Teppich und dem lauten Zeichentrickfilm vergessen. Ihr ganzer Körper bebt von dem Geschmack in ihrem Mund.

Er sieht ihr an, was in ihr vorgeht, und kommt näher, so nah, dass sich ihre Oberkörper beinahe berühren.

Dann beugt er sich vor, um sie zu küssen, und Lola denkt an Zachs Frau, Charlies Mutter, und die Stimme des Anstands in ihr meldet sich laut und vernehmlich. Wäre Susan eine der Chicas aus ihrem Viertel, die ihre Tage abwechselnd in Nagelstudios und Friseursalons verbringen und sich abends mit Tequila in Stimmung für einen One-Night-Stand bringen, dann würde sie anders denken. Aber Susan hilft Leuten. Susan rettet Leben.

Lola zuckt zurück.

»Nein. Susan«, flüstert sie in Zachs Ohr, und der beißende Geruch einer billigen Rasiercreme überfällt ihre Sinne, aber er kann den Geschmack der Quesadilla nicht überdecken.

»Wir haben uns getrennt«, haucht er. In seinem Atem riecht sie den Kaugummigeruch einer Kinderzahnpasta, die sie anfangs auch für Lucy gekauft hatte, weil die normale Zahnpasta zu scharf für sie war.

Jetzt ergeben die Kinderzahnpasta, der zertretene Käseflip,

der schmutzige Boden und der viel zu laute Fernseher Sinn. Hier lebt ein Single-Mann. Ein Mann, der nicht putzt oder in den Drogeriemarkt geht und der diesen Bungalow wegen der Küche gekauft hat und den Rest des Hauses wie ein ungewolltes Kind vernachlässigt.

»Warum?«

»Arbeit«, erwidert Zach, und Lola möchte fragen, wessen Arbeit – seine Arbeit als Koch oder ihre Arbeit als Onkologin. Aber sie hat keine Gelegenheit dazu, weil sie das Tappen von Kinderfüßen hört, die sie trotz des Teppichs als die ihrer Tochter erkennt.

Bevor sie aufsieht, weiß sie, dass Lucy im Türrahmen steht, eine Wange an das Holz gelegt, die Hände hinter dem Rücken. In Lolas Hinterkopf schrillt eine Alarmglocke – sie hätte Lucy sagen sollen, dass sie nicht alles machen muss, was Charlie will.

»Mama, ich brauch dich«, sagt Lucy mit der Stimme eines Kleinkinds und nicht einer Siebenjährigen.

Mit einem Räuspern tritt Zach einen Schritt zurück. Er weiß nicht, ob er zuhören oder etwas sagen soll, also reibt er die Eisenpfanne mit einem Geschirrtuch aus und stellt sie ungespült zurück in den Schrank, genutzt und geschätzt.

»Was ist denn, *mija*?«, fragt Lola und kniet sich nieder, damit sie Lucy in die Augen sehen kann, aber das Mädchen wendet den Kopf ab. Sie starrt Zach an, der mit dem Rücken zu ihr von der Spüle zur Arbeitsfläche geht, hier und da die Platte poliert und sich dann das Geschirrtuch über die Schulter wirft.

»Ich will heim«, sagt Lucy in einem Ton, der gar nicht nach dem Kleinkind von eben klingt. Hat sie mitbekommen, wie Zach sich ihr genähert hat? Denkt sie, dass Charlies Vater versucht hat, ihrer Mutter wehzutun? Alles Sexuelle ist für Lucy gleichbedeutend mit Schmerz. Lola musste erst erwachsen werden, bis sie diese in ihrer Kindheit erlernte Gleichung vergessen hat.

»Okay«, sagt Lola.

»Charlie!«, ruft Zach. »Du musst dich von Lucy verabschieden.«

Als sich ihre Blicke treffen, weiß Lola, dass Zach aufmerksam genug ist, um zu ahnen, dass irgendwas zwischen den Mädchen vorgefallen sein muss, mag er auch blind für den Dreck im Haus sein. In seinen Augen liest sie die an sie gerichtete Frage – *Was ist da drüben wohl passiert*? Lola beantwortet sie mit einem Achselzucken.

»Dann bis bald«, sagt Zach an der Haustür. Charlie lässt sich nicht blicken, als er und Lola sich mit einem verlegenen Nicken verabschieden.

Den Weg zum Auto legen sie schweigend zurück, nur schiebt Lucy ihre kleine Hand in die von Lola. Auch im Auto schweigen sie, so dass Lola sich darauf konzentrieren kann, aus dem Einbahnstraßengewirr von Venice herauszufinden, dem einzigen Viertel von Los Angeles, dessen Straßen keinem Raster folgen, sondern lauter Kehren und Wendungen machen, und jeden, der nicht von hier stammt, zur Verzweiflung bringen.

Als sie endlich auf dem Freeway sind, fragt Lola: »Was ist denn passiert? Hast du was ... gesehen?«

Lola denkt an sich und Zach, ihr Gespräch über seine Trennung und die Gründe dafür, an den Kuss.

»Es war Charlies Idee«, platzt es aus Lucy heraus.

»Was war Charlies Idee?«, fragt Lola und bemüht sich um einen gleichmütigen Ton.

»Mary anzurufen. Sie zum Spielenachmittag einzuladen.«

Mary ist auch in Lucys Klasse, ein schüchternes schlaues Mädchen mit Brille, die ihre Freunde vor allem in Büchern findet.

»Welchen Spielenachmittag denn?«

»Gar keinen. Das war eine Lüge.«

Lola merkt, wie ihr das Blut in die Wangen steigt. Am liebsten würde sie umkehren und zurück zu Zach fahren, um Charlie zu schütteln, bis sie etwas Ähnliches wie Mitgefühl spürt, oder auch Schmerz, das wäre Lola egal.

»Wir wollten ihr einen Streich spielen, Mama. Ich wollte es dir erzählen, aber ich hab mich nicht getraut. Das war so gemein von mir.«

Große Tränen kullern über Lucys kleines Gesicht. Sie schluchzt, und aus ihrer Nase blubbert Rotz.

»Ja, *mija*«, sagt Lola, »das war gemein.«

»Aber jetzt ist es zu spät. Mary ist bestimmt zu Devon, und Devon weiß nichts davon und schickt sie wieder weg.«

»Du hast es mir erzählt. Das ist das Entscheidende.« Lola wirft einen Blick in den Rückspiegel, um sicherzugehen, dass Lucy sie ansieht. »Ich kümmere mich drum.«

Erschöpft von ihren Schuldgefühlen schläft Lucy zu Hause sofort ein. Lola blättert das Adressbuch von Blooming Gardens durch, bis sie Marys Namen findet. So wie bei Lucy steht bei ihr unter »Eltern« nur der Name der Mutter. Lola wählt die Nummer, und die Frau, die abhebt, schreit in den Hörer: »Habt ihr meine Tochter noch nicht genug gequält?«

Lola hört im Hintergrund ein Mädchen weinen. »Es tut mir leid«, sagt sie. »Ich bin Lola Vasquez, Lucys Mutter. Lucy hat ein furchtbar schlechtes Gewissen wegen dem, was passiert ist.«

Die Frau schweigt, sie scheint keine Entschuldigung erwartet zu haben. Ihr Schweigen lässt auch das weinende Mädchen hinter ihr verstummen.

»Miss Vasquez ...«

»... Lola.«

»Lola, ich glaube nicht, dass Ihre Tochter die eigentliche Schuld trifft.«

»Nein«, sagt Lola, »aber sie hat mitgemacht. Sie wird es Ihrer Tochter gegenüber wiedergutmachen.«

»Wir brauchen kein Mitleid.«

»Darum geht's auch nicht«, sagt Lola. Als sie aufgelegt hat, stützt sie ihr Kinn in die Hände und überlegt, ob sie durch die Woche kommen wird, ohne noch jemanden zu verletzen.

Nicht, wenn ich nicht zulasse, dass mich jemand verletzt.

16
ELENDE FORMALITÄTEN

Der Parkplatz hinter dem Büro des Coroners ist verwaist. Der Staat hat die Mittel gekürzt, um zu sparen, und jetzt ist es an mehreren Tagen in der Woche geschlossen. Louisa Mae hat keine Ahnung, welcher Wochentag heute ist, aber das mit der Schließung hat Juan ihr erzählt.

An welchem Tag ist ihre Familie gestorben? Dienstag? Nein, da war Halloween.

Sie sieht ihren Bruder als Orange. Sich als Apfel.

Sie sieht den reglosen Kopf ihres Bruders auf ihrem Schoß.

Hat es geregnet? Louisa Mae sieht die Tropfen auf der Windschutzscheibe des geparkten Autos. Wann hat es aufgehört? Wie lange sitzt sie schon hier?

Juan hat gesagt, es ist besser, wenn er allein reingeht. Erst jetzt fragt sich Louisa Mae, wie Juan die Asche ihres kleinen Bruders klauen will, wenn doch das Büro des Coroners geschlossen ist und niemand da ist.

»Ich hol ihn dir«, hat er zu ihr gesagt. »Keine Sorge.«

Wie blöd ist das denn! Ihre Familie ist tot. Es gibt niemand mehr, um den sie sich Sorgen machen könnte.

Sie ist zwölf, ihr Leben ist vorbei. Ist doch so, oder?

Sie versteckt die Frage tief in ihrem Kopf. Dann öffnet sie die Beifahrertür. Juan fährt ein schönes Auto, irgendwas Ausländisches, vielleicht ein BMW. Dass ihre Mutter einen Mercedes hatte, weiß sie nur, weil ihr Vater so damit angegeben hat.

Von dem Müllcontainer an der Ecke ist ein Rumpeln zu hören – ein uniformierter Mann, dessen Name auf die linke Brusttasche gestickt ist, wirft einen prall gefüllten schwarzen Müllsack in den Container.

»Nein«, ruft Louisa Mae, weil sie sich sicher ist, dass ihr Bruder in dem Sack ist und Angst hat, nicht mehr rauszukommen und zu ersticken.

Sie rennt auf den Mann zu. »Nein«, schreit sie wieder.

Aber er sieht und hört sie nicht. Gemächlich dreht er sich um und geht zurück in das Gebäude.

Sie muss von der Motorhaube des abgeranzten Pick-ups, der außer Juans BMW das einzige Auto auf dem Parkplatz ist, in den Müllcontainer springen.

Es ist der Müllcontainer des Coroners. Was hier um sie versammelt liegt, sind keine Eierschalen und vergammelten Asianudeln.

Es riecht nach verfaultem Mensch, obwohl keine richtigen Leichen darin liegen. Aber alles hat irgendwie mit Leichen zu tun. Alles ist suspekt.

»Suspekt« ist ein neues Wort. Sie ist in einem Buch darüber gestolpert. Wie immer, wenn sie ein Wort nicht kennt, schlug sie es im Wörterbuch nach, und da stand, dass es »verdächtig, unheilvoll, zwielichtig« bedeutet.

Was kann alles suspekt sein? Ist man suspekt, wenn man auf seinen Vater schießt, weil er den Bruder umgebracht hat? Wenn man seinen Vater in den Rücken schießt? War das Selbstverteidigung?

Ganz oben liegt der schwarze Müllsack. Er ist aus dickem Plastik. Mit verschwitzten Fingern reißt sie daran.

In dem Sack ist Papier. Massenhaft Papier. Vor allem Akten. Zu Morden. Beendeten Leben. Zerstörten Leben. Es sind auch Fotos darunter – Fotos von Frauen und Töchtern, Fotos von Vätern und Brüdern.

Wo ist ihr Bruder? Ist er dabei?

Warum will sie ihre Mutter nicht mitnehmen?

Weil meine Mutter das Einzige nicht getan hat, was eine Mutter tun muss. Meine Mutter hat mich nicht beschützt.

Sie hätte so gern eine Mutter, die nicht schweigt. Sie hätte so gern eine Mutter, die sich kümmert.

Gibt es solche Frauen? Wenn, dann hat sie noch keine kennengelernt.

»Louisa?« Juans Stimme dringt über die Öffnung des Containers und überrumpelt sie.

Hier bin ich, denkt sie, kann es aber nicht sagen. Will sie etwa hier drin bleiben? Inmitten der Abfälle vom Coroner?

Ihr Blick fällt auf eine Papiertüte, aus der ein Glückskeks gerutscht ist. Offenbar hatte sich jemand etwas vom Chinesen liefern lassen.

Sie hört, wie sich Juans Schritte entfernen. Wahrscheinlich geht er zurück zum Auto.

Sie weiß nicht, ob sie es schaffen wird, aus dem Container zu klettern. Sie weiß nicht mal, ob sie das will. Ihr kleiner Bruder ist nicht hier drin. Sie hatte gehofft, dass er in dem schwarzen Sack ist. Dann hätte sie in das Gebäude rennen und den Mann mit dem Namen auf der Uniformjacke suchen können, um ihn dafür zu bestrafen, dass er ihren kleinen Bruder wie Abfall weggeworfen hat.

Aber sie hat schon den Mann umgebracht, der für den Tod ihres Bruders verantwortlich ist. Sie hat ihren eigenen Vater umgebracht.

Das ist genug, denkt sie.

Wie kommt sie aus alldem raus? Wer kann ihr noch helfen? Wer kann sie retten?

Ein geflochtenes Seil fliegt in den Container. Es trifft Louisa Mae beinahe am Kopf.

»Du musst da rauskommen«, sagt Juan auf der anderen Seite der schwarzen Metallwand.

»Ich kann nicht«, flüstert Louisa Mae.

»Du musst. Er wartet auf dich.«

»Nein«, schreit sie.

»Sei leise.«

»Er will nicht begraben werden. Er wartet bestimmt nicht auf mich. Seine Leiche …«

Ohne Juans Rettungsleine zu Hilfe zu nehmen, kommt sie auf die Füße und klettert über die schwarze Metallwand des Containers.

Sie rennt über den Parkplatz. Die Doppeltür ist immer noch offen, wahrscheinlich wartet derjenige, der darin ist, darauf, dass Juan zurückkommt.

Den Formaldehydgeruch kennt sie aus dem Biounterricht, als sie einmal Frösche seziert haben. Als nach dem ersten Schnitt die Eingeweide des Froschs rausquollen, war sie überrascht gewesen, aber die Pickles zu ihrem Hamburger hatte sie mittags trotzdem essen können.

Sie weiß noch, dass sie dachte, dass sie einen guten Magen hat.

Jetzt bleibt sie in dem weiß gefliesten Flur stehen und übergibt sich in eine große schwarze Mülltonne mit Rädern unten dran. Als sie den Kopf wieder hebt, steht Juan da. Er hält ihr ein blauweiß kariertes Taschentuch hin, damit sie sich den Mund abwischen kann.

»Er wird nicht beerdigt«, sagt Juan.

»Warum haben Sie dann gesagt, dass er auf mich wartet?«

»Weil du dich vielleicht verabschieden willst. Bevor seine Leiche verbrannt wird.«

»Wo sind denn die ganzen Leute?«, fragt Louisa Mae.

»Ich hab dem Coroner Geld gegeben, damit er eine lange Mittagspause macht. Wenn er zurück ist, wird er ihn einäschern, und dann werden wir deinen Bruder mitnehmen.«

Juan schiebt die Mülltonne zu den Doppeltüren.

»Wohin gehen Sie?«

»Ich vernichte deine Spuren, die Spuren deiner Existenz.«

Die Bemerkung erschreckt sie. Juan wird alle Anzeichen, dass es sie gibt, aus der Welt tilgen.

Er löscht mich aus, denkt sie, und da überlegt sie das erste Mal, warum er, ein Killer des Kartells, ihr Leben rettet, indem er ihren Tod fingiert.

Sie sieht den Kopf ihres Bruders auf dem Obduktionstisch. Sie sieht seine blauen Lippen. Selbst von der Tür aus sieht sie, dass er nicht mehr er selbst ist.

In dem Obduktionssaal ist es furchtbar kalt. Auch andere Leichen sind da, ein nackter alter Mann, der so dick ist, dass er nicht ihr Vater sein kann. Ihre Mutter muss auch hier sein, aber wie zu Lebzeiten macht sie sich unsichtbar, versteckt sich im Hintergrund.

»Hallo«, sagt Louisa Mae zu ihrem Bruder. Sie könnte schwören, dass sich sein Mund zu einem kleinen Lächeln verzieht, so wie er es als kleines Baby getan hat, wenn er im Schlaf ihre Stimme gehört hat.

Aber das kann nicht sein. Er ist tot. Sie lebt. Ihre Aufgabe besteht darin, ihm den Abschied zu schenken, den er mit seinen acht Jahren gewollt hat.

Juan irrt sich – sie will sich nicht verabschieden. Das ist kein Abschied. Verabschieden wird sie sich an dem Ort, den ihr Bruder sich ausgesucht hat, damit dort seine Asche verstreut wird. Verabschieden wird sie sich später.

»Wir sehen uns im Auto«, sagt sie also.

17
SYNDIKAT

»Das tut weh, ich weiß«, sagt Lola und zieht die Bürste durch Lucys dünne, verfilzte Haare. Sie sind kohlrabenschwarz. Selbst wenn Lola sie wäscht, eine Spülung einmassiert und sie föhnt, glänzen sie nicht. Sie achtet darauf, dass Lucy genug Obst, Gemüse und Vitamine zu sich nimmt. Langsam erreicht ihre Tochter Normalgewicht und ist auch ein gutes Stück gewachsen. Nur die Haare der Kleinen bleiben schlaff und stumpf. Das sollte sie wirklich nicht stören. Lucy ist gesund, ihr Trauma nur mehr eine unterdrückte Erinnerung. Es mag sexistisch sein, aber Lola ist einfach überzeugt, dass eine schöne glänzende Mähne das Mädchen wenigstens später glücklicher machen würde.

»Fertig.« Mehr sagt Lola nicht.

»Kann ich jetzt ausspülen?«, fragt Lucy.

Lola nickt. »Ja, klar.«

Während Lucy sich im seifigen Wasser erst auf den Bauch und dann zurück auf den Rücken dreht, fragt sich Lola, wie sie ihr Versprechen gegenüber dem Boss des Rivera-Kartells halten soll: ihm ihre Partnerin Andrea auszuliefern, damit sie im Gegenzug ihren Bruder zurückbekommt.

Ihr bleibt nur der heutige Abend, um sich einen Plan auszudenken.

»Fertig«, sagt Lucy, und Lola hebt sie aus der Wanne.

Von Lucy und ihren hiesigen Verpflichtungen kann Lola keine Zeit abknapsen, um für Andrea einen Krieg in Mexiko zu führen. Aber wenn sie Andrea nicht ausliefert, wird dieser Krieg weitergehen, und Hector wird weiter gefangen gehalten und langsam zu Tode gefoltert werden. Es sei denn, Lola kann ihn selbst aufspüren. Sie vermutet, dass der überlebende Boss des Rivera-Kartells, der Mann, mit dem sie im Lexus über Bluetooth gesprochen hat, ihren kleinen Bruder an der mexikanischen Grenze, vielleicht in Tijuana, versteckt. Nur wird sie sich nicht aufgrund einer Vermutung auf die Suche machen. Sie ist kein Cop. Sie braucht konkrete Hinweise, bevor sie sich in Bewegung setzt. Und sie braucht einen Plan.

Lola liest Lucy zwei Kapitel aus *Matilda* vor, dann küsst sie sie auf die Stirn und streicht ihr über die Haare. Sie gibt Lucy einen Stoff-Donald-Duck, für den sie in einem hochoffiziellen Disney-Laden fünfzig Drogendollar hingeblättert hat. Das Mädchen drückt die blöde Ente an sich, dann dreht sie sich auf die Seite und bohrt ihre Zehen wie ein Kätzchen, das es sich bequem machen will, in die Matratze.

Lucy fragt Lola, ob sie um Verzeihung bitten kann für das, was sie und Charlie heute getan haben.

»Nein«, sagt Lola. »Nur für das, was du getan hast.«

Die Kleine denkt darüber nach, dann nickt sie, klettert aus dem Bett und kniet sich mit gefalteten Händen davor. Es dauert eine Weile, bis Lola dämmert, dass Lucy betet.

Von Lola hat sie das nicht. Ihr ist schleierhaft, wie das Mädchen überhaupt zum Glauben gefunden hat. Vielleicht hat es damit zu tun, dass Lucy inzwischen älter ist und zu verstehen beginnt, was in ihrer frühen Kindheit alles schiefgelaufen ist.

Lola streift sich einen pechschwarzen, nach Waschmittel riechenden Hoodie über. Als sie die Treppe hinuntergeht und ihr Haus verlässt, denkt Lola an den CNN-Bericht, in dem es hieß, dass Waschmittel Krebs verursachen kann, dass einen alles umbringen kann, was zum Reinigen und Putzen verwendet wird. Tief atmet sie den Geruch in der stillen Nachtluft ein. Von der übernächsten Straßenecke hört sie die Stimmen von Jungen, Rufe und Lachen. Ein friedlicher Klang, anders als die Schreie nach einem Schusswechsel.

Wann wohl Rodrigos Stimme dabei sein wird? Ramon hat ihm heute in ihrem Auftrag gebackenen Fisch und Tortillas, seine Leibspeise, zukommen lassen. Die Physiotherapie, die er brauchen wird, wird sie zahlen. Seine Eltern werden nicht erfahren, woher das Geld stammt.

In Marias Wohnung ist es dunkel. Lolas Mutter geht vor neun Uhr abends schlafen und steht um fünf Uhr früh auf. Lola ist auch kein Nachtmensch, aber sie ist der Boss, keiner der Eckensteher der Crenshaw Six.

Auf Marias dick gepolstertem Ecksofa liegt Manuel. In dem stumm geschalteten Fernseher läuft eine Telenovela. Wie alle ihre Männer bleibt auch er jetzt in der Nähe, seit der Krieg begonnen hat. Als Lola näher kommt, sieht sie, dass Manuels Augen geschlossen sind. Aber im nächsten Moment flattern die langen schönen Wimpern, und er reißt die Augen auf, als würde er aus einem Alptraum erwachen.

Die Kapuze auf dem Kopf, die Hände in den Taschen des Hoodies vergraben, steht sie vor ihm. Sie ist keine Frau, die mit Reizwäsche und hochhackigen Schuhen verführt und mit einem schmachtenden Blick, der in dem schwachen TV-Licht sowieso verschwendet wäre. Sie mag den Hoodie lieber, der leicht nach krebserregendem Waschmittel riecht und ihre Brüste und Hüften verbirgt, so dass man achtlos an ihr vorbeigehen könnte.

»Tut mir leid«, sagt Manuel. »Ich muss eingeschlafen sein.«

Er steht auf und streckt ihr seine Hand entgegen, auf deren Knöcheln schwarze Haare sprießen, die seine mädchenhaften Wimpern vergessen lassen. Sie legt ihre kleine Hand hinein, und er umfasst sie.

Auf dem Weg zurück in ihre Wohnung führt er sie dann aber nicht die Treppe hinauf, sondern geht neben ihr her. Sie ist nicht sein Boss, sondern seine Geliebte, wenigstens für die nächsten siebenundzwanzig Minuten.

Als sie fertig sind, erhebt er sich von den verschwitzten Laken, steigt wieder in seine Jeans und lässt sie im Dunkel ihres Schlafzimmers allein zurück. Jetzt ist er wieder ihr Soldat, geht die Wohnung ab und prüft, ob irgendwo eine Gefahr droht, und sie ist wieder sein Boss und trägt allein die ganze Last für ihre Leute.

Stunden später kitzeln die Strahlen der aufgehenden Sonne ihr vom Schlaf erhitztes Gesicht. Mittwoch. Auf diesen Scheißtag könnte sie gut verzichten.

»Kaffee?«

Mist. Manuel. Neben ihr im Bett. Jeden Augenblick wird Lucy aufstehen.

»Du musst gehen«, sagt sie.

»Okay«, sagt er, ohne wegen ihres groben Tons auch nur mit den Achseln zu zucken.

»Nein, ich ... was willst du denn? Willst du bleiben?« Selbst an einem Scheißtag wie heute genießt Lola es, Spanisch zu sprechen, jedes Wort springt und rollt über Zunge und Zähne.

»Ich kann auch gehen.«

»Das weiß ich, aber ich wollte wissen ...«

»Wie trinkst du deinen Kaffee?«

»Milch, kein Zucker.«

Lola zieht ihre übliche Uniform aus Cargohose und Achselhemd an. Wenn sie Lucy zur Schule bringt, wird sie einen Baumwollpulli überstreifen. Dort wird sie Zach sehen. Der Gedanke lässt sie innehalten, ihr linker Fuß bleibt auf halbem Weg zum Sneaker in der Luft hängen. Dachte sie etwa, dass er derjenige sein könnte, der die Grenze überschreitet? Oder wäre es ihr unangenehm, ihn hier zu haben, in diesem Haus mit dem schmutzigen Innenhof, den Pilzen, die unter den Stufen wuchern, und dem beigen Teppich, der den ganzen Dreck ihres Lebens verschluckt?

Zach wird dieses Haus nie sehen, denkt sie, und das ist gut, weil sie einen anderen fickt.

Lola tappt ins Wohnzimmer und lässt sich auf die Couch sinken. Es riecht leicht nach Salz, Schweiß und Lucys Babyshampoo, das Lucy nicht in den Augen brennt, wenn Lola ihr abends den Schaum aus den gewaschenen Haaren spült.

Es klopft an der Tür, sie springt auf. Ein stechender Schmerz schießt in ihren rechten Fuß, als sie über den Dielenboden geht. Er erinnert sie an die Nacht, als sie sich eine grüne Glasscherbe aus dem Fuß zog, mit der sie die Kehle des Los-Liones-Kartellbosses aufgeschlitzt hatte. Es ist das erste Mal, dass sie die alte Wunde wieder spürt. Vielleicht ist es eine Warnung, dass sie nicht zur Tür gehen soll.

Sie öffnet die Tür, niemand zu sehen. Auch im Garten ist nur eine schwarze Katze, die über den verlassenen Picknicktisch flitzt. Bevor Lola überlegen kann, ob das ein weiteres schlechtes Omen ist, taucht Valentine hinter ihr auf und bellt laut und durchdringend.

»Zurück«, sagt Lola mit ruhiger Stimme und deutet nach hinten ins Wohnzimmer. Valentine verstummt und trottet mit eingeklemmtem Schwanz zurück.

Auf dem Fußabstreifer liegt ein Umschlag. Inzwischen hat Lola sich an diese Kommunikationsform mit ihren Konkurrenten gewöhnt. Beim Anblick des Umschlags ist sie sogar erleichtert, weil sie weiß, dass die Nachricht sie über Hectors Zustand aufklären wird. Sie reißt den Umschlag auf und zieht ein einzelnes Blatt Papier heraus. Eine maschinengeschriebene Nachricht: »Machen wir einen Tausch. Partner gegen Bruder. In achtundvierzig Stunden.« Dann folgen Ort und Uhrzeit.

»Hier, sie haben Ort und Uhrzeit für einen Austausch festgesetzt«, sagt Lola, als sie Manuel die Nachricht zeigt.

»Das ist eine Falle«, sagt er.

»Ich weiß«, antwortet Lola.

»Ich werde gehen«, sagt Manuel.

»Du bist hier nicht der Boss.«

18
IM DUNKELN

»Die tun hier Dill an den Schinken«, sagt Garcia, als wäre er schon mal in dem Lokal gewesen und nicht Lola diejenige, die es vorgeschlagen hat.

Das Grub liegt versteckt zwischen lauter zweistöckigen Postproduction-Häusern in Hollywood, in denen viele Blooming-Gardens-Dads arbeiten. Entweder schneiden sie hier Filme oder brüllen die Cutter wegen der Filme oder Fernsehsendungen an, bei denen sie Regie geführt haben. An der Fassade des Restaurants, das wie ein gewöhnliches Wohnhaus aussieht, wächst Efeu. Wenn man nicht das Glück hat, dass einer der Restaurantgäste gerade losfährt, kriegt man garantiert keinen Parkplatz.

Lola hat ihren Civic ein Stück weiter vor einem offenen Tor und einem Halteverbotsschild abgestellt. Obwohl später Mittwochvormittag ist, scheint niemand zu arbeiten. Aus dem Gequatsche der Männer an ihren Handys, die ihre Kinder an der Schule abliefern, hatte sie geschlossen, dass Filme praktisch nur nachts geschnitten werden, dass man dabei auf Sofas lümmelt, die Füße hochlegt und viel zu spät die Lieferpizza in sich reinstopft, so dass Verdauungsstörungen vorprogrammiert sind.

»Das Lokal ist gut«, sagt Lola, aber sie hat keinen Appetit. Vor ihr steht ein Teller mit kalt gewordenem Rührei und Schinken.

Garcia hat keinen Gedanken daran verschwendet, sie zu fragen, warum sie ihn ausgerechnet in Hollywood zum Brunch treffen wollte. Auch ihre letzte Begegnung, als sie ihn mit dem Messer verletzt und von dem Parkplatz vor der Ladenzeile gejagt hatte, hat er nicht zur Sprache gebracht.

Offenbar hat Garcia die Aktion als Kompliment aufgefasst, die Hysterie einer Frau, in verzweifelter Liebe zu ihm entbrannt.

»Könnte ich bitte noch eine Tasse Kaffee haben«, sagt sie seufzend zu einer Kellnerin.

Die junge Weiße in karierter Bluse und sauberen dunklen Jeans erwidert: »Aber immer doch.« In der Stimme der Kellnerin liegt etwas Verschwörerisches, ein Augenzwinkern, so als würde sie die Situation erfassen: Lola bei einer Frühstücksverabredung, deren Ende sie herbeisehnt.

Und wie.

Die meisten Gäste sehen aus, als hätten sie gerade einen Marsch hinter sich, und Lola vermutet, dass es auch so ist. Wenn man die Seward Street Richtung Hills blickt, erkennt man fast den Hollywood-Schriftzug. Einheimische und Besucher oder Einheimische, die ihren Besuchern etwas bieten wollen, gehen gerne hier spazieren. Mehrere Blooming-Gardens-Mütter haben ihr diesen Weg empfohlen. Sie müssen regelmäßig vormittags das Haus verlassen, damit die Filmväter nach der Nachtschicht an der Schneidemaschine ausschlafen können.

Das ist Los Angeles. Keiner arbeitet, wann er arbeiten sollte.

»Aber ich empfinde eben noch was für dich«, sagt Garcia.

»Sorry, was hast du gesagt?«

»Ich liebe dich, verdammt noch mal«, sagt Garcia.

Das will Lola nicht hören, niemals und besonders jetzt nicht, während sie bemerkt, wie einer der weißen Männer im Lokal beiläufig zu ihr rübersieht. Dieselbe Kellnerin, die sie bedient hat, will ihm Kaffee nachschenken, aber er hält die Hand über die Tasse und schüttelt den Kopf.

Er sagt etwas, was die Kellnerin dazu veranlasst, sich zu verziehen, aber Lola kann sich nicht vorstellen, dass dieser Mann – weiß, Bügelfaltenhose und Button-down-Hemd – glaubt, einer Kellnerin seine Macht beweisen zu müssen. Nicht hier, nicht in Hollywood, nicht bei einem Brunch, wo seine Hautfarbe, seine gebügelte Kleidung, seine locker übereinandergeschlagenen Beine und sein kohlehydratfreies Frühstück eine perfekte Tarnung sind. Er ist nicht *nicht* ehrfurchtgebietend, weil ein weißer Mann mit gediegenen grauen Strähnen, der mit einem Roman eines Autors namens Vladimir Nabokov unter all den verschwitzten Spaziergängern allein an seinem Frühstückstisch sitzt, automatisch Macht verströmt. Er muss nicht drohen, um hier als das Alphatier durchzugehen.

Denn das ist er.

»Ich bin scheißmüde«, sagt sie.

Dieser Satz lenkt die Blicke vom Nachbartisch zu ihnen – vier Frauen, alle weiß, alle in Yogahose. Eine von ihnen trägt ein hässliches gelbes Sweatshirt, zu dem sich die anderen offenkundig einen Kommentar verkniffen haben. Diese dummen Ziegen haben in jeden verdammten Satz ein »Scheiße« eingeflochten, aber das ist ja in Ordnung, weil sie hierhergehören. Wenn dagegen einer Latina so was rausrutscht, sind alle nah dran, die Cops zu rufen.

Sie fühlt sich eben scheiße angesichts ihres Plans. Andrea wohnt fünf Minuten von hier, selbst wenn man wegen der Touristenmassen nur langsam vorwärtskommt. Sie könnte den Hügel hinauflaufen und sie aus ihrem Haus zerren, das sie bisher nur von Google Maps kennt.

Dann denkt sie an Andreas Sohn Christopher, der mit Blick auf den Pazifik in seinem Krankenhausbett zittert.

Dorthin hat ihn Lolas Heroin gebracht.

Lola verdient den Krieg, den Andrea ihr aufgehalst hat.

»Ich muss pinkeln«, sagt sie. Sie steht auf und macht sich auf den Weg zu den geschlechtsneutralen Klos. Beide sind besetzt. Wartend steht sie neben dem Tisch des weißen Mannes.

»Ist er das?«, fragt er, ohne sie anzusehen.

»Ja.«

»Dein Partner.«

»Ja. Wo ist mein Bruder?«

»Liebe geht durch den Magen. Abschiede auch?«

»Ich hab gefrühstückt.«

»Du hast fast nichts gegessen.«

Ja, Dad, will Lola sagen, aber es kommt ihr nicht über die Lippen.

»Draußen ist ein Dodge Charger.«

»Wo?«

»Direkt vor der Tür.«

Wie hast du denn da einen Parkplatz ergattert?, will Lola fragen. Aber sie spart es sich, weil ihr Bruder wartet. Garcia wird gefickt sein, aber nicht so, wie er sich das vorstellt, und sie wird Hector zurückkriegen und für sich selbst Zeit gewinnen, um für die Entscheidungsschlacht nachzurüsten – Waffen, Soldaten, Geld, Drogen.

Garcia fummelt an seinem Handy herum, so dass er nicht sieht, wie sie das Lokal verlässt. Sie hat sich das Gesicht des Mannes gemerkt. Und die Rechnung nicht bezahlt.

Der Zündschlüssel steckt. Aus dem Kofferraum des Charger ist ein Klopfen zu hören.

Sie öffnet den Kofferraum. Hält den Atem an.

Hector klettert raus und hüpft auf dem Gehweg herum, als würde der Boden glühen und er keine Schuhe tragen. Zwar glüht der Boden nicht, aber Hector hat tatsächlich nackte Füße, die noch dazu blutig sind.

»Lola«, sagt er, als er sie sieht.

»Hector«, erwidert sie. »Ich bring dich jetzt heim.«

19
AUFSCHUB

Die erste Nacht verbringt Hector bei Lola auf der Couch. Er fragt sie, ob sie was dagegen hat, wenn er den Fernseher einschaltet, weil er sich im Gefängnis an eine ständige Geräuschkulisse gewöhnt hat.

»Okay«, sagt Lola und wählt eine Kochshow, in der vier Leute so tun, als seien sie Freunde, die Küchentipps austauschen. Diese Woche diskutieren sie darüber, wie man mit geringem Aufwand eine gute Abendesseneinladung hinbekommt.

»Man will ja nicht den ganzen Abend am Herd verbringen. Deshalb sollte man möglichst viel vorbereiten. Wenn die ersten Gäste kommen, sollte man fertig sein, um sie begrüßen zu können.«

Echt jetzt, denkt Lola.

»Was ist das denn?«, fragt Hector.

Lola zuckt mit den Achseln, ihr fällt wieder der Begriff *Weißenscheiß* ein. Aber sie ist schließlich auch daran hängengeblieben, als sie neulich mitten am Tag die Wäsche ihrer Tochter gefaltet hat – zu einer Zeit, in der sonst nur Vollzeitmütter zu Hause sind und fernsehen. Sie hat rund um die Uhr Rufbereitschaft, sieben Tage die Woche, sie kann sich nicht einfach krankmelden – wie ein Werbespot für eine bekannte Erkältungsmedizin die Misere eines Teilzeitvaters erklärt. Lolas Herz hatte einen Satz gemacht, als sie den Mann mit seinem »Boss« sprechen sah, während ein Kleinkind aus einem Laufstall zu ihm hochschaute.

Ändert sich die Gesellschaft? Oder zeigt das Fernsehen das, was die Leute sehen sollen, damit es irgendwann Wirklichkeit wird?

Marias Freundin Veronica war mit frisch frittierten Flautas angetanzt, die noch in der Pfanne zischten und an deren Füllung man sich die Zunge verbrennen konnte. Sie forderte Lolas Männer auf, die restlichen Sachen aus ihrem Auto zu holen – genug Enchiladas, Reis mit Bohnen und Flan, um die Beerdigung einer bedeutenden Persönlichkeit auszurichten.

»Von den Nachbarn«, hatte Veronica erklärt.

»Wozu?«

»Einfach so«, hatte Veronica gesagt. Offiziell weiß keiner, dass Hector zu Hause ist, aber natürlich hat es jeder mitgekriegt.

Auf Dauer kann er nicht bei ihr bleiben. Wenn niemand »Hector Vasquez« wieder in Locust Ridge abliefert, werden die Cops vor ihrer Tür stehen und Fragen stellen. Wegen des Mordes an mindestens drei Leuten auf dem Parkplatz vor der Ladenzeile sind sie nicht bei ihr aufgetaucht. Das waren eben nur Latinos, die Latinos umbringen. Aber wer weiß, möglicherweise gibt es einen übereifrigen weißen Detective, der seinen Job ernst nimmt und etwas verändern will und der darauf besteht, dass der Fall des vermissten Häftlings untersucht wird.

Grundsätzlich hat Lola nichts gegen diese Art der Polizeiarbeit, auch wenn es ihr lieber wäre, wenn der neue Antirassismus nicht gerade ihr ins Gesicht blasen würde.

»Wie geht's deinen Füßen?«

»Gut.«

»Du darfst nicht auftreten.«

»Wie soll ich das denn machen? Ich kann nicht ewig auf deiner Couch liegen.«

»Wenigstens heute Nacht nicht.«

»Wie hast du sie dazu gebracht, mich dir auszuliefern?«

»Ich hab ihnen Garcia gegeben.«

»Was wollen sie denn mit dem?«

»Nichts. Aber das wissen sie nicht.« Noch nicht.

»Dann haben sie also keine Ahnung von der Weißen?«

Hector kennt Andreas Namen nicht. Den kennt keiner von Lolas Soldaten. Das war eine bewusste Entscheidung, zu ihrem und Lolas eigenem Schutz. Was sie nicht wissen, können sie nicht preisgeben, auch nicht unter Druck.

Am nächsten Morgen klopft Lucy an Lolas Schlafzimmertür.

»Da ist ein Mann auf unserer Couch.«

Lucy muss Hector schon einmal gesehen haben, Lola erinnert sich nur nicht mehr, wann.

»Das ist mein Bruder.«

»Dann ist er mein Onkel?«

»Ja, das ist dein Onkel.«

»Wohnt er jetzt hier?«

Lola hörte die ansteigende Panik in der Stimme ihrer Tochter und würde gern das Wort »Onkel« zurücknehmen, weil Lucy vielleicht nichts Gutes damit verbindet.

»Wo kommt er her?«

»Ganz aus der Nähe«, sagt Lola, weil sie sich nicht mit Erklärungen zu Gefängnissen aufhalten will, nicht morgens, wenn sie sich beeilen müssen, damit Lucy vor dem letzten Gong in der Schule ist. Und anlügen will sie ihre Tochter auch nicht.

Lola geht gerade durchs Wohnzimmer, als Manuel hereinkommt. Er stampft mit den Stiefeln auf, als würde Sand oder Schnee an den Sohlen hängen, heiß oder kalt, ein Wunder der Natur, das sich in etwas Lästiges verwandelt hat.

»*Hola*«, sagt Hector.

»Hi«, erwidert Manuel verunsichert, weil dieser Mann in seiner Sprache spricht, was Jorge und Marcos ablehnen.

»Ich bin Hector. Lolas Bruder.«

Hector muss Manuel hereingelassen haben, er hat keinen Schlüssel. Jetzt geben sich die beiden auf Lolas Türschwelle die Hand.

Manuel sieht zu, wie Hector zurück zur Couch humpelt.

»Deine Füße«, sagt Manuel.

»Yeah. Tut weh. War ganz schön hart.«

»Ich weiß«, sagt Manuel.

»Hat dir Lola davon erzählt?«

»Nein.«

Manuel ist plötzlich aufgeregt und setzt sich neben Hector auf die Couch. Der blickt zu Lola – ist das in Ordnung? Lola ist zu überrascht, um darauf zu reagieren, weil sie sieht, wie Manuel zuerst seine Stiefel, dann seine Socken auszieht.

»Schau.« Manuel deutet mit einem Lächeln auf seine Füße. Sie sind rot vernarbt, kreuz und quer verlaufende Narben wie eine chaotische Straßenkarte.

»Kartell«, sagt Manuel.

Jetzt hebt Hector seine bandagierten Füße auf die Couch, damit Manuel Lolas Erste-Hilfe-Maßnahmen von gestern Nacht begutachten kann. Während sie Hector die Füße verbunden hatte, hatte er vor Schmerz scharf die Luft eingesogen.

»Kartell«, sagt Hector.

Für einen Moment herrscht zwischen den beiden Männern einvernehmliches Schweigen. Kriegsverletzungen.

Würde sich Lucy nicht gleichzeitig im Nebenzimmer Strümpfe und Schuhe über die kleinen Füße streifen, wäre Lola bereit, ihnen diesen Moment zu lassen.

»Tut eure Quadratlatschen da runter«, zischt sie sie an. Sie gehorchen, grinsen sich dabei aber an. *Was die nur immer hat.*

Lola muss Hector nicht sagen, dass er die Laken und Decken, die sie ihm gestern Abend gegeben hat, wegräumen soll. Sauber zusammengelegt liegen sie da, so wie er es im Gefängnis jeden Morgen tun musste.

»Und jetzt?«, fragt er sie.

Die Frage verrät Lola, dass er es weiß. Mit der Auslieferung von Garcia an das Rivera-Kartell hat sie nur etwas Zeit gewonnen.

»Bringst du mich zurück?«

»In Locust Ridge bist du nicht sicher. Nicht, solange dieser Krieg andauert.«

»Also?«

Lola weiß es nicht.

»Pass auf ihn auf. Er darf nicht gesehen werden«, sagt Lola zu Manuel, der nickt.

Dann bringt Lola Lucy in die Schule. Wie an jedem Tag geht sie zum Auto zurück, nur dass sie heute nach Osten und nicht nach Westen fahren wird, weil sie sich ausrechnet, wo ihr nächstes Ziel wartet. Bevor sie ihr Auto erreicht, klingelt das richtige Handy.

Auf Lolas richtigem Handy, nicht einem der Wegwerfteile, sind Fotos von Lucy und Valentine, auf manchen sieht man auch Maria im Hintergrund. Ihre Mutter ist zwar keine vorsätzliche Fotobomberin, aber sie hat ein Talent dafür, genau in dem Moment ins Zimmer zu treten, wenn Lola ein Familienfoto machen will, mit dem sie Lucy einmal wissen lassen möchte, dass sie eine liebevolle, wenn auch nicht ganz normale Familie hat.

Das Hintergrundbild von Lolas Display ist ein Selfie, auf dem Lucy und Valentine sich auf ihren Schoß gequetscht haben. Lola und Lucy lachen, weil Hund und Kind beinahe runterfallen, aber da sind sie, eng aneinander gedrückt und gehalten. In der einen Ecke des Fotos ist ein gestauchter Trizeps zu sehen, der zu Lolas eigenem schlankem Arm gehört. In der anderen tritt Maria gerade ins Zimmer, mit offenstehendem Mund und hastig gebundenem, unordentlichem Pferdeschwanz. Lola hat das Foto oft betrachtet und weiß, dass Maria sich gerade entschuldigen will, statt schnell aus dem Bild zu verschwinden.

Das richtige Handy hat Lola, um Anrufe von der Schule entgegenzunehmen, wenn Lucy krank ist. Oder falls die anderen Eltern sie auffordern sollten, dem Komitee für die jährliche Spendenaktion von Blooming Gardens beizutreten. Dieser Anruf steht noch aus. Jedenfalls ist es das Telefon, das Lola für ihre Mutterrolle reserviert hat, denn wenn man Kinder hat, kann man sich für seine Unerreichbarkeit nicht damit entschuldigen, dass man sein Handy in den Fluss werfen musste, damit es nicht zu einer Drogenübergabe zurückverfolgt werden kann.

Lola kennt die Nummer auf dem Display nicht. Sie dreht sich noch einmal um und wirft einen letzten Blick auf ihre Tochter, bevor die durch die Schultür tritt. Ihr kleines Mädchen hat für sie allerdings keinen Blick übrig – sie sieht sich wahrscheinlich schon nach Charlie um. Obwohl Lucy sich nach dem letzten Treffen in den Schlaf geweint hat, weiß Lola, dass es mehr braucht, damit Lucy begreift, dass Charlie ihr nicht guttut. Lola lehnt den Anruf ab.

»Du hast mich weggedrückt«, sagt eine männliche Stimme hinter ihr.

»Hey, Zach. Ich hab deine Nummer gar nicht erkannt.«

»Ach ja, stimmt«, sagt er und lacht. Sein Lachen ist so entspannt, als hätte er keine Art von Schutz nötig. »Ich hab ein neues Handy.«

Zach zeigt sein Handy, ein älteres Modell, das Droid genannt wird, soweit Lola weiß. Hatte er bei ihrer letzten Begegnung nicht ein iPhone? Wenn ihm seine Ex-Frau das iPhone abgeknöpft hat, dann steht Zach eine garstige Scheidung bevor.

»Ich hab überlegt ...«

Lola ahnt, was jetzt kommt, auch wenn sie noch nie einen Weißen gedatet hat. Sie ist von Carlos zu Garcia und dann zu Manuel gewechselt, wenn sie den überhaupt dazuzählen will. Bevor sie Carlos umgebracht hatte, lebte sie mit ihm zusammen. Mit Garcia führte sie fast eine Ehe. Jetzt ist er in den Händen eines weißen Kartellbosses, weil er nicht mit dem Gejammer aufhören wollte, sie solle zu ihm zurückkehren. Manuel kennt nur ihr Schlafzimmer und den Weg dorthin.

»Möchtest du mit mir zu Abend essen?«

Diese Worte hat Lola noch nie gehört, zumindest nicht als Frage formuliert. Natürlich kannte sie Versionen davon, aber sie und Carlos hatten sich in der Umkleide der Highschool das erste Mal geküsst. Mit Garcia kam sie neben Carlos Leiche zusammen. Abendessen wurde auf dem eigenen Herd zubereitet, in der Küche aufgetragen und aus schierem Selbsterhaltungstrieb gegessen.

»Okay«, sagt Lola.

»Heute Abend?«

Noch haben sich die Dating-Regeln nicht in Lolas Gehirn festgesetzt. Mit beängstigender Schnelligkeit kann sie den Preis für ein Kilo Heroin oder einen Liter Milch in der Bodega um die Ecke herunterbeten, aber dass Zach die erforderlichen achtundvierzig Stunden nach dem Treffen von Lucy und Charlie abgewartet hat, um sie um ein Treffen zu bitten, ist ihr nicht klar. Zu spät wird ihr bewusst, dass sie sich mit ihrer spontanen Einwilligung zu billig verkauft.

»Okay«, sagt sie und hätte die Worte im nächsten Moment am liebsten zurückgenommen. Sie ist müde. Ihr Bruder ist in Gefahr. Sie ist in Gefahr. Lucy ist in Gefahr. Sie wird ihre Cargohose durch eine Jeans ersetzen müssen. Zu einem Date kann sie nicht Cargohose und Achselhemd tragen. Aber sie kann sich auch nicht wie die Frauen in ihrem Viertel anziehen, deren Brüste aus den bauchfreien Tops quellen und die Kreolen mit dem Umfang von Felgen tragen. Immer wenn Lola solche Hula-Hoop-Reifen im Ohr sieht, denkt sie, wie leicht und schmerzhaft man mit so was das Ohrläppchen durchreißen kann.

»Super. Ich hol dich ab.«

Sie ist vernünftig genug, dankend abzulehnen. Zwar hat sie wie er die Vorwahl 323, lebt aber in einer völlig anderen Welt.

»Ich komm lieber gleich hin.«

»Auch gut.« Er nennt ihr eine Adresse und sagt, dass er unter seinem Namen reserviert und sich freut, sie abends zu sehen. Er ist schon auf halbem Weg zum Auto und hat den Schlüssel in der Hand, mit dem er die Fahrertür des gebrauchten Acura piepen lässt, als er sich noch mal umdreht.

»Ist vorgestern eigentlich was gewesen? Mit den Mädchen?«

Ja, denkt Lola. *Ich glaube, deine Tochter ist ein Arschloch.*

Aber sie sagt nur: »Was hat dir Charlie erzählt?«

»Dass es da ein Mädchen gibt, das keiner mag«, sagt Zach und sieht sich um, um sicherzugehen, dass er kein Kind in der Nähe mit seinen Worten verletzt. Dieser Blick trifft Lola ins Herz. Das ist das Erste, was Zach bei dieser Begegnung macht, das nicht von seiner privilegierten Stellung zeugt. »Und dass sie sie angerufen haben und Lucy ihr einen Streich gespielt hat.«

Mit einem Schlag löst sich Lolas Wohlwollen im Äther über Blooming Gardens auf. Sie hört eine Mutter ihrer Tochter höflich hinterherrufen, dass sie ihre Lunchbox vergessen hat. Hinter ihr brüllt ein Vater auf dem Handy seine Assistentin an, dass er doch gesagt habe, er würde an diesem Morgen später kommen, sie solle verdammt noch mal selbst ihr Hirn anstrengen.

»Lucy hat dir wohl was anderes erzählt?«, fragt Zach.

»Nein«, sagt Lola. Sie schüttelt den Kopf und ihre schwarzen Haare schwingen schnell über das Weiß ihres T-Shirts. Sie wird einen Teufel tun und mit dem Arschlochvater dieses Arschlochmädchens essen gehen, der ihre Tochter gerade Lügnerin genannt hat.

Bevor sie sich zurückhalten kann, baut sie sich vor Zach auf und faucht ihn in schnellem, hartem Spanisch an. »Hör mal, *pinche gringo*, was fällt dir eigentlich ein, meiner Tochter eine Lüge zu unterstellen. Such dir wenigstens jemanden aus, der es mit dir aufnehmen kann.«

Einige der Eltern bleiben stehen und starren sie an. Die drei letzten Kinder im Hof lassen das Springseil fallen, mit dem sie gespielt haben, und verziehen sich in die Schule. Zach hebt beschwichtigend die Hand, während Lolas Finger sich um das Messer in ihrer Hosentasche schließen.

»Ich hab deine Tochter doch nicht Lügnerin genannt.«

»Sprichst du Spanisch?«

»Ja. Und ich weiß auch, was da läuft. Ich weiß, dass Lucy die Wahrheit gesagt hat.«

»Woher denn? Du kennst sie doch kaum.«

»Ich weiß es, weil meine Tochter lügt.«

Lola tritt zwei Schritte zurück und vergisst im selben Moment, ob sie zu ihrem Auto gehen oder sich nur beruhigen wollte.

»Charlie hat Probleme ... wegen der Trennung. Solange sie mit ihrem Verhalten niemandem schadet, dachte ich, es wäre gut, ein bisschen nachsichtig zu sein.«

Lola denkt an Lucy, die auf der Rückbank des Civic auf dem ganzen langen Weg von Venice nach Huntington Park geweint hat.

»Für so eine Gemeinheit verdient sie aber eine Strafe«, sagt Lola.

»Das ist mir jetzt auch klar.«

Erst da wird Lola bewusst, dass sie und Zach die ganze Zeit Spanisch sprechen. Und dass die anderen Eltern nicht stehen geblieben sind und sie anstarren, weil sie wissen, dass Lola beinahe ein Messer gezogen hätte, sondern weil der weiße Mann mit der Latina in einer Sprache redet, die man lediglich können muss, um die Gespräche zwischen den Hausangestellten zu belauschen oder sich in einem mexikanischen Luxusresort, in dem sämtliche Angestellten fließend Englisch können, nach dem Weg zum Klo zu erkundigen.

»Tut mir leid«, sagt Lola.

»Schon gut«, sagt Zach.

Aber er hat ihre Huntington-Park-Seite kennengelernt. Zach

muss an ihren Augen gesehen haben, dass sie bereit war, eine Waffe zu ziehen, und auch keine Angst gehabt hätte, sie zu benutzen. Nur kann sie nicht sagen, ob ihn diese Ahnung von ihrem wahren Ich abschreckt oder nicht.

»Also dann ... bis heute Abend?«, fragt er.

Wem macht sie hier eigentlich etwas vor? Sie kann ihn nicht in ihre Welt reinziehen.

»Heute nicht«, sagt sie.

Sie steigt in ihr Auto und prescht aus der Parklücke. Dann ruft sie in Andreas Büro an. Dieses Mal nimmt ein männlicher Assistent ab, der eine dröhnende, koffeingetriebene Stimme hat.

»Hier ist das Büro von Andrea Dennison Whitely«, sagt er.

Eigentlich wollte Lola die coole, gelassene Informantin geben. Montag hatte sie die Verzweifelte gespielt, um herauszukriegen, wo Andrea zu Abend aß. Dass Andrea heute, drei Tage später, einen neuen Assistenten hat, gibt ihr zu denken, und sie fragt sich, ob ihre Trickserei daran schuld ist.

»Ich brauch Hilfe, verdammt noch mal!« Lola schreit ins Telefon. Das hat sie nicht vorgehabt. Es kam einfach so raus. Wenn schon der Minivan vor ihr zu zögerlich ist, um noch bei Gelb abzubiegen, muss sie wenigstens Andreas neuen Assistenten zusammenbrüllen.

»Entschuldigung ... Ma'am ... sind Sie noch dran? Sagen Sie mir bitte, um was es sich handelt?«

Was ist das denn für einer? Hat der ein Anti-Aggressionstraining hinter sich?

»Der prügelt mich noch tot«, fährt Lola auf Spanisch fort, weil sie ziemlich sicher ist, dass der Mann am anderen Ende das nicht kann und dass sich irgendwo in seinem weichgespülten Hirn ein Rest Rassismus versteckt, wegen dem er ihre Muttersprache als bedrohlich empfindet.

Zu ihrer Überraschung antwortet er in fließendem Spanisch. Nur sein leichter Akzent verrät, dass er die Sprache erst in der Highschool gelernt hat, aber immerhin.

Aus welchen Löchern sind diese weißen spanischsprechenden Männer heute nur alle gekrochen?

»Können Sie irgendwohin kommen, wo es sicher ist?«, fragt er.

»Ich glaub schon«, sagt Lola.

»Und wohin?«

»Grand Central Market. Zwanzig Minuten.«

»Wie wird sie Sie erkennen?«

»Ich werde sie erkennen«, sagt Lola und legt auf.

Einen Block vom Grand Central Market entfernt findet Lola einen Parkplatz und zahlt die fünfzehn Dollar, die diese Annehmlichkeit in Downtown kostet. Sie hätte weiter entfernt und dafür billiger parken können, aber fünfzehn Dollar sind nicht die Welt, und wenn sie bar zahlt, kann sie gleich ein bisschen Geld waschen.

Sie will für Lucy vorsorgen, falls ihr etwas zustößt. Bestimmt hat Andrea eine Lebensversicherung, so dass ihr Mann ausgesorgt hat – falls der das überhaupt braucht mit seiner Luxusentzugsklinik in Malibu, die dank der reichen Klientel und den Drogengeldern, die Andrea dort wäscht, bestimmt einiges abwirft.

Auf dem Grand Central Market ist zu dieser Zeit nicht viel los. Es ist kurz vor zehn, die meisten Angestellten in Downtown sind erst im Büro eingetrudelt und können noch keine Kaffeepause rechtfertigen. Das letzte Mal war sie in ihrer Kindheit hier, mit Maria und Hector. Sie sind in die Seilbahn, die Angels Flight, gestiegen und die Hügel hochgerattert, von wo aus sie eine atemberaubende Aussicht auf die Stadt hatten. Vorher hatte Maria für sie beide Früchte mit Chilipulver bei einem Straßenverkäufer gekauft, und Lola war wegen der bevorstehenden Fahrt zu nervös, um sie zu essen. Als sie wieder auf sicherem

Boden standen, hatte Maria Lola die nicht gegessenen Früchte aus der Hand gerissen, in den nächsten Mülleimer geschmissen und ihre Tochter als verschwenderisch beschimpft. An diesem Abend musste Lola ohne Abendessen ins Bett.

Angels Flight hat den Betrieb inzwischen eingestellt oder wird vielleicht auch nur repariert, und Grand Central Market, an dessen Marktständen man Lolas Erinnerung nach früher billiges Obst, Gemüse und Gewürze kaufen konnte, beherbergt jetzt Restaurants mit hohen Decken und weiß gestrichenen Wänden.

Lola sieht Andrea zuerst. Sie sitzt allein an einem weißen Zweiertisch. Vor ihr ein Bagel mit Lachs, in der Hand hält sie einen Becher Kaffee. Ihre Haare fallen in weichen braunen Locken auf ihre Schultern, was ihr schmales Gesicht mit dem spitzen Kinn noch schmaler macht. Sie geht Karteikarten durch – eine Rede? –, und Lola sieht, wie sich ihre Lippen bewegen und sie mit kleinen Gesten die stummen Worte unterstreicht. Eindeutig eine Rede. Ein Kellner von Wexler's Deli schenkt ihr ungefragt nach, dann zieht er sich in die Ecke zurück, von der aus er und ein Kollege ihren einzigen Gast beobachten. Als sie Lola entdecken, mustern sie sie misstrauisch, so als wäre sie verdächtig, obwohl die beiden auch Latinos sind. Aber Lola weiß, was sie denken, wenn sie sie sehen: Seit wann essen Leute wie wir Lachs mit Kapern und roten Zwiebeln?

Und es stimmt, sie ist kein großer Fan von diesem Zeug und fragt sich, ob sie Ceviche lieber mag, weil sie als Latinoamerikanerin aufwuchs. Trotzdem, die beiden Kellner sind Arschlöcher.

»Hey«, ruft sie auf Spanisch. »Ich krieg dasselbe wie die Frau.«

Der Kellner, der Andrea Kaffee nachgeschenkt hat, nickt, so als spräche sie Englisch und als würde seines gerade ausreichen, um sie zu verstehen, nicht aber, um zu antworten. Idiot.

Andrea sieht nicht von ihren Karteikarten auf. Lola erhascht einen Blick auf die Schlüsselbegriffe, die mit Filzstift auf die hellblauen Karten geschrieben sind. »Geehrt«, »mit vollem Einsatz«, »meine Stadt«.

»Was ist das für eine Rede?«, will Lola wissen, bereut aber die Frage sogleich, weil sie dumm ist. Andrea ist Staatsanwältin. Sie hält Reden, um Opfern ihre Trauer zu erleichtern und ihnen Gerechtigkeit zu verschaffen. Sie hält Reden, um Scheißhaufen hinter Gitter zu bringen.

Sie hält Reden, um eine Welt aus Problemen, die dafür eigentlich zu groß sind, in Worte zu fassen.

»Unwichtig«, sagt Andrea und klopft den Stapel Karten zurecht, spannt ein Gummi darum und schiebt sie in ihre Tasche.

Der Kellner erscheint. »Was kann ich Ihnen bringen, Miss? Wir haben sehr leckere Hörnchen und –«

»Ich hab doch gerade gesagt, dass ich dasselbe wie sie will«, sagt Lola. Sie verschränkt die Arme vor der Brust, streckt die Beine aus und überkreuzt sie an den Knöcheln, als würde ihr der Laden gehören. Mag sie nun wissen, wie das, was Andrea isst, heißt oder nicht – Räucherlachs, Zuchtlachs, Wildlachs –, es reicht zu wissen, dass sie es auch essen kann.

Der Kellner schreibt einen halben Roman auf den Bestellzettel.

»Gehört der zu dir?«, fragt Lola, als er endlich weg ist.

»Der ist nur übereifrig, weil er eigentlich zu Größerem berufen ist. Eigentlich ist er ...»

»... Arzt, klar. Das sind wir doch alle.«

Andrea lehnt sich auf dem Stuhl zurück. Lola hat sie zum Lächeln gebracht.

»Essen alle Texas-Girls so was?« Lola deutet auf den Bagel, den Cream Cheese, die Kapern.

»Austin ist ziemlich up to date. Wenn man einen jüdischen Deli up to date nennen will.«

»Würd ich nicht. Nicht, dass es bei mir in der Gegend viele davon gibt«, sagt Lola. Dass Andrea nicht zusammengezuckt ist, als sie den Namen des Staates, in dem sie geboren wurde, fallen ließ, ist Lola nicht entgangen. Andrea redet nicht gern über ihre Kindheit im Lone Star State. Wo Andrea während ihres Studiums wohnte, weiß Lola, aber den Namen der texanischen Stadt, in der sie geboren wurde, kennt sie nicht. Sie vermutet, dass Andrea bei Mutter und Vater aufgewachsen ist, aber Andrea erwähnt immer nur ihren Ehemann, wenn Lola sich nach ihrer Familie erkundigt. Es gibt auch einen Hund, einen Australian Shepherd namens Vanilla, ein beigefarbenes Monster mit geföhntem Fell. Andrea hat ein Foto von ihm auf ihrem Schreibtisch. In dem Büro ist es das einzige Privatfoto, das Lola gesehen hat.

Als Andrea sie einmal dabei ertappte, wie sie das Foto von Vanilla betrachtete, sagte sie: »Wir laufen jeden Tag sieben Kilometer, Vanilla und ich.« Lola wusste, was Andrea eigentlich sagen wollte – *Ich krieg mit, wenn du mich beobachtest. Ich krieg mit, wenn du hier rumschnüffelst. Ich krieg alles mit.*

Ein einziges Mal hat Andrea Lola einen Blick in ihr Privatleben erlaubt, und das war, als sie sie zu ihrem Sohn in die Entzugsklinik mitnahm. Bis zu diesem Abend hatte Lola nicht mal gewusst, dass Andrea Mutter ist. Dass Andrea nicht überall Fotos von ihren Kindern aufstellt, so dass jeder weiß, wie sie aussehen, kann Lola verstehen. Zu gefährlich in ihrem Geschäft.

Es war ein Fehler, dass Lola bislang nicht mehr über Andrea herauszukriegen versucht hat. Den wird sie wiedergutmachen. Sie haben sich in eine Pattsituation manövriert, aber eine Pattsituation ist nicht für die Ewigkeit.

Schweigend sitzen sie da, während immer mehr Leute auf den Markt strömen. Eine Frau zwischen fünfzig und sechzig kommt und bestellt eine Platte mit Räucherlachs für eine

Party heute Abend. Sie klagt, dass sie gar nicht weiß, wie sie die dreißig Gäste in ihrem Loft unterbringen soll. Lola hat den Begriff Gentrifizierung schon mal gehört – wenn ein Viertel den Armen weggenommen und an die Reichen verscherbelt wird –, und diese Frau scheint ihn perfekt zu verkörpern. Sie trägt eine khakifarbene Caprihose, ein knalliges Top und darüber ein Männerhemd, in dem sie fast verschwindet. Auf dem Hemd sind Farbspritzer, so als würde sie es als Malerkittel tragen, und ein Batzen Farbe hat die aschblonden Haare über dem linken Ohr zu einem quietschblauen Tumor verklumpt.

»Ich kämpfe deinen Krieg«, sagt Lola.

»Im Kämpfen bist du gut.«

»Und du bist tolerant, was Drogen angeht.«

Andrea sieht sie einen Moment scharf an. »Hast du mich gegoogelt?«, fragt sie und stützt das spitze Kinn in die Hand, ein kleines Mädchen, das Desinteresse heuchelt. Aber der Blick verrät Lola, dass Andrea irritiert ist.

»Etwas in der Art«, sagt Lola. »Tolerant gegenüber Drogen, hart gegenüber Pädophilen und häuslicher Gewalt.«

Andrea legt den Kopf in den Nacken, ihre Haare ergießen sich über die Rückenlehne und die Schultern sacken nach unten, so dass Lola glaubt, dass sie jeden Augenblick vom Stuhl rutscht.

»Ich glaube, dafür gibt es eine Redewendung«, sagt Andrea. »Wer im Glashaus sitzt …«

Lola kennt die Wendung. Vor langer Zeit hat sie sie in ihrem Gehirn unter der Kategorie *Weißenscheiß* abgelegt, gleich neben »mit einem Silberlöffel im Mund geboren sein«, was voraussetzt, dass man weiß, was Silberlöffel sind.

»Mein Bruder ist bei mir zu Hause. Das ist der einzige Grund, warum ich dir nicht an Ort und Stelle ein Messer reinjage.«

»Okay.«

»Ich begreife nur nicht, warum vor 2006 nichts über Andrea

Dennison Whitely zu finden ist. Wenn man nach dem Internet geht, gibt es die erst seit zehn Jahren.«

Andreas Reaktion darauf kriegt Lola nicht mit, weil in dem Moment der Kellner mit drei Tellern kommt, einer für den Bagel, einer für den Cream Cheese, einer für den Rest – Kapern, rote Zwiebeln, Tomatenschnitze. Er braucht mindestens eine halbe Minute, um die drei Teller vor Lola zu arrangieren, und als er dann noch eine Stoffserviette auf ihrem Schoß drapiert, ist sie kurz davor, aufzuspringen und ihm eine zu verpassen. Gehört dieses Serviettengetue zu den Aufgaben eines Kellners? Oder ist das nur eine von Millionen Entschuldigungen dafür, dass ein Mann eine Frau ohne deren Erlaubnis anfasst?

»Möchtest du ihn erfahren?«, fragt Andrea. »Den Namen, den ich vorher hatte?«

»Krieg ich schon selbst raus«, sagt Lola. Sie verstreicht Cream Cheese auf einer Bagelhälfte und will die beiden Hälften zusammenpressen, hält sich aber zurück, weil sie gesehen hat, dass Andrea sie einzeln isst.

»Glaub ich sofort. Aber ich kann dir auf die Sprünge helfen.«

»Ich hab's nicht eilig. Ich mach dich fertig, wenn mir danach ist.«

Andrea nickt, trommelt mit den Nägeln auf die weiße Tischplatte. Sie sind perfekt dunkelrot lackiert.

»Du tust das? Nicht das Rivera-Kartell?«, sagt Andrea.

»Die wollen dich«, erklärt Lola Andrea. »Die wissen, dass ich einen Partner habe. Nur wissen sie nicht, wen.«

»Die Konkurrenz bist du. Nicht ich«, sagt Andrea. Ihre langen schlanken Finger trommeln immer noch auf die Tischplatte, dann zieht sie eine Karteikarte aus ihrer Tasche.

»Warum hast du diesen Krieg angefangen?«

»Weil du meinem Sohn Heroin verkauft hast und er eine Überdosis genommen hat.«

»Den wahren Grund.«

»Oder?«

»Oder ich lass dich auffliegen.«

»Noch hast du keine Macht über mich.«

»Ich hab nicht gesagt, dass ich Macht haben will.«

»Wenn du mich vernichtest, wirst du jedenfalls mehr haben.«

»Beantworte meine Frage.«

»Ich hab diesen Krieg angefangen, weil Los Angeles eine neue Frontfrau braucht.«

»Warum?«

»Interessiert dich das?«

Ja.

20
VOR DER PRESSE

Lola steht auf den Stufen der Los Angeles Hall of Justice und sieht sich riesigen schwarzen Kameras gegenüber, die Männer in Cargoshorts auf der Schulter tragen. Die Reporterinnen – eifrige blonde Frauen mit dauergerunzelter Stirn recken den Kopf der Kamera entgegen, als wollten sie geküsst werden. Dagegen stehen die männlichen Reporter entspannt mit verschränkten Armen da, so als wären sie schon auf unzähligen solcher Pressekonferenzen gewesen. Auf den gebräunten Männerwangen ist ein Hauch orangefarbenes Make-up zu erkennen, das aber nicht dazu dient, die Falten zu verstecken, das brauchen Männer nicht. Ihr Blick wandert zwischen Frauen und Männern hin und her – eifrig, entspannt, selbstbewusst, hektisch.

Die Sonne hängt feuerfarben über der Skyline von Downtown.

Als Andrea das Podium betritt, muss Lola die Augen zusammenkneifen, um sie zu erkennen, obwohl sie nur ein paar Schritte von ihr entfernt ist.

Lola steht hinter dem Podium inmitten einer Gruppe von Frauen und Kindern, denen Andrea geholfen hat – lauter Missbrauchsopfer. Inwiefern sie dazugehört, ist ihr nicht klar. Allerdings hat sie sich immer als geschlagene Frau ausgegeben, um zu erklären, vielmehr zu entschuldigen, was sie im Leben ihrer reichen weißen Partnerin zu suchen hat. Das erste Mal hat Andrea von Lola Notiz genommen, als Hector sie – auf ihren Befehl – zusammengetreten hat. Damals hat Andrea sie für ein echtes Opfer gehalten. Aber Lola hat Andrea ja auch für eine echte Staatsanwältin gehalten. Beide lagen sie falsch. Nein, nicht ganz, sie sind es beide auch, nur verschwimmen die Grenzen zwischen ihnen, weil Lola auch für Gerechtigkeit sorgt und Andrea auch vor einer Vergangenheit davonläuft. Und über die will Lola unbedingt etwas in Erfahrung bringen.

»Guten Morgen«, sagt Andrea.

Erst jetzt bemerkt Lola Raymond, den Mann mit den silbernen Haaren aus dem El Norte, links von Andrea. Rechts von ihr erkennt Lola Jack Whitely, Andreas Ehemann. Er hat seinen weißen Arztkittel gegen Anzug und Krawatte getauscht.

»Ich danke Ihnen allen für Ihr Kommen. Ich bin heute hier, weil ich den Mann würdigen möchte, der mir meine Karriere ermöglicht hat, den Mann, der mir alles, was ich weiß, beigebracht hat. Der mir beigebracht hat, dass ich mich in meiner Arbeit – und in meinem Leben – von der Idee leiten lassen muss, dass es für unterschiedliche Menschen kein unterschiedliches Recht geben darf, dass das Recht für alle gleichermaßen gelten muss, ohne Ansehen von Ethnie, Religion oder Einkommen. Raymond Ewing hat nicht nur mir geholfen, er hat möglich gemacht, dass allen hier geholfen werden kann.«

Andreas ausholende Geste bezieht Lola mit den anderen Opfern ein, eine friedliche, nicht bedrohliche Mischung aus Weißen, Schwarzen und Latinas. Ganz am Rand steht eine Asiatin, und Lola fragt sich, ob sie das tut, weil sie sich isoliert fühlt oder weil sie den schwarzen Frauen nicht zu nahe kommen will, zu denen sie mindestens eine Armlänge Abstand hält.

»Daher ist es nur angemessen, dass ich mich hier vor Raymond verbeuge, wenn ich meine Kandidatur für das Amt des nächsten District Attorney von Los Angeles verkünde.«

Hinter den Reportern hat sich eine größere Menge versammelt, die Lola erst bemerkt, als von dort ein Schrei ertönt. Augenblicklich drehen die Reporter und Kamerateams sich um. Sie schwenken Mikrofone und Kameras wie Schmetterlingsnetze in die Höhe, in der vagen Hoffnung, gleich etwas Spektakuläres einzufangen. Das frenetische Klatschen und Jubeln der

Menge übertönt alles andere, und als die Reporter sich wieder zu Andrea umdrehen, steht da eine mädchenhafte Frau mit sittsam geneigtem Kopf und einem kleinen Lächeln auf den Lippen.

Nicht zum ersten Mal setzt Andrea vor Lolas Augen ihre Weiblichkeit gezielt ein. Dieselbe Frau, wegen der das Rivera-Kartell Hector entführte und die sie vernichten muss.

Lola betrachtet Andreas weiche Locken, die schimmernde, milchig weiße Haut. Sie stellt sich vor, wie sich frisches Blutrot auf dem Milchweiß ausbreitet, und dann, wie sie selbst über der auf den Stufen zusammengebrochenen Frau steht.

Unvermittelt treten ihr die Tränen in die Augen. Wird sie etwa sentimental? Zögert sie etwa, Andrea umzubringen, weil sie ihr Schlüssel zu einer Welt ist, in der Recht und Ordnung herrschen? Möchte sie wie Andrea werden, weil sie nicht mehr Lola sein kann?

»Für uns gibt es keine Grenzen«, sagt Andrea, als sie sich über den Applaus hinweg Gehör verschaffen kann.

Und ihre Worte werden gehört. Die Menge tobt. Die Opfer, die bestimmt nicht alle Englisch verstehen und denen man für ihr Kommen eine kostenlose Mahlzeit versprochen hat, sehen sich an, unsicher, was sie tun sollen.

Lola zeigt es ihnen. Sie hebt die Hände zu einem höflichen Klatschen. Sie schreit nicht – das würde für ein weibliches Opfer einer Minderheit zu aggressiv rüberkommen, und für Andrea ist es wichtig, dass ihre Opfer wie Opfer aussehen.

Lola ist die Erste, die den Knall hört. Die Reporter sind zu überrascht, um sich zu ducken. Zwar sind sie ständig an Gewaltschauplätzen, wo sich nach einem Überfall oder einem Unfall Hirnmasse, Blut, Metall auf dem Asphalt verteilen, aber in ihrer Welt kann ein Knall inmitten einer jubelnden Menge eigentlich nur so etwas Unschuldiges wie ein Feuerwerk bedeuten. Allerdings, das weiß Lola, wird ihnen auch nichts passieren, denn die Kugel wurde über ihren Köpfen abgefeuert und das Ziel waren die Stufen, das Podium, die milchweiße Haut von Andreas Gesicht.

Mit gestreckten Armen hechtet Lola nach vorne und bringt Andrea zu Fall. Sie riecht die intensive Süße ihres Parfüms, spürt den leichten Schweißfilm, dessen Geruch sich mit dem Parfüm mischt, ein leichter Glanz auf Andreas makelloser Haut. Die beiden landen auf dem Beton, und Lola presst Andreas Kopf auf die harten, sonnenwarmen Stufen.

»Runter!«, brüllt Lola, einmal auf Englisch, dann auf Spanisch. Die Frauen und Kinder hinter ihr haben sich schon geduckt und kauern auf den Knien, die Arme schützend über den Kopf gelegt. Die Reporter und Andreas Unterstützer sind langsamer. Sie sehen sich mit ungläubig geweiteten Augen um, fassungslos, dass ihnen so etwas passiert, hier, mitten in L.A., auf den Stufen der Hall of Justice, wo eine mächtige Frau bekannt gibt, dass sie noch mehr Macht anstrebt. Und das will ein bewaffneter Mann irgendwo über ihnen verhindern, denkt Lola. Dieser Mann kann ein x-beliebiger Strafentlassener sein, der sich auf einem Rachefeldzug gegen die Staatsanwältin befindet, die ihn in den Knast gebracht hat. Oder er gehört zum Rivera-Kartell.

»He, was soll das!«, sagt Andrea keuchend, dann hält sie kurz die Luft an und atmet in einem gezwungen ruhigen Rhythmus weiter. Diesen Trick muss Andrea in ihrem früheren Leben gelernt haben, dem Leben, das in Texas begonnen hatte und dessen Spuren sie ausgelöscht hat.

»Jemand hat auf dich geschossen«, sagt Lola gelassen, so als ob nichts wäre. Ein Attentäter, der versucht, eine mächtige weiße Frau auszuschalten, ist ihr zwar neu, eine Kugel, die sirrend die Stadtluft durchschneidet, um einen Schädel zu durchschlagen und Hirnmasse zu verteilen, dagegen nicht.

Andrea will aufstehen, aber Lola zieht sie wieder runter. Andreas Wange ist von dem rauen Beton aufgeschürft, und die fünf geraden roten Striche auf der schneewittchenweißen Haut sind so symmetrisch, als wären sie mit dem Lineal gezogen.

»Bleib unten«, sagt Lola. »Er könnte noch da sein.«

»Wo?«

»Keine Ahnung. Irgendwo über uns.«

Lolas Blick gleitet über das Holzpodium, dann zum Parkhaus auf der anderen Straßenseite. Es hat fünf Ebenen, Autos aller möglichen Marken und Modelle stehen darauf – Bentleys, Nissans, ein alter VW-Bus –, denn das hier ist Los Angeles und jeder, gleich welcher Herkunft und welchen Einkommens, muss von Zeit zu Zeit in die Hall of Justice, um sich eine Dosis Gerechtigkeit verpassen zu lassen.

»Niemand zu sehen«, sagt Lola, aber sie ist überzeugt, dass der Schuss von einer der oberen Ebenen kam. Wenn sie jetzt losrennen würde, könnte sie den Schützen vielleicht erwischen. Sie hat keine Waffe, wenigstens keine Schusswaffe, aber sie weiß ihr Messer zu gebrauchen. »Ich muss näher ran.«

»Nein!«, sagt Andrea und jetzt ist sie es, die Lola zu Boden zieht. »Bleib hier.« Lola will Andrea fragen, warum sie und nicht ihr Mann ihr zur Hilfe geeilt und sich schützend über sie geworfen hat. Sie entdeckt Jack, der zu ihnen sieht. Während alle anderen um sie herum noch immer auf dem Boden kauern, steht er da, den Kopf neugierig zur Seite geneigt.

Uniformierte Cops laufen zwischen den Leuten herum. Sie müssen in der Nähe gewesen sein. Natürlich, sie haben den Verkehr an der Hall of Justice umgeleitet, wo die Übertragungswagen stehen und die Stufen blockieren.

»Alles in Ordnung, Ma'am?« Der Cop, der auf sie zugeht, kann nicht älter als zweiundzwanzig sein, ein Kindergesicht, der blonde Bürstenschnitt an den Seiten fast ausrasiert. Die blauen Augen sind auf Lola gerichtet. Er hat mit seiner Frage nicht Andrea gemeint. Sondern sie.

»Ja, alles in Ordnung«, sagt Lola, ohne seine ausgestreckte Hand zu ergreifen.

Mittlerweile steht Andrea und schiebt eine Decke weg, die ein anderer Uniformierter, älter, dicker, ihr hinhält. Was will er mit der Decke? Lola kann sich nicht vorstellen, dass das LAPD seinen Beamten beibringt, Kälte sei das größte Problem, wenn jemand auf einen geschossen hat. Wobei sie so etwas vor zwei Jahren in Venice schon mal mitbekommen hatte. Damals hatte sie nur nicht weiter darauf geachtet, weil Hector wegen einer kleinen weißen Methsüchtigen eine Übergabe vergeigt und sie um vier Millionen in cash und Drogen gebracht hatte. Zu der waren die Cops auch mit Wärmedecken geeilt.

»Mir geht's gut. Alles okay. Ich brauch keine Decke«, sagt Andrea, aber Lola sieht das leichte Zittern ihrer Schultern, hört das Klappern ihrer Zähne. Schock. Andrea muss schon einmal eine Schießerei miterlebt haben, daher auch die Atemtechnik eben. Es überrascht Lola selbst, wie klar dieser Gedanke vor ihr steht. Trotzdem kann Andrea die Decke nicht nehmen, dazu sind zu viele Kameras um sie. Keinesfalls darf sie sich schwach zeigen, nachdem sie gerade bekannt gegeben hat, dass sie District Attorney werden will.

Als Raymond Ewing auf Andrea zugeht, macht sich Lola davon. Sie rechnet dem amtierenden DA an, dass er keinen schützenden Arm um Andreas Schulter legt und sich stattdessen neben sie stellt. Beide, der Meister und seine Schülerin, sehen zu dem Parkhaus hinüber.

»Der Schuss muss von dort gekommen sein«, erklärt Andrea, und wieder heben sich die Kameras, fangen Andreas Blick ein, die Entschlossenheit, während sie dorthin sieht, von wo aus ein Attentäter auf sie gezielt hat.

Lola geht an den anderen Opferfrauen und -kindern vorbei, von denen die meisten knien und die Hände hinter dem Kopf verschränkt haben, so als würden sie sich der Polizei ergeben und erst aufstehen, wenn ihnen jemand das Okay gibt.

Darauf wartet Lola nicht. Sie wird den Schützen finden, bevor die Polizei Gelegenheit dazu hat. Denn wenn jemand Andrea umbringt, dann sie.

21
LOLA RENNT

Begleitet von lautem Hupen und quietschenden Bremsen hüpft Lola über die Temple Street, aber nicht, weil sie verletzt ist, sondern weil sie den Autos ausweichen muss, die in viel zu hohem Tempo über die Straße rasen. Ein Lastwagenfahrer brettert mit röhrendem Motor an ihr vorbei, und während seine Reifen um Haaresbreite ihre Zehen verfehlen, sieht er zu ihr rüber. Der Blick des Weißen ist eine Warnung an sie, die Latina: *Das hier ist mein Land. Wenn mir danach ist, kann ich dich überfahren.*

Aber er tut es nicht. Ist das ein Fortschritt in den amerikanischen Rassenbeziehungen, fragt sich Lola, oder schreckt der Mann nur aus Feigheit in letzter Sekunde davor zurück, sie umzusensen?

Sie jedenfalls ist nicht feige. Wenn sie den Mann findet, der Andrea umbringen wollte, tötet sie ihn.

Ein Mann und eine Frau, beide gediegen gekleidet, verlassen die Parkgarage. Sie müssen auf dem Weg in die Hall of Justice sein, nachdem sie unweit des Ortes, an dem Gerechtigkeit unters Volk gebracht wird, fünfundzwanzig Dollar für einen Parkplatz abgedrückt haben. Lola fragt sich, ob es Kläger, Angeklagte oder Anwälte sind. Als die Frau den Kopf hebt, sieht Lola ihre verquollenen Augen, die Iris kleine braune Punkte, die sich in dem Gesicht verlieren. Beide sind schwarz gekleidet, Friedhofsschwarz. Der Mann hat der Frau beruhigend die Hand auf den Rücken gelegt.

Haben Sie ein Kind verloren? Beinahe hätte Lola die Frage laut ausgesprochen. Lucy zu verlieren ist ihre schlimmste Angst und das Einzige, was Trauer so deutlich in ihr Gesicht eingraben könnte. Sie kann sich nicht vorstellen, dass sie unter diesen Umständen imstande wäre, ein schwarzes Kostüm anzuziehen, an der Parkhauseinfahrt einen Parkschein zu lösen und an der Fußgängerampel zu warten, bis sie über die Straße gehen darf. Und das nur in der Hoffnung, dass ihr dort für ihr totes Kind Gerechtigkeit widerfährt.

»Scheiße«, sagt sie so laut, dass das trauernde Paar sie hört. Und gleich darauf: »Oh, Entschuldigung.«

Überrascht sehen sich der Mann und die Frau an. Dann lächeln die beiden flüchtig.

»Macht nichts«, sagt die Frau. »Hier ...« Sie deutet auf das überteuerte Parkhaus, die geschäftige Straße davor und die Hall of Justice, die sich wie ein riesiger, eckiger Hochzeitskuchen vor ihnen erhebt.

»Hoffentlich bekommen Sie, was Sie wollen«, sagt Lola und nickt zu dem Gerichtsgebäude.

»Haben Sie es denn bekommen?«, fragt die Frau.

Ich sorge selbst für Gerechtigkeit, denkt Lola und sagt: »Ja«. Die Frau dreht sich zufrieden um und schließt sich wieder ihrem Mann an.

Schnell rennt Lola ins Treppenhaus. Sie hat wertvolle Sekunden verloren. Außerdem wird inzwischen die Polizei wissen, dass sie hierhergerannt ist, um den Scharfschützen zu suchen. Sie werden das Paar aufspüren, und die beiden werden bezeugen, sie am Parkhaus gesehen zu haben. In dem gleich ein Mord stattfindet.

Er könnte den Hinterausgang genommen haben. Aber würde er sich mit einem Gewehr auf der Straße blicken lassen? Zuerst würde er es zusammenpacken. Bestimmt hat er eine Tasche dabei, in der er es verschwinden lassen kann. Lola kennt sich mit Gewehren nicht aus. Sie hat eher mit halbautomatischen Waffen zu tun, bei denen die Schussgeschwindigkeit über die Treffsicherheit geht. Sie sprintet die Treppe zum obersten Parkdeck hoch.

Keuchend erreicht Lola die fünfte Ebene. Sie macht einfach zu wenig Sport, obwohl sie so dünn und muskulös ist.

Die Luft hier oben ist frisch und kühl, der kalifornische Herbst ist fast schon zu riechen. Anders als auf den unteren Ebenen, wo die Limousinen und SUVs dicht an dicht abgestellt sind, stehen hier nur ein paar Autos, deren Fahrer nicht davor zurückgeschreckt sind, sich alle fünf Ebenen hochzukurbeln. Sie geht an den Luxuslimousinen und Schrottkarren vorbei, die Hand fest um den Griff des Messers in ihrer Hosentasche geschlossen.

Irgendwo hier ist Andreas Beinahe-Mörder. Lolas Herz schlägt schneller, und als sie sich mit der Zunge über die Lippen fährt, schmeckt sie salziges, metallisches Blut. In ihrem Jagdfieber muss sie sich auf die Lippe gebissen haben.

Dann sieht sie ihn. Er steht mit dem Rücken zu ihr. Wie dumm. Ein Anfänger, denkt sie. Das Gewehr, mit dem er geschossen hat, ist nach wie vor auf die Hall of Justice gerichtet. Es ist sogar noch auf das Stativ montiert, das Zielfernrohr aufgeschraubt. Wartet er auf eine zweite Gelegenheit?

Als er sich umdreht, begreift Lola, dass er auf sie gewartet hat.

»Hören Sie, Lady, mein Boss hat gesagt, dass ich Ihnen einen Gefallen tun soll. Dass ich die Weiße ausschalten soll«, sagt er.

»Leck mich«, sagt Lola. Zorn steigt in ihr auf. Mit einer schnellen Bewegung fährt sie die Klinge aus und geht mit raschen Schritten auf den Mann zu.

Der drahtige, bärtige Mexikaner, der unter all dem Schwarz schwitzen muss, rennt los. Selbst mit dem Gewehr in der Hand ist er schneller als Lola.

Das Treppenhaus riecht nach Schimmel und Putzmitteln. Lolas Schritte dröhnen so laut auf dem Metall, dass sie die des Attentäters vor sich nicht hört. Als sie endlich die erste Ebene erreicht, brennen ihre Augen. In ihrer Wut kann sie sich nicht mal erinnern, ob ihr jemand auf der Treppe begegnet ist.

Unten angekommen weiß sie, noch bevor sie die Tür zur Straße aufreißt, dass der Mann verschwunden ist.

»Scheiße«, keucht Lola und tritt hinaus. Gleißend fällt die Sonne auf ihr Gesicht und bohrt sich in ihre Augen. Sie muss sich vorbeugen, die Hände auf den Knien, um nicht zu stürzen.

Jemand berührt sie, und die Berührung ist so sanft, sie kann nicht von einem ihrer Soldaten stammen.

»Manuel«, sagt sie.

»Ja«, erwidert er.

»Wir müssen weg«, sagt sie. »Wo ist dein Auto?«

»Grand Central Market«, erwidert er.

Weil du mir gefolgt bist, denkt Lola. *Weil du sichergehen wolltest, dass mir nichts passiert.*

»Das hab ich nicht befohlen«, sagt Lola.

»Und doch bin ich hier«, erwidert Manuel. Er leugnet nicht, dass er ungefragt seinem Boss gefolgt ist. Er sieht ihr in die Augen, strafft die Schultern.

Auf der anderen Straßenseite entdeckt Lola einen schwarzen SUV mit getönten Scheiben vor der roten Ampel. Das hier ist zwar kein Kriegsgebiet, aber wenn sich in dieser Stadt sogar ein Kartell-SUV an die Straßenverkehrsordnung hält, muss man mit Schüssen rechnen. Sie müssen möglichst schnell verschwinden. Wenigstens kann sie sich das Kennzeichen merken. Sie hat ein gutes Gedächtnis ... und ist ziemlich nachtragend.

»Hauen wir ab«, sagt Lola und deutet mit dem Kinn Richtung Markt.

Er geht neben ihr her, fällt in Trab. Schritt für Schritt, links, rechts, links, rechts hämmern ihre Sneakers auf den Gehweg, und allmählich findet sie in einen entspannten Rhythmus, auch wenn das Tempo für sie ein Sprint ist. Sie wirft ihm einen Blick zu, der sie noch mehr Kraft kostet, und sieht, dass sein Mund offen steht, aber er keucht nicht, sein Gesicht ist nicht gerötet.

Als sie um die Ecke zum Markt biegen, sagt Manuel: »Warte hier. Ich hol das Auto. Dauert nicht länger als eine Minute.«

Er läuft los, in demselben Trab wie eben neben Lola, nur dass Lola jetzt, nachdem sie einmal stehen geblieben ist, nicht mehr mithalten könnte.

22

SCHLOSS UND RIEGEL

Nachdem Lola Lucy spätnachmittags von der Schule abgeholt hat, ruft Manuel die anderen Soldaten an, um sie herzuholen. Es gebe einen Notfall. Aus seinem Mund klingt ihr Befehl wie eine Bitte, denkt Lola. Sein singendes Englisch ist unsicher, leise. Sie weiß nicht, wie Jorge und Marcos, ihre dienstältesten Soldaten, Manuels Befehl aufnehmen, von dem sie vermuten müssen, dass er von ihr stammt. Sie weiß nicht, ob der Graben zwischen der amerikanischen und der mexikanischen Fraktion ihrer Truppe tiefer wird oder sich auflöst.

Das Ende von Manuels Gespräch kriegt Lola nicht mit, weil sie Lucy im Wohnzimmer auf dem Boden zusammen mit Isa entdeckt, dem Nachbarsmädchen mit den langen schwarzglänzenden Haaren.

»Nein«, sagt Lucy. »Tu deine Puppe her. Sie sollen sich umarmen.«

Die beiden Mädchen sitzen vor Lucys Puppenhaus.

»Oh«, sagt Isa, dann folgt sie Lucys Befehl, drückt ihre männliche Puppe gegen Lucys blonde, blauäugige, vermeintlich sexy Barbie. Lola entgeht nicht, dass Lucy sich bei diesem Spiel die weiße, komplett idiotisch proportionierte weibliche Puppe ausgesucht hat. Die Heldin. Für Isa bleibt der doofe Mann, der sich auf die reizende Lady wirft.

Lola kriegt Bauchgrimmen. Das sind die ersten Anzeichen, dass Lucy so wird wie Charlie. In Blooming Gardens ist davon nichts zu bemerken, da tollen Lucy und Charlie auf dem Schulhof herum, bis sie zurück in die Klasse gerufen werden. Aber Huntington Park ist nicht Blooming Gardens. In Huntington Park hat Lola das Sagen. In der Westside ist Lola so etwas wie die »Andere«, eine ruhige Latina, von der die meisten Eltern garantiert denken, dass ihre Tochter nur dank der Minderheitenquote und eines Stipendiums einen Platz in der Schule gekriegt hat.

»Und jetzt küssen«, befiehlt Lucy und wieder gehorcht Isa.

Dann sieht sie Lucy in Erwartung des nächsten Befehls an.

»Isa«, sagt Lola. »Was möchtest du denn, dass die Puppen jetzt machen?«

Ertappt sieht Lucy auf, aber nicht, weil Lola sauer klingt – ihre Stimme ist gelassen. Wenn man leise und ruhig spricht, hat Lola festgestellt, dann merken die Leute auf und sehen einen verunsichert an.

»Ich weiß nicht«, sagt Isa.

Lola setzt sich auf die Couch. Lucy klettert neben sie.

»Siehst du, Mama?«, sagt Lucy. »Sie weiß es nicht.«

Lucy lehnt den Kopf gegen Lolas Schulter, und Lola fragt sich, wie berechnend diese Geste ist. Hat ihre Tochter etwa Angst, dass Lola sie bestraft, weil sie Isa, dem Ghettokind, das nicht auf Lucys teure Privatschule gehen kann, Charlies Alphaweibchen-Mist beibringt?

»Gib ihr deine Puppe«, sagt Lola.

»Was?« Lucy sieht ihre Mutter entsetzt an, so als widerfahre ihr Unrecht.

»Isa darf auch mal die Heldin spielen. Jetzt ist sie dran.«

»Nein«, sagt Lucy und drückt sich die Luxusweibchen-Barbie an die Brust.

»Lucy«, Lolas Stimme nimmt einen warnenden Unterton an, der sie selbst überrascht. Nie hätte sie für möglich gehalten, dass sie Lucy eines Tages ausschimpfen muss, weil sie ihre Barbie nicht hergeben will.

»Ich will aber nicht!«, schreit Lucy, und bevor Lola sie zu fassen bekommt, hat sie sich aus Lolas Arm gewunden und ist in ihrem Zimmer verschwunden.

Lola hebt die Hand an den Mund. Eine typische Frauengeste. Dann merkt sie, dass Isa sie anblickt. Ertappt zuckt das Mädchen zusammen, so als würde Lola die Hand gegen sie erheben.

»Alles gut, Isa«, sagt Lola.

Manuel kommt ins Wohnzimmer, prüft methodisch die Schlösser an den Fenstern und Türen, und Lola denkt, dass sie endlich ihre Tochter und ihren Bruder in Sicherheit bringen muss. Jetzt, wo das Rivera-Kartell weiß, dass es Andrea ist, die sie suchen, hat Lola keinen Trumpf mehr in der Hand. Es sei denn, sie kriegt heraus, wer Andrea wirklich ist.

Lola überlässt Isa den Puppen und geht zu Lucys Zimmer. Die Tür ist abgesperrt. Das haben Lola und Lucy so vereinbart – Lucy ist sieben, da darf sie ihre Tür absperren. Sie darf sich zurückziehen, wenn sie das will.

»Lucy«, sagt Lola. Sie hofft, dass ihre Stimme sanft, aber fest ist.

»Geh weg!«, sagt Lucy.

»Okay«, sagt Lola.

»Nein!« Lucy schreit jetzt, und Lola hört, dass das kein Wut-, sondern ein Angstschrei ist.

Lola hört einen Rums, dann das Trappeln von Kinderfüßen auf dem billigen Teppichboden – Lucy springt vom Bett und rennt die fünf Schritte zur Tür.

Gleich darauf entriegelt Lucy die Tür. Es kann nicht länger als eine Minute her sein, dass sie mit Isa im Wohnzimmer war und die blonde Barbie gegen den langweiligen Ken presste. Und doch sind die Augen des Kindes rot und nass, als würde sie Blut weinen.

»Ach Lucy«, sagt Lola, und Lucy wirft sich in ihre Arme, klammert sich an Lola mit allem, was sie hat – Arme, Nägel, Füße –, bis sie wie ineinander verflochten sind.

»Hast du sie jetzt lieber als mich?«, fragt Lucy und atmet so schwer, als würde die Umarmung ihr die Luft abschnüren. Lola will sich von der Kleinen lösen, aber Lucy lässt nicht los.

»Wen?«

»Isa«, flüstert Lucy.

»Warum?«

»Weil du ihr meine Puppe gegeben hast.«

»Aber nein, du bist mir das Liebste auf der Welt.«

Lola spürt, wie Lucy sich entspannt und ihr Atem sich beruhigt. »Wie kommst du denn darauf?«

»Weil du auf ihrer Seite gewesen bist. Weil du sie gefragt hast, was sie tun will.«

Lola muss ihre nächsten Worte mit Bedacht wählen.

»Isa lebt unter ... nicht ganz so günstigen Umständen wie du.«

»Was sind günstige Umstände?«

»Deine Schule zum Beispiel. Es ist eine richtig gute Schule.«

»Aber Isa geht auch zur Schule. Sie braucht nicht mal so weit mit dem Auto fahren.«

»Sie fährt überhaupt nicht. Sie geht. Weil ihre Eltern so viel arbeiten müssen, dass sie sie nicht fahren können.«

Lucy hat den Kopf an Lolas Bauch gedrückt, so dass die ihr Gesicht nicht sieht und nicht weiß, ob das Mädchen begreift, was sie ihr zu sagen versucht.

»Isa hat kein Geld«, sagt Lucy mit gedämpfter Stimme. »Aber wir schon.«

»Das stimmt.«

»Geld ist gut«, sagt Lucy.

Lola will sagen, dass das nicht ganz richtig ist, dass Geld zwar wichtig, aber nicht alles ist.

Aber wie auf ein Stichwort marschiert Maria Vasquez mit einem Korb voll Gebäck durch eben die Tür, die Manuel vorhin verriegelt hat, zumindest hatte sie das gedacht. Kurz fragt sich Lola, ob sie träumt, Maria auf der Türschwelle in engen Jeans und einem weiten Top mit Blumenmuster. Sie hat sich die Füße machen lassen. Ihre Zehennägel leuchten in knalligem Pink.

Isa, die Lola ganz vergessen hat, springt mit einem Aufschrei auf die Füße, wie ein Welpe, dem man einen Tritt verpasst hat. *Das ist schlau, Kleine,* denkt Lola. *Lauf, so schnell du kannst.* Aber dann erstarrt Isa.

»Woher hast du den Korb?«, fragt Lola nur.

»Stand vor deiner Tür. Ich dachte, der ist für dich.«

Manuel kommt aus der Küche, und Lola sieht ihn hilfesuchend an, weil sie sich in Lucys Umklammerung nicht bewegen kann, nicht mal die zehn Schritte vom Kinderzimmer zur Haustür, ohne ihre Tochter wegzustoßen und den beiden Mädchen Angst einzujagen.

»Mom«, sagt Lola in fröhlichem Ton, den sie sonst nie ihrer Mutter gegenüber anschlägt. Lucy sieht zu Lola auf. Sie spürt, dass etwas nicht stimmt. Auch Maria macht eine verwirrte Miene. »Dreh dich um. Stell den Korb wieder raus. Und dann kommst du zurück.«

»Nein«, sagt Manuel. »Ich mach das.«

Lola ist erleichtert, selbst wenn er damit ihren Befehl missachtet. »Lucy, Isa«, sagt Lola. »Ihr zwei rührt euch nicht von der Stelle.«

Sanft windet sich Lola aus dem eisernen Griff Lucys, die sich immer noch mit Armen und Beinen an sie klammert.

»Bleib bei ihnen«, flüstert Lola Maria zu, die nickt.

»Vielleicht möchten sie einen Muffin?« Maria deutet auf den Korb.

»Mom.« Dieses Mal warnend. Erstaunt stellt Lola fest, dass Maria begreift.

»Ich hol ihnen eine Kleinigkeit aus der Küche.«

»Warte«, sagt Manuel, als Lola zur Tür geht. Er geht vor ihr hinaus, hält eine Hand hoch, dann nickt er. »In Ordnung.«

Lola tritt aus der dunklen Wohnung in die Sonne, die so grell ist, dass sie im ersten Augenblick nichts sieht. Sie blickt zu den Dächern der beiden Längsseiten des offenen Innenhofs. Irgendwo dort oben sind Jorge und Marcos, auch wenn sie sie nicht sehen kann, und warten mit schussbereiten Waffen, falls ein Fremder sich dem Haus nähert.

Manuel steht neben ihr, als Lola sich bückt, um die kleine Karte zu nehmen, die an der Zellophanhülle des Korbs befestigt ist. Das Zellophan knistert und quietscht, als Lola daran reißt und dann schnell zurücktritt.

Sie öffnet den weißen Umschlag und liest. »Ein kleiner Dank für die guten Geschäftsbeziehungen. Ihr High-Life-Team.«

Lola weiß nicht, ob der Laden von Eldridge und Mandy Waterston, in dem sie Haschkekse verkaufen und Lolas Vorräte bunkern, allen Kunden Geschenkkörbe zukommen lässt. Bisher hat sie nie etwas vor ihrer Tür gefunden, was keine Drohung, keine Deadline, kein Erpresserbrief oder eine Anweisung für einen Tausch von Geld gegen Leben war. Aber hier sieht sie nichts Bedrohliches. Nur eine Adresse in Texas. Maple Lane in irgendeinem Kaff, von dem Lola noch nie gehört hat.

Mandy Waterston hatte Lola gesagt, dass sie Andrea nicht umbringen, sondern vernichten soll.

Und Mandy Waterston verrät ihr, wo für Andrea alles anfing.

23
ERSTE MALE

Schon zwei Querstraßen nach dem Haus der Waterstons merkt Lola, wie die Hitze sie in an- und abschwellenden Wellen erfasst. Bestimmt könnte sie im Rückspiegel sehen, wie der Schweiß ihr aus den Poren tritt, aber dafür hat sie jetzt nicht den Nerv. Sie öffnet das Fenster und streckt den Kopf hinaus, atmet tief die vorbeirauschende salzige Luft ein, während der Uber-Fahrer in südlicher Richtung durch Venice rast.

Er bringt Lola zum Los Angeles International Airport, wo sie das erste Mal im Leben in ein Flugzeug steigen wird. Lucy hat sie bei den Waterstons gelassen und für den heutigen Freitag in Blooming Gardens krankgemeldet. Mandy hatte einen Tagesplan für Lucys Aufenthalt erstellt: Wecken, Frühstück, Anziehen, Spielen, Park, Mittagessen, Mittagsschlaf, Basteln, Hausaufgaben, Abendessen, Baden, Bett. Lola war mit sämtlichen Punkten einverstanden. Sie bat Mandy nur, Sergeant Bubba, Andreas Mann beim LAPD, Bescheid zu geben, wenn sie mit Lucy das Haus verlässt, damit er einen Streifenwagen schickt, der nach Leuten vom Rivera-Kartell Ausschau hält.

»Ihr geschieht nichts, da pass ich schon auf«, hatte Mandy gesagt, die Arme um Lucy geschlossen, und Lucy drückte sich so eng an sie, als gehörte sie zu ihr.

Mandy wird Lucy mit ihrem Leben beschützen, Lola weiß nur nicht, ob Mandys Leben ausreicht.

Auch Hector durfte Lola nicht in ihrer Wohnung lassen, aber Eldridge und Mandy konnte sie nicht zusätzlich noch einen verurteilten Mörder aufs Auge drücken. Also rief sie Sergeant Bubba an und bat ihn, Hector zu sich zu nehmen, damit er ihm bei der Arbeit an seinem abbruchreifen Häuschen in

El Segundo zur Hand geht, an dem er in jeder freien Minute herumrenoviert. Lola hatte ihn vorgewarnt, dass die Gefängnisleitung garantiert bald zur Jagd auf den flüchtigen Insassen blasen würde, aber Bubba hatte nur gelacht und gesagt, sie solle sich keine Sorgen machen – in Locust Ridge sei eine Revolte ausgebrochen, weil ein einsitzender Kartellboss abgestochen worden war.

»So ein Machtvakuum«, hatte Bubba erklärt, »kriegt man kaum in den Griff.«

Soweit Lola weiß, gibt es keine Mrs Bubba, und falls es mal eine gab, dann hat sie sich wahrscheinlich aus dem Staub gemacht, als ihr Mann vom Drogenfahnder zum Drogenkonsumenten wurde.

Sie zieht den Kopf zurück. Der Fahrer des Uber-Prius, ein Mann aus dem mittleren Osten, hat die Anlage voll aufgedreht, irgendeinen verstaubten Hardcore-Rap, in dem es nur um die drei großen F geht, Ficken, Ficken, Ficken. Der Text stört sie weniger als der Beat, der ihren Kopf fast zum Platzen bringt. Sie wirft einen Blick in den Rückspiegel. Für eine Latina ist sie ziemlich bleich. Warum hat sie Schweiß auf der Stirn? Ihr ist doch kalt. Hat sie Fieber?

Könnte sein. Ihr Herz schlägt schneller, es schlägt im Rhythmus ihrer Hitzewellen, das Auf- und Abebben von etwas, das sich wie Angst anfühlt.

Panik, das ist es.

Der Flug. Ihr Aufbruch. Der Krieg. Die vielen Menschen.

Am Kurzhaltebereich läuft Lola erst in die falsche Richtung, und bis sie endlich den richtigen Aufzug zu ihrem Gate gefunden hat, befürchtet sie schon, ihren Flug zu verpassen. Sie ist zwei Stunden früher gekommen, aber die Zeit könnte womöglich nicht reichen, weil eine Frau wie sie gerne mal per »Zufallsprinzip« für eine Sonderprüfung durch das Sicherheitspersonal herausgefischt wird.

Bei der Sicherheitskontrolle unterbricht die dicke schwarze Kontrolleurin, die mit einer anderen dicken Schwarzen herumalbert, ihr Gespräch und schnauzt Lola an, dass sie ihren Ausweis und den Boarding Pass bereithalten soll. Mit Lolas Handgepäck stimmt auch etwas nicht. Sie wusste nicht, dass sie keine Flüssigkeiten mit sich führen darf. Sie nehmen ihr die Zahnpasta und die Flüssigseife weg. Die hatte sie eingesteckt, weil sie keine Ahnung hat, dass die meisten Hotels ihren Gästen Shampoo und andere Toilettenartikel zur Verfügung stellen.

Immerhin hat sie das Messer mit der Tasche aufgegeben.

Am Gate wird sie wieder angeschnauzt, diesmal von einem Flughafenmitarbeiter, ein abgemagerter Mann mit einer Rentier-Krawatte, obwohl die Feiertage noch einige Zeit auf sich warten lassen. Sie versucht sich Manuel mit so einem albernen Ding vorzustellen.

Überhaupt hat sie noch keinen ihrer Soldaten mit Krawatte gesehen.

»Miss, Sie dürfen erst mit den anderen an Bord gehen.«

Aber ich war doch zuerst da, denkt Lola.

Und zwar zwei Stunden zu früh am Gate. Genug Zeit, um in einem Flughafenrestaurant namens Lemonade, in dem in einer Vitrine bunte Salate und Sandwiches angeboten werden, etwas zu bestellen und sogar am Tisch zu essen.

Danach hatte Lola auf einem der Sitze vor dem Gate Platz genommen und sich nicht mehr wegbewegt, weil sie Angst hatte, den Aufruf für ihren Flug zu verpassen.

Im Flugzeug sitzt sie in der letzten Reihe, gleich bei den Klos. Die alte Frau neben ihr liest einen billigen Western, auf dessen Cover sich ein paar Cowboys tummeln. Bestimmt eine von diesen rassistischen Texanerinnen, denkt Lola. Sie zieht den Sicherheitsgurt so fest, dass er ihr den Bauch abschnürt.

»Geht es Ihnen gut?«, fragt die Alte.

Einen kurzen Moment denkt Lola, nein, tut es nicht, mir ist speiübel, aber so etwas würde sie nie sagen.

»Ja, danke«, murmelt Lola, und die Alte wendet sich wieder ihrer Lektüre zu.

Der Start ist schlimm. Lola weiß nicht, was passiert. Sie umklammert die Armlehne. Die alte Frau neben ihr legt das Buch beiseite und sieht aus dem Fenster. Hat das was zu bedeuten? Legt sie ihr Buch weg, um sich ganz auf den Start zu konzentrieren, den sie sonst vielleicht nicht überlebt?

In der Kabine piepst es dreimal, dann dröhnt die Stimme eines Flugbegleiters über den Lautsprecher. »Ladies und Gentlemen.«

Lange Pause. Niemand scheint beunruhigt. Der Mann schräg vor Lola fährt seinen Laptop hoch und fängt an, an einem Umsatzbericht zu arbeiten. Am liebsten hätte sie ihn angezischt, er soll das Scheißteil sofort wieder ausmachen, schließlich hat niemand gesagt, dass man seine elektronischen Geräte wieder einschalten darf.

»Sie können jetzt Ihre elektronischen Geräte wieder einschalten.«

Laut stößt Lola die Luft aus. Dann klopft ihr jemand auf die Schulter. Es ist die Alte, ihre Sitznachbarin, die ihr ein Buch hinhält, auf dem ein Cowboy und ein Indianer zu sehen sind.

»Wollen Sie vielleicht was lesen?«

Nach einem Blick auf das Cover fragt sich Lola, ob sie beleidigt sein soll. Cowboys. Indianer.

Ablenkung.

Sie fängt an zu lesen. Als das Flugzeug landet, ist sie auf Seite 138, und der Cowboy, ein schweigsamer Einzelgänger, dessen Frau von einem Indianerstamm entführt wurde, hat sich gerade in dessen Dorf geschlichen, um sie zu retten. Nur leider hat sie sich mittlerweile in den Häuptling verliebt, den vom Cover.

Missbilligend schüttelt Lola den Kopf, als die Flugzeugreifen den Boden berühren. Laut rumpelnd rast das Flugzeug über die Landebahn, und Lola denkt, okay, das war's, nie im Leben kann es rechtzeitig abbremsen. Dann gibt es einen Ruck, so als würde der Pilot an den Zügeln eines Pferdes ziehen, und das Flugzeug zockelt plötzlich gemächlich dahin.

Alle schalten ihre Handys an, aber niemand löst den Sicherheitsgurt, bis das Flugzeug vor dem Gate zum Stehen kommt. Es piepst, die Sicherheitsgurtlichter gehen aus, alle springen wie von der Tarantel gestochen auf, schnappen sich ihre Tasche, heben sie hoch, um niemanden am Kopf zu treffen und … warten.

Bis Lola endlich hinter dem Lenkrad des Mietautos sitzt, einem meerblauen Toyota Corolla, hat sie erneut zwei Stunden mit Warten verbracht: vor den Klos, am Gepäckband, in der Schlange vor dem Autovermieter.

Die Fahrt dauert Stunden. Die Straßen verengen sich, von acht Fahrbahnen auf vier, dann zwei. Ständig blickt sie in den Rückspiegel, um zu sehen, ob ihr jemand folgt.

Langsam geht die Sonne unter, und inzwischen fährt niemand außer ihr auf dem zweispurigen Highway, der in ein Städtchen namens Jasper führt. Um sechs Uhr abends erreicht sie die Main Street von Jasper, pünktlich zur Ladenschlusszeit.

Lola stellt das Auto ab und steigt aus. Es gibt ein Café namens Marshall, aus dem es bis auf den Gehweg nach Frittierfett riecht. Dann sind da in Reih und Glied eine Buchhandlung, eine Anwaltskanzlei, ein Buchhaltungsservice, ein Schuster, ein Trödelladen. Über den Läden scheinen Wohnungen zu liegen.

Das einzige Hotel, das sie entdecken kann, befindet sich neben einer Pizzeria. Lola tritt ein, und eine Frau schlurft zur Rezeption. Auf dem Tresen liegt derselbe schreckliche Cowboyroman, den Lola nicht aus der Hand legen konnte. Im Fernsehen laufen die Sechs-Uhr-Nachrichten. Es riecht nach Braten.

»Guten Tag«, sagt die Frau. Sie fragt Lola nicht, ob sie eine gute Anreise hatte. Sie fragt sie nicht, was sie hierherführt. Mit gesenktem Blick nimmt sie Lolas Kreditkarte und erkundigt sich nur, wie lange sie bleiben möchte.

»Eine Nacht«, sagt Lola.

Die Frau sagt ihr, dass das Frühstück im Preis inbegriffen ist, falls sie sich für die Fahrt nach Süden stärken will.

»Nach Süden?«

»Ja«, sagt die Frau und scheint sich über Lolas Überraschung zu wundern.

Nicht, dass Lola sich nicht kundig gemacht hätte und nicht wüsste, dass die mexikanische Grenze nur fünfundzwanzig Kilometer entfernt ist.

Wollen Sie etwa nicht dorthin? Nach Süden? Nach Mexiko? Wo Sie herstammen. Sie müssen aus Mexiko stammen.

Nein, ich will zur 1451 Maple Lane in Jasper, Texas.

Oh. Das tut mir ... hierher kommen nur so viele ... normalerweise steigen sie allerdings nicht in dem Hotel ab. In diesem Hotel gibt es das beste Frühstück in ganz Jasper.

Aber Lola sagt nichts, und solange sie der Frau ihren Rassismus nicht vorhält, kann diese sich auch nicht verteidigen. Lola nimmt den Schlüssel, den die Frau ihr hinhält, und geht über eine Treppe und einen Flur mit graublauem Teppich zu ihrem Zimmer im ersten Stock. Im Hotel ist es still, wenn Lola in Begleitung wäre, würde sie flüstern.

Am Ende des Flurs stehen zwei weiße Männer in Jeans und Blouson und unterhalten sich leise. Als sie Lola sehen, verstummen sie.

Zur Begrüßung tippen sie an ihre Hüte – Cowboyhüte. Lola denkt wieder an die alte Frau im Flugzeug, die einen Cowboyroman las, und die Rassistin an der Rezeption, die einen Cowboyroman las. Um zu wissen, ob es tatsächlich ein Cowboy- oder doch ein Indianerroman ist, hätte sie ihn zu Ende lesen müssen, aber sie hat da so ihre Vermutung. Dennoch ist sie froh, dass er Teil einer Reihe ist, weil sie nämlich gerne mehr davon lesen würde.

Ihr Zimmer ist gemütlich und sauber, es liegt derselbe graublaue Teppich darin wie im Flur. Im Fernseher laufen sämtliche Kanäle, die Lola sich wünschen könnte, aber nicht brauchen wird. Im Nachttischchen liegt eine Bibel, daneben steht ein blumengemusterter Sessel mit Fußhocker, über den eine blaue Decke geworfen ist. Die Leselampe leuchtet hell. Die Deckenbeleuchtung verbreitet weiches, freundliches Licht.

Im Badezimmer spritzt sich Lola Wasser ins Gesicht. Sie zieht sich eine khakifarbene Hose und einen geblümten Cardigan an. Dazu ihre roten Ballerinas. In dem Outfit fühlt sie sich gesellschaftsfähig. Das ist ihr Outfit, wenn die Leute glauben sollen, dass sie dazugehört. Es ist das Outfit der Wahl, wenn die braven Mittelschichtler sich nicht trauen sollen, nach dem Grund für ihre Anwesenheit zu fragen.

Sie braucht nicht mal zehn Minuten zur Maple Lane. Die Einfahrten zu den Grundstücken liegen weit auseinander und sind von Bäumen gesäumt, die den Blick auf die Häuser dahinter versperren. Inzwischen ist es ganz dunkel, und Lola überlegt, ob sie das Auto auf der Straße abstellen und zu Fuß zum Haus gehen soll, weil der kleine Japaner nicht so recht zu ihrer Aufmachung passt. Aber es ist nur ein Mietauto, und sie kann immer noch behaupten, dass dem Autoverleiher die Range Rover ausgegangen sind.

Sie nimmt ihre Tasche, eine echte Louis Vuitton, die sie mit sauberem Geld in einem richtigen Laden gekauft hat. Normalerweise liegt sie sorgsam verpackt in ihrem obersten Schrankfach, weil sie keine Handtaschen trägt. Wenn sie mit ihren Soldaten unterwegs ist, stecken die ihre Brieftasche ein. Genau wie bei der Königin von England, stellt sie sich vor.

Sie hat überlegt, ob sie erst morgens hierherkommen soll,

aber dann dachte sie, dass die Leute, sollten sie tatsächlich Andreas Eltern sein, am ehesten abends zu Hause sind und den Abwasch von ihrem frühen Abendessen machen.

Als das Haus aus der Dunkelheit unter den Bäumen auftaucht, ist Lola nicht enttäuscht. Es ist ein zweistöckiger Riesenkasten, der in der Westside von L.A. mehrere Millionen Dollar kosten würde, wenn es dort überhaupt ein so großes Grundstück gäbe. Die Häuser in L.A. gehen in die Tiefe, die in Texas in die Breite.

Im Esszimmer von 1451 Maple Lane brennt Licht. Ein etwa sechzigjähriger weißer Mann trägt gerade einen Teller in einen anderen Raum, der hinten raus liegt, wahrscheinlich die Küche. Gleich darauf erscheint eine große, schlanke Frau, die den Rest des Geschirrs zusammenstellt und durch dieselbe Tür verschwindet.

Es ist ein älteres Paar, das gerade sein Abendessen beendet hat. Soweit liegt Lola also richtig.

Bevor sie klingelt, räuspert sie sich, damit ihre Stimme geschmeidig klingt, so wie an den Elternabenden in Blooming Gardens, wenn sie erzählt, dass es beruflich bei ihr gut läuft, sie aber Angst hat, dass Lucy unter ihrer Arbeit leidet. Keiner dort fragt nach Lolas Beruf, sie sprechen sie nur von ihrer Schuld frei. Was leicht ist, wenn man das Ausmaß der Schuld nicht kennt.

Das Haus riecht nach Kiefernduft und Schmorfleisch. Der Mann öffnet die Tür, im selben Moment springt ein von einem Bewegungsmelder gesteuertes Licht an, das auf Lola fällt. Der Mann kneift die Augen zusammen, weil das plötzliche helle Licht ihn blendet.

»Hallo«, sagt er. Es klingt wie eine Frage.

»Hallo. Tut mir leid, Sie um diese Zeit noch zu stören, Mr … Atherton?«

»Ja? Ja, der bin ich.«

Sie hat sich natürlich vorbereitet und weiß, dass das Paar,

das hier lebt, Atherton heißt. Wenn sie noch ein bisschen tiefer gegraben hätte, wüsste sie auch, wie hoch ihre Einkünfte sind und was sie früher gearbeitet haben, aber sie lässt sich gerne überraschen. Bislang weiß sie nur, dass James und Judy Atherton zwei Kinder haben – eine Tochter namens Anne Catherine und einen Sohn namens Christian.

Anne Catherine ist Ende dreißig.

»Mein Name ist Teresa Condell«, sagt Lola. »Ich bin mit Anne Catherine in die Schule gegangen.«

»Oh. Oh ja, natürlich.« Als wäre er einer der Sitcom-Dads, die nie einen blassen Schimmer haben, was gerade um sie herum passiert, dreht sich James Atherton um und ruft seiner Frau zu: »Judy! Hier ist eine Frau, eine Teresa ... wie war noch mal der Name?«

»Condell.« Ein weißer Name. Damit sie denken, sie habe einen Weißen geheiratet.

»Teresa Condell?« Judy Atherton, die sich mit einem sonnenblumenübersäten Geschirrtuch die Hände abtrocknet, tritt in den Hausflur. »Tut mir leid, meine Liebe, aber ich kann mich nicht entsinnen –«

»... College. Entschuldigung. Eine College-Freundin. UCLA.«

»Ach«, sagt Judy.

»Ein Auftrag führt mich her. Ich bin Anwältin.«

»Einwanderung?« James sieht sie interessiert an.

»Ja.« Nein.

»Kommen Sie rein. Ich wollte gerade den Cobbler auftragen. Sie mögen doch etwas, oder?«

Lola hat noch nie Cobbler gegessen, aber aus den Kochshows weiß sie, dass es Obst mit Streuseln aus Butter, Zucker und Mehl ist. Mitten in einem Kartellkrieg sind schlimmere Abendbeschäftigungen denkbar.

»Ja, sehr gern. Sagen Sie mir nicht, dass es auch Eis dazugibt?«

Zwei Minuten später sitzt Lola mit James und Judy am Esszimmertisch. Der Geschmack der ersten Gabel Cobbler explodiert in ihrem Mund, sie verdreht verzückt die Augen.

Judy freut sich und sagt Lola, dass sie gleich wieder da ist. Sie will Lola etwas zeigen. Jetzt ist Lola allein mit James, der konzentriert weiterisst. Rätselhaft, wie er es schafft, so dünn zu sein. Mit vier großen Bissen verdrückt er seinen Cobbler und die gleiche Menge Vanilleeis. Dann wendet er sich seiner Tasse schwarzen Kaffee und Lola zu.

»Anne Catherine geht's prima.«

»Das freut mich. Sie war immer eine gute Freundin.« *Fick dich, Andrea.*

»Sie hat zwei Kinder, einen Sohn und eine Tochter.« *Gute Besserung, Christopher. Und warum hast du mir nicht gesagt, dass du eine Tochter hast, Andrea?*

»Jede Frau würde gern einen Arzt heiraten, was?« Lola lacht, stolz auf ihren Spürsinn. Sie hat es geschafft. Sie unterhält sich mit dem Vater ihrer Partnerin. Davor hat sie den Cobbler von Andreas Mutter gegessen.

Warum ist Andrea weggelaufen? Warum musste sie sich unter falschem Namen in einer anderen Stadt verstecken?

»Ich weiß, ich weiß. Meine Judy gehört auch zu den Glücklichen.«

»Ach ja, stimmt, Anne Catherine hat erzählt, dass ihr Vater auch Arzt ist.«

»Gastroenterologe. Nächsten Mai sind es vierzig Jahre.«

»Interessant.«

Judy kommt mit einer Fotocollage zurück, um die ein rotes und ein grünes Band geschlungen sind. »Fröhliche Weihnachten von den Flynns«, steht darauf.

»So sieht Anne Catherine heute aus. Und ihr Mann und die beiden Kleinen ... naja, so klein sind sie ja nicht mehr.«

Judy legt das Bild vor Lola.

Die Frau darauf ist blond. Sie ist klein. Sie ist dick, was wahrscheinlich an den Schwangerschaften liegt und dem Stress, den das Leben an der Seite eines Arztes mit sich bringt. Wenn man in so einem gemütlichen Haus aufgewachsen ist, muss das Leben als Arztfrau ja stressig sein.

Anne Catherine ist nicht Andrea. Was zum Teufel macht Lola dann hier?

Sie sieht auf ihr Handy und entschuldigt sich. »Es tut mir leid ... Mein Mandant. Darf ich kurz?«

Judy und James deuten zur Küche, und sie geht durch die Tür. Am Handy ist niemand. Sie will nur mehr vom Haus sehen. Irgendwie muss sie dem Rätsel auf die Spur kommen. Warum hat Mandy sie in dieses Städtchen geschickt? Warum ist sie hier, weit weg von L.A., und lässt ihre Tochter zurück? Warum muss ihr Bruder im Haus eines Cops vom LAPD untertauchen, während das Rivera-Kartell nach seiner verschwundenen Geisel sucht?

Bevor sie die beiden Namen liest, ein Mädchenname über dem eines Jungen, entdeckt sie die Striche am Türrahmen. So was kennt Lola aus dem Fernsehen, das machen Familien und zeigen damit, wie die Kinder größer werden und die Zeit verstreicht.

Die Namen sind nicht die von James' und Judys Kindern.

24
AM RAND VON AMERIKA

Für Louisa Mae fühlt sich der Sand unangenehm an. An ihren Zehen wirkt er zu warm für den frühen Vormittag und den kühlen Wind, der sie vom Pazifik her anbläst.

Sie ist allein, Juan ist zu einer Strandbude gegangen. Er hat Hunger und möchte einen Burger mit Pommes, hat er behauptet, aber nachdem sie drei Tage mit ihm unterwegs ist, weiß sie, dass er die Art Essen nicht mag, die es in der Bude geben dürfte.

Sie hat keine Strandsachen an, nur Jeans und ein Sweatshirt. Sneakers und Socken hat sie ausgezogen, um mit den Füßen ins Wasser zu gehen. Sonst ist niemand am Strand, aber es ist auch Mitte November und ein Werktag.

Sie weiß, dass Juan ihr etwas Zeit für sich lassen wollte. Sie hat versucht herauszufinden, warum er sie gerettet hat, obwohl er sie und ihre ganze Familie töten sollte.

»Hast du auch eine Tochter?« Als sie in einem Highway-Diner über Eiern, Früchten und Toast beim Frühstück saßen, hat sie sich getraut, diese Frage zu stellen. Das war in New Mexico gewesen, vielleicht auch schon in Arizona. Die vielen Diner unterwegs waren da schon zu einem einzigen verschmolzen, genau wie die Meilensteine irgendwann nur noch vorbeirauschten und Louisa Mae sie auf ihrer Reise nach Westen, an den Rand von Amerika, nicht mehr beachtet hat.

»Ich hab keine Kinder.«

»Aber du hast welche getötet?«

Er gab keine Antwort, sah aber auch nicht weg.

»Warum hast du mich nicht getötet, wenn ich dich nicht an deine Tochter oder deine Schwester oder ein anderes Mädchen erinnere, das du gekannt hast?«

»Weil ich mich in dir wiedererkannt habe.«

Danach winkte Juan der Bedienung, um zu zahlen, und Louisa Mae grübelte, was er gemeint haben könnte. Sie ist ein zwölfjähriges Mädchen. Er ist Mitte zwanzig und ein Killer des Kartells. Er hat sie nicht angefasst. In den Motels, die er bar bezahlt hat, hat er zwei getrennte Zimmer verlangt. Erst in New Mexico kam Louisa Mae überhaupt auf die Idee, dass er etwas anderes tun könnte.

Doch nichts dergleichen ist geschehen, und jetzt sieht sie wieder zu dem Strandimbiss und sieht ihn mit verschränkten Armen unter einem geschlossenen Sonnenschirm an einem Betontisch sitzen. Er blickt überallhin, nur nicht zu ihr. Sie steht da, wo Wasser und Land sich berühren und hält die Asche ihres Bruders in einem Gefäß ohne Deckel. Auf der gesamten Fahrt nach Kalifornien hielt sie ihn auf dem Schoß, immer eine Hand auf dem Gefäß, die andere drumherum gelegt.

Jetzt steht sie am Pazifik. Es ist Zeit, Abschied zu nehmen.

Hier am Rand von Amerika verspürt sie Leere, erinnert sich an den Schock über den Tod ihrer Familie. Der Schmerz, dass sie ihren eigenen Vater getötet hat, wird von der Sonne noch verstärkt. Hier ist das Nichts, unendlich weit.

Sie möchte nicht allein sein, aber sie weiß, dass sie die Einsamkeit erwartet, sobald sie die Asche ihres Bruders verstreut hat. Sie wird sich nicht in das System der Jugendfürsorge begeben. Juan hat ihr eine neue Identität verschafft, samt Pass und Geburtsurkunde, und die Kaution und eine Monatsmiete im Voraus für ein Apartment im San Fernando Valley bezahlt. In der Gegend nordwestlich von Downtown L.A. gibt es gute öffentliche Schulen.

»Warum?«, hat sie ihn gefragt.

»Weil du so bist, wie ich früher war. Als sich mein Leben noch in eine andere Richtung hätte entwickeln können.«

»Du meinst, bevor du dich dem Kartell angeschlossen hast?«

Gerade als sie glaubte, etwas von ihm zu erfahren, gab er wieder keine Antwort.

Nach den vielen Stunden im Auto mit ihm weiß sie, dass er nicht der Killer mit dem Herz aus Gold ist wie in *Léon: Der Profi*. Er ist in ihr Elternhaus gekommen und wollte sie und ihren kleinen Bruder erschießen.

Hier am Rand der Welt, mit einem Fuß an Land und dem anderen im Wasser, wird ihr klar, dass sie eigentlich niemanden hat außer Juan.

»Hallo!«, ruft sie und winkt ihn zu sich. Zunächst hört er sie nicht, aber dann steht er langsam auf. Er hat einen großen Umschlag unter dem Arm, und Louisa Mae weiß, dass sich ihr neues Leben darin befindet.

»Vielleicht ist es besser, wenn du das allein machst«, sagt er.

»Woher weißt du das? Hast du schon mal die Asche von jemandem verstreut, den du geliebt hast?«

»Ich habe meine Familie nicht geliebt.«

»Ich habe meinen Bruder geliebt.«

»Wie hieß er denn?«

»Den Namen kennst du doch. Wir standen ja auf deiner Liste.«

»Ich kenn ihn. Aber du musst ihn aussprechen, um dich zu verabschieden.«

»Wen hab ich dann noch?«, fragt sie.

»Niemanden.«

Juan hatte ihr klargemacht, dass er nicht bei ihr bleiben kann, weil sich das Rivera-Kartell an seine Fersen heften wird. Andernfalls würde er, nachdem er alles riskiert hat, um sie zu retten, ihr Leben wieder in Gefahr bringen.

»Dein Vater hat das Kartell bestohlen. Sie wollen ihn bestrafen, selbst wenn er schon tot ist. Dafür werden sie dich töten«, hatte Juan ihr in irgendeinem Diner gesagt.

»Sie glauben doch, dass ich tot bin.«

»Aber sie wissen, dass ich noch lebe und nicht zurückgekommen bin, nachdem ich dich getötet habe.«

Louisa Mae dreht sich mit dem Gefäß zum Meer.

»Sag auf Wiedersehen«, sagt Juan.

»Auf Wiedersehen«, wiederholt sie.

»Und seinen Namen.«

Der Name ist ein Kloß in ihrem Hals, den sie weder schlucken noch aussprechen kann. Sie ist schuld, dass er tot ist. Sie hat ihn nicht beschützt.

Sie hat es verdient, ganz allein zu sein. Keiner kann sie noch retten.

»Warum hast du mich nicht getötet?«, versucht sie es erneut.

»Weil ich mich in dir wiedererkannt habe«, sagt er noch einmal. Aber jetzt fährt er fort: »Ich hab gesehen, wie du einen Menschen getötet hast, wie du ihn in den Rücken geschossen hast, als er sich nicht verteidigen konnte.«

»Würdest du das auch tun?«

»Ich hab es getan. Das ist nichts so Besonderes.«

»Was dann?«

»Das, was ich in dir erkannt habe. Nicht, dass du fähig bist zu töten. Sondern, dass es dir gefällt.«

Louisa Mae empfindet nichts bei diesen Worten. Sie erinnert sich nicht, was sie gefühlt hat, als sie den Abzug gedrückt hat und ihr Vater umfiel. Sie weiß nur, dass sie dabei nicht traurig war. Vielleicht kommt das noch, wenn sie erwachsen ist, aber im Moment fühlt sie sich nur taub.

»Dir geht's bald besser«, sagt Juan. »Wenn ich weg bin.«

»Ich will mein neues Ich«, sagt sie. Es klingt erwachsen und selbstbewusst, so als hätte sie ein Motivationsbuch gelesen oder einem dieser charismatischen Redner zugehört.

»Das kriegst du. Aber erst, wenn du den Namen deines Bruders gesagt hast.«

»Auf Wiedersehen, Christopher«, flüstert sie. Mit beiden Händen streckt sie das Gefäß so weit nach vorne übers Wasser, wie sie kann, ohne loszulassen, und wundert sich, dass sie immer noch Angst hat, es zu zerbrechen, obwohl die Asche ihres Bruders schon vom Meer fortgespült wird.

Sie dreht sich zu Juan um.

»Und wer bin ich jetzt?«

Er reicht ihr den Umschlag. Sie öffnet ihn und liest die Geburtsurkunde.

»Andrea.«

25
VERWIRRUNG

Zurück im Hotel, verriegelt Lola die Zimmertür und setzt sich auf das noch unberührte Bett. Auf einem silbernen Tablett liegen zwei Schokopralinen und eine Orange. »Willkommen, Miss Vasquez!« steht auf einem gefalteten Grußkärtchen.

Auf dem Türrahmen im Haus der Athertons standen die Namen Christopher und Louisa Mae.

»Schrecklich, was mit den Kindern passiert ist«, hatte Judy Atherton gesagt.

James redete.

»Die Kinder ... ihr Vater war ein schrecklicher Mensch. Er hat für das Kartell Geld gewaschen.«

»Kartell?« Lola hatte Teresa große Augen machen lassen.

»Die Gangster, die hier in der Gegend krumme Geschäfte machen«, hatte James mit einer verächtlichen Handbewegung gemeint, so als wären Lolas Rivalen für ihn bedeutungslos, weil er als Weißer und Arzt gar nicht auf die Idee käme, zum Schutz seiner Familie fürchterliche Dinge zu tun.

»Rivera«, hatte Judy Atherton gesagt. »Jedenfalls hat der Vater angefangen, Geld abzuzwacken, und dafür haben sie sich gerächt. Die ganze Familie haben sie umgebracht. Der Bub wurde totgeschlagen, die Mutter mit einem Steakmesser erstochen, und das Mädchen ... bis heute hat keiner das tote Mädchen gefunden.«

Ich hab sie gefunden, hatte Lola gedacht.

»Nur ihr Blut war überall. Hier in diesem Zimmer.«

»Deswegen musste ich das Haus gleich komplett bezahlen«, hatte James gesagt. »Dafür wollte mir keine Bank einen Kredit geben.« Es klang, als bewundere er sich dafür.

Jetzt, allein im Hotelzimmer, ist die Stille unerträglich. Lola macht den Fernseher an. Eine Gameshow. Sie stellt lauter. Eigentlich sollte sie sofort verschwinden, weil sie auf dem Terrain des Rivera-Kartells ist, aber der nächste Flug geht erst morgen früh. Sie könnte ein Auto nehmen, aber dann bräuchte sie zwei Tage. Deswegen bleibt sie hier, sitzt auf dem Bett und hört dem Deckenventilator zu, der die Luft zerschneidet. Ihre roten Ballerinas liegen zu nahe an den Pralinen und der Orange. Das stört sie. Die Schuhsohlen müssen schmutzig sein. Trotzdem schafft sie es nicht, sich die paar Zentimeter zu bewegen, die nötig wären, um die Schuhe auf den Boden zu schubsen.

Sie sollte etwas essen. Eigentlich weiß sie das, aber das Telefon ist unendlich weit weg.

Sie ist müde.

Später wacht sie auf. Sie hat keine Ahnung, wie viel später, aber es läuft eine andere Gameshow, und jemand klopft an die Tür.

Einer der Ballerinas ist auf den Boden gefallen. Draußen ist es noch dunkel.

Sie zieht die Schuhe an, läuft ins Bad und verriegelt die Tür.

Das Bad hat ein Fenster. Es befindet sich direkt über dem hübschen Waschtisch mit den sauberen, blauen, zu adretten Rechtecken gefalteten Handtüchern. Der Raum riecht nach Zimt und Lavendel, zwei Düfte, die für Lola nicht recht zusammenpassen.

Sie versucht das Fenster zu öffnen, aber der Riegel lässt sich nicht bewegen.

Wer immer an ihrer Tür war, das Klopfen hat aufgehört. In der Stille überlegt Lola, ob sie zurück ins Zimmer gehen kann, um ihr Zeug zu packen und möglichst schnell zu verschwinden. Die Pralinen wird sie einfach liegen lassen.

Dann hört sie wieder ein Klopfen. Näher. Jemand ist vor der Badezimmertür.

»Was wollen Sie?«, fragt sie die Tür. Sie hat sie verriegelt, auch wenn sie weiß, dass das nichts hilft – die Tür ist so dünn, dass sogar Lola sie eintreten könnte.

»Dich«, sagt eine Männerstimme auf der anderen Seite.

»Ich hab kein Geld«, sagt Lola.

»Deswegen bin ich nicht gekommen ... Lola«, sagt der Mann. Lola fragt sich, warum er vor ihrem Namen eine Pause gemacht hat. Hat er überlegt, ob er ihn aussprechen soll oder nicht, weil er sie als Geisel nehmen will und keine Vertrautheit entstehen soll?

Neben den Handtüchern auf dem Waschtisch steht eine Vase. Lola nimmt die Blumen heraus, schüttet das Wasser aus und packt sie.

Der Mann droht, die Tür einzutreten, wenn sie nicht aufmacht. Sie glaubt ihm, und fünf Sekunden später tut er es.

Sie ist bereit, hat die Vase gehoben – Scherben haben ihr in der Vergangenheit oft Glück gebracht. Aber dieser Mann ist zu schnell für sie. Nicht mal sein Gesicht hat sie gesehen.

»Ich will dir doch nicht wehtun.«

Mit festem Griff drückt er Lola auf das breite Bett und hält sie fest, bis sie zu zappeln aufhört und still liegt – eigentlich weiß Lola, dass dieses mädchenhafte Gezappel nur Energieverschwendung ist. Im ersten Moment sieht sie die Männergestalt über sich gar nicht. Stattdessen verfolgt ihr Blick die sich drehenden Ventilatorenblätter an der Decke, und sie hört das Geplapper aus dem Fernseher, spürt die zerwühlte Tagesdecke unter sich.

Schließlich erkennt sie ihn. Der Weiße ist Anfang vierzig, sieht aber zehn Jahre älter aus. Er trägt eine Lederjacke und eine zerschlissene Jeans. Er löst sich von ihr und steckt die Hände in die Taschen, weil er es nicht nötig hat, eine Waffe auf sie zu richten.

»Sergeant Bubba«, sagt Lola zu einem Spitzen-Cop des LAPD.

Als Drogenfahnder war Sergeant Bubba McMillan zu tief

in sein Arbeitsgebiet eingetaucht und wurde selbst kokainsüchtig. Nach mehreren Entzügen hatte ihn das LAPD zu Vice abgeschoben, wo er jetzt Prostituierte rettet, die an der Nadel hängen, indem er sie zum Entzug in die schicke Klinik von Andreas Ehemann nach Malibu bringt. Außerdem klaut er aus der Asservatenkammer Drogen, größere Mengen sogar, die es nie in die Inventarlisten zu schaffen scheinen. Allerdings schnieft, raucht oder spritzt er das Zeug nicht mehr selbst, sondern gibt es Andrea, die es möglichst weit von der Entzugsklinik ihres Mannes und den Patienten darin fernhält. Andrea verkauft selbst nur an hoffnungslose Fälle, die es nie schaffen werden, sich von ihrer Sucht zu befreien. Aber während Lolas Partnerin sich wohl kaum für eine barmherzige Samariterin hält, glaubt Bubba bestimmt, Gutes zu tun, die Gemeinschaft zu stärken und Süchtigen zu helfen – meistens attraktive weiße weibliche Süchtige, soweit Lola weiß –, ihre Sucht zu besiegen, nicht mehr auf den Strich zu gehen, keine Scheiße mehr zu bauen.

»Hi«, sagt Bubba. Die Hände behält er in den Taschen. »Wir müssen reden.«

»Was? Warum?« Sie denkt an Hector, der bei Bubba ist.

»Du musst zurück nach L.A.«

»Geht's um meinen Bruder?«

»Um Andrea. Sie ist verschwunden.«

»Verschwunden?« Das Wort lässt es Lola kalt den Rücken runterlaufen und schockfrostet ihr Hirn, so als hätte sie gerade in eine steinhart gefrorene Kugel Eis gebissen.

»Weißt du, wer sie entführt hat?«

»Ich hab nicht gesagt, dass sie entführt wurde. Ich hab verschwunden gesagt.«

Lola schwingt beide Beine vom Bett, springt auf und stellt sich direkt vor Bubba. Ihr rechter Arm ist in die Höhe geschnellt und hält das Messer, das sie aus dem Nachttisch gezogen hat, vor Bubbas Gesicht. Als er schluckt, weiß sie, dass er weiß, dass sie kein Problem damit hätte, ihm das Gesicht zu zerschneiden. Aber das würde ihr nichts bringen. Bubba hat sie nicht hintergangen, noch nicht, und er könnte wissen, wohin Andrea verschwunden ist oder entführt wurde.

»Komm mir bloß nicht dumm«, sagt Lola und kennt ihre eigene Stimme nicht mehr. Sie klingt selbstsicher, privilegiert, eine Stimme, die erwartet, dass Bubba zuhört.

»Sorry«, sagt Bubba, und Lola spürt ein angenehmes Kribbeln in sich, als Bubba, der Cop, sich ergibt und die Hände in die Höhe hält. »Ich mach mir wegen ihr Sorgen. Ich weiß nicht, ob sie entführt wurde oder aus der Stadt abgehauen ist.«

»Hast du mit ihrem Mann gesprochen?«

Bubba nickt.

»Was hat er gesagt?«

»Das sie niemals freiwillig die Kinder zurücklassen würde.«

Die Worte treffen Lola wie ein Schlag.

»Hat sie denn ... mehr als eins?«

Bubba senkt die Hände. Lola sieht, dass ihre Überraschung ihn überrascht.

»Wusstest du das nicht?«

Überflüssigerweise schüttelt Lola den Kopf. Bubba ist ein Cop, er ist darin geübt, andere zu durchschauen, und in diesem Moment ist sie ein offenes Buch für ihn.

»Wie alt?« Ehe Lola Christopher begegnete, hatte sie Andrea für eine Karrierefrau gehalten, die sich erst spät im Leben Kinder zulegen würde, vielleicht mit Hilfe der Fortpflanzungsmedizin und genügend Geld für eine Erfolgsgarantie.

»Zwölf und fünfzehn«, sagt Bubba. »Ein Mädchen und ein Junge. Der Junge steckt in Schwierigkeiten.«

Das weiß Lola.

Sie rechnet kurz nach und kommt auf zweiundzwanzig. Andrea war zweiundzwanzig, als sie Christopher bekam, ihren Sohn, den sie nach ihrem toten Bruder nannte.

»Christopher und Rayna«, sagt Bubba.

»Ich kümmere mich drum«, sagt Lola.

Bubba schweigt. Vielleicht wäre er in dieser Angelegenheit gern selbst der Held, der Andrea findet, gefesselt, geknebelt, machtlos.

»Wer weiß noch davon?«, fragt Lola

»Noch niemand. Jack glaubt, dass er es aus den Nachrichten halten kann, wenn er sagt, dass sie nach dem Anschlag eine Weile untertauchen will. Aber mehr als einen Tag wird das nicht funktionieren.«

Vierundzwanzig Stunden. Schon wieder ein verflucht knapper Termin. Lola muss sich ihre Partnerin wieder holen, Andreas Kindern die Mutter zurückbringen und den Scheißkrieg beenden, den Andrea ausgelöst hat.

26
MUTTER

Das Haus vor dem malerischen, auch als Filmszenerie beliebten Bronson Canyon ist zweistöckig. Unter dem bis zum Dach wuchernden Efeu blitzt hier und da grauer Stein hervor. Das Giebeldach ist mit schwarzen Schindeln gedeckt. Natürlich ist das Gras grün und kurz geschnitten, vielleicht hat man die wenigen rostroten Blätter nur liegen lassen, um Passanten darauf hinzuweisen, dass sich dieses Haus des Herbstes bewusst ist. In der Auffahrt sieht Lola Andreas roten Audi neben einem schwarzen Mercedes SUV.

Die Familienkutsche muss Jacks Wagen sein, denkt Lola. Wahrscheinlich bringt er damit die Kinder in die Schule und ins Training.

Lola bleibt noch kurz in ihrem Auto sitzen. Sie will die Nachbarschaft auskundschaften, auch wenn sie dazu schon ihre Männer abgestellt hat. An beiden Enden der Straße sitzen Jorge, Hector, Marcos und Manuel in zwei verschiedenen Autos, die sie sich aus der illegalen Werkstatt von Jorges Onkel geliehen haben. Sie werden jeden ankommenden Kartell-SUV und jeden Menschen sonst sehen. Lola beobachtet den Straßenzug schon lange genug, um kapiert zu haben, dass alle zehn Minuten ein Streifenwagen des LAPD auf Patrouille durchfährt. Sie vermutet, dass Andrea nicht die höchste Gefährdungsstufe für sich beantragt hat, aber das LAPD scheint entschlossen, die wahrscheinlich nächste District Attorney zu schützen.

Es dauert eine Weile, bis Jack Whitely an die Tür kommt. Als er öffnet, riecht Lola, dass gebacken wird – ein Apfelkuchen vielleicht, aber sie selbst benutzt ihren Ofen zu selten, um sicher zu sein.

»Hallo«, sagt Jack freundlich, aber nicht herzlich. Er ist Ende dreißig, groß und schlank, mit durchdringend blauen Augen und einem netten Lächeln. Ganz klar, er sieht gut aus, und äußerlich passen Andrea und er gut zusammen, aber dennoch fragt sich Lola, ob er sie betrogen hat. Sie hat festgestellt, dass es Männern oft nicht reicht, eine ebenso attraktive Partnerin zu haben, wie sie selbst es sind. Man bringt ihnen schon früh bei, dass sie mehr verdienen.

»Hi«, sagt Lola. »Darf ich reinkommen?«

»Ja, klar, natürlich. Entschuldigen Sie.« Als Jack beiseitetritt, rennt ein großer zotteliger Hütehund auf Lola zu und leckt knapp unter dem Saum ihrer dreiviertellangen Cargohose ihre Waden.

»Dauert auch nicht lang«, sagt Lola und streichelt den Hund, um sich ein wenig in Andreas Diele umsehen zu können. Da ist ein Bild der jungen Andrea mit der unverkennbaren kecken Nase, die lachend ein Baby auf dem Schoß hat – ein Mädchen, das sich mit Händen und Blicken an seine Mutter klammert.

»Sind Ihre Kinder auch da?«, fragt sie Jack.

»Rayna ist oben. Christopher ist … nicht da.«

Lola verschweigt, dass sie das weiß, auch weil sie insgeheim hofft, er würde ihr sagen, dass Andrea auch in diesem Punkt gelogen hat und der Junge, den sie im Krankenhausbett gesehen hat, gar nicht ihr Fleisch und Blut ist.

»Möchten Sie was trinken? Ich kann Ihnen Kaffee anbieten – normal oder koffeinfrei. Auch Tee …«

»Ein Glas Wasser würde mir reichen«, sagt Lola. Jack nickt, dreht sich um und geht in Richtung Küche.

Als er merkt, dass er sie nicht gebeten hat mitzukommen, bleibt er stehen. »Entschuldigung, kommen Sie bitte.«

Lola hat noch nie einen Arzt privat getroffen, wenn man hier von einem privaten Treffen sprechen kann. In ihrer Kindheit waren Arztbesuche eher die Ausnahme. Mit dreizehn hatte ihre Mutter sie in eine Klinik geschickt, wo man nichts zahlen musste. Maria hatte ihr aufgetragen zu sagen, dass sie ihre Periode bekommen und sie einen Freund hat. Beides stimmte zwar nicht, aber ausnahmsweise dachte Maria einmal an die Zukunft ihrer Tochter. Die Ärztin in der Klinik, eine kleine kompakte Latina mit Kurzhaarschnitt, hatte Lola ein paar dürre Fragen gestellt – Größe, Gewicht, Datum der letzten Periode, ob sie schon einmal schwanger gewesen sei –, ehe sie kurz ihren Unterleib untersuchte und ein Rezept ausstellte. Das reichte sie Lola, dann gab sie ihr zum Abschied die Hand. Das alles dauerte gerade mal dreieinhalb Minuten. Lola hatte der Ärztin nur eine Frage stellen wollen: Wie haben Sie es so weit geschafft? College, medizinische Ausbildung, Stift und Rezeptblock – das alles kam ihr wie eine andere Welt vor, weil sie selbst es schon für einen erfolgreichen Tag hielt, wenn sie ihrem Bruder drei Mahlzeiten beschaffen konnte.

Jetzt hält sie es für einen Erfolg, dass sie Lucys Arzt- und Zahnarztbesuche immer sofort bezahlen kann, ohne auch nur einen Gedanken daran zu verschwenden.

Andreas Küche scheint nur aus Granitarbeitsflächen und neuen Fliesen zu bestehen – ein modernes Grau, das in Lolas Kopf die Vorstellung von »reinen Tisch machen« aufruft. Alle Geräte sind aus poliertem Edelstahl. Lola sieht ihr Spiegelbild in der Kühlschranktür: ein scharfgezeichnetes braunes Herz, von kohlschwarzen Haaren gerahmt.

Jack hatte sie erwartet. Sergeant Bubba hatte Andreas Mann darüber informiert, wie beschränkt seine Möglichkeiten als Cop bei Vice sind, falls Andrea tatsächlich nicht freiwillig untergetaucht ist. Lola ist nicht klar, wie viel Jack über die illegalen Tätigkeiten seiner Frau weiß. Weil sie jedoch über Jacks Entzugsklinik regelmäßig Geld wäscht, vermutet sie, er weiß genug, um bei Dingen, die er nicht wissen sollte, lieber beide Augen zuzudrücken.

Jack deutet auf einen der schwarzen Barhocker, die vor dem Tresen stehen. Er hat eine Sitzfläche wie ein halbes Ei.

»Wann haben Sie Ihre Frau zum letzten Mal gesehen?«, fragt Lola, nachdem Jack einen Kaffeebecher vor sie gestellt hat. Er hat vergessen, dass sie ihn um Wasser gebeten hat, aber Lola hält es für unangebracht, ihn darauf hinzuweisen.

»Gestern.« Als Jack das sagt, blickt er über Lola hinweg. Sie dreht sich um und sieht, dass er ein Porträt an der Wand betrachtet.

Das Mädchen darauf ist Andrea, da ist sich Lola sicher. Sie erkennt die kecke Nase, die blasse Haut, die weichen lockigen Haare, die sich um ein süßes Lächeln ringeln. Der Junge neben ihr ist ihr ähnlich, er hat dasselbe Lächeln, das die blassen Gesichtszüge von innen leuchten lässt. Andrea hat die Arme um ihn geschlungen, und seine Wangen sind rot, vielleicht weil er sich für die Liebe der Schwester schämt oder weil der Fotograf diese Liebe so deutlich sehen kann, selbst wenn er durch die Kameralinse blickt.

»Ist das Andreas Bruder?«, fragt Lola.

»Ja«, sagt Jack.

»Lebt er hier in der Gegend?«

»Er ist tot«, sagt Jack. »Verstorben«, berichtigt er sich, so als sei Lola zu empfindlich für die harte Wahrheit. Sie ist dankbar, dass er meint, sie sei dieser Rücksicht würdig. »Es war ein Autounfall.«

»Wann ist das passiert?«

»Kurz nach dem Foto. Ich hab ihn nie kennengelernt.«

Lola hört einen Anflug von Bedauern in Jacks Stimme, ein leichtes Flattern, das jungenhafte Unsicherheit in einem Mann verrät.

»Sie haben in Texas gelebt«, bemerkt Lola.

»Ja.«

»Und ihr Vater?«

»Ich weiß es nicht … sie will nicht über ihn reden.«

Da, denkt Lola, da liegt der Schlüssel zu Andrea, zu ihrem Bedürfnis, häusliche Gewalttäter zu verfolgen und vor allem Kinder vor gewalttätigen Vätern zu beschützen, sich jedoch nicht darum zu scheren, wenn ein Schwarzer mit ein paar Gramm Gras erwischt wird. Andrea muss seit damals alle Kraft darauf verwendet haben, die Macht und Herrschaft der Männer zu brechen, die sie nicht in ihrer Nähe oder gar in ihrer Familie haben wollte.

»Wann haben Sie sie zum letzten Mal gesehen?«

»Gestern«, wiederholt Jack, und jetzt sieht Lola zum ersten Mal ein Anzeichen von Stress bei ihm. Warum soll ich das denn noch mal sagen, muss er sich denken. »Das war der Tag nach der Pressekonferenz … da habe ich Sie schon gesehen. Da waren Sie auch.«

Lola spürt den Blick von Jacks blauen Augen auf sich, die sie jetzt möglicherweise zum ersten Mal genau betrachten.

»Wer sind Sie? Von einem Sicherheitsdienst? Privatdetektivin?«, fragt Jack.

»Hat das Sergeant MacMillan gesagt?«

»Er hat nur gesagt, Sie würden mir helfen, sie zu finden.«

»Das werde ich.«

»Er hat mir auch Ihren Namen gesagt: Lola.« Jack wartet, und Lola weiß, dass er jetzt einen Nachnamen erwartet, vielleicht auch eine Adresse oder wenigstens das Viertel, aus dem sie kommt. Doch sie bleibt ruhig und schweigt.

»Ich finde ehrlich gesagt, dass ich Ihren Nachnamen kennen sollte.«

»Es ist besser, wenn Sie das nicht tun«, sagt Lola.

»Ich bin Arzt. Notfalls kann ich immer sagen, dass Sie eine Patientin von mir sind.«

»Die Leute, die Sie nach mir fragen würden, scheren sich einen Dreck um so was wie Arztgeheimnisse.«

Das muss Jack erst mal verdauen. Mehrfach runzelt er die Stirn, und Lola kann an den blauen Augen ablesen, dass er von den geschäftlichen Verbindungen seiner Frau nicht die geringste Ahnung hat, ob willentlich oder nicht.

»Was macht Ihre Frau denn beruflich?«, fragt Lola.

»Sie ist Staatsanwältin. Im Büro des District Attorney.« Wieder Schweigen. »Müssen Sie sich denn nichts notieren?«

»Nein«, sagt Lola. »Und was noch?«

»Wie, was noch?«

»Macht sie beruflich auch noch was anderes?«

»Nein, natürlich nicht.«

Lola nimmt einen großen Schluck Kaffee. Er ist ausgezeichnet, heiß und stark.

»Wollen Sie damit andeuten, dass sie noch was anderes tut? Etwas, das sie in diese Lage gebracht haben könnte?«

Lola hat die Wahl. Sie kann Andreas Mann die Wahrheit sagen und erzählen, dass sie und seine Frau den größten Drogenring in der Stadt betreiben und die Ober- und Unterschicht genau wie die verschwindende Mittelschicht mit Stoff versorgen. Sie kann ihm vom Rivera-Kartell und dem verbliebenen Gründer berichten, dessen Partner Andrea durch Lola in einem Hochsicherheitsgefängnis hat umbringen lassen. Sie kann ihm gestehen, dass sie Andreas Partnerin ist, obwohl sie ihrem Jungen sein erstes Heroin verkauft hat, und dass er am ehesten durch sie Andrea wiederfindet, bevor diese Kartellidioten sie in Stücke reißen und die Einzelteile in ein Säurefass stecken, so dass er sie nie wird identifizieren können und Rayna und Christopher nie erfahren werden, ob sie tot ist oder lebt.

Stattdessen sagt sie: »Genau das wollte ich von Ihnen wissen.«

»Nein«, sagt Jack und schüttelt den Kopf so heftig, dass Lola eines klar wird: Dieser Mann wollte nichts über die dunklen Seiten seiner Frau erfahren. Sie fragt sich, ob Andrea das Thema je zur Sprache gebracht und Jack sie daraufhin mit seinen himmelblauen Augen ansah und sagte, dass sie zu streng mit sich sei und zu viel arbeite.

»Dad!« Die weibliche Stimme aus dem ersten Stock ist halb fordernd, halb weinerlich. So klingen die weißen Teenager, die Lola aus dem Fernsehen kennt. Sie hat diese Art des Jammerns nie gelernt – es war niemand da, der ihr zugehört hätte, und dann wird Jammern sehr schnell sinnlos.

»Ja, Rayna?«

»Wer ist denn da bei dir?«

Jack wirft Lola einen Blick zu. Sie zuckt mit den Achseln und trinkt einen Schluck Kaffee. Sie weiß nicht, wie sie ihre Beziehung zu Andrea erklären soll. Sie haben sich nie über Berufsbezeichnungen unterhalten oder ihre Arbeitsbeziehung offiziell gemacht.

»Eine Freundin von deiner Mutter«, ruft Jack und sieht Lola unsicher an: *Ist das okay?* Lola beantwortet seine stumme Frage mit einem Nicken.

Kurz darauf hört Lola Füße in Socken auf hölzernen Treppenstufen tapsen, und Rayna taucht auf. Sie ist groß, ihre dünnen schlaksigen Glieder entziehen sich noch ihrer vollständigen Kontrolle. Eines Tages aber, das kann Lola sehen, wird Rayna die Grazie und die Fähigkeit ihrer Mutter haben, selbst dann verführerisch zu wirken, wenn sie nur nach der Milch für ihren Kaffee greift. In der Überzeugung, die uneingeschränkte Aufmerksamkeit aller zu verdienen, wird sie ohne Selbstzweifel auch mit leiser Stimme sprechen können. Rayna hat braune Haare mit einem Stich ins Rötliche, dieselbe keck nach oben weisende Nase.

»Hey«, sagt Andreas Tochter und geht mit ihren Fohlenbeinen in weißen Socken auf Lola zu. Sie wirft ihre braunen Haare zurück und stelzt weiter zu einer weiß gerahmten Milchglastür. Die Vorratskammer. Als Rayna die Tür öffnet, sieht Lola beschriftete Dosen für Kaffee, Mehl und Zucker. Es gibt eine Batterie Müslis, manche gesüßt, andere mit der Aufschrift »Die volle Kraft des ganzen Korns«. Auf einem Regal stehen Dosentomaten und Bohnen, ein großer Sack Vollkornreis und ein Glas mit Spiralnudeln, die braun eingefärbt Gesundheit signalisieren. Raynas Blick wandert über alles, bis er auf eine Tüte Chips fällt. Sie nimmt sie, reißt sie auf und beginnt zu knuspern.

Lola wirft Jack einen Blick zu, der seinerseits ihre stumme Frage versteht – *Weiß Rayna, dass ihre Mutter verschwunden ist?* Jack schüttelt den Kopf, und Lola nickt. Es ist besser, Kinder vor der Dunkelheit zu schützen.

»Hast du was von deiner Mutter gehört?«, fragt Jack beiläufig. »Ich würd sie gern fragen, was sie zum Abendessen will.«

»Ich bin doch nicht ihre Aufpasserin.«

Teenager!, denkt Lola.

»Das weiß ich doch«, beschwichtigt Jack in einem Ton, den er vermutlich auch gegenüber seinen Suchtpatienten anschlägt. Eine sanfte Stimme hat noch keinen Junkie besänftigt, und bei einem Teenagermädchen hilft sie auch wenig. »Ich würde nur gern mit ihr sprechen. Hat sie dich nicht angerufen? Oder dir eine Nachricht geschickt?«

»Doch.« Rayna nestelt ein Smartphone aus der Gesäßtasche ihrer Slimfit-Jeans. »Heut früh.«

»Um wie viel Uhr?« Lola wendet sich zum ersten Mal direkt an Andreas Tochter. Rayna hebt den Blick vom Display, um diese fremde Latina anzusehen. Aber die aufmüpfige Frage *Was geht Sie das an?* bleibt unausgesprochen.

»Rayna«, sagt Jack, und seine Arztstimme gewinnt einen warnenden Unterton, mit der er nach Lolas Vorstellung ins Vaterfach wechselt.

»Zehn Uhr achtunddreißig.«

»Und was hat sie geschrieben?«, hakt Jack nach.

»Dass sie in den nächsten Tagen viel zu tun hat, aber dass

sie an mich denkt und mich lieb hat«, fasst Rayna mit verdrehten Augen die Nachricht zusammen. Wenn das Rivera-Kartell Andrea erwischt und gekidnappt hat, um sie zu foltern und zu töten, hat Rayna noch genug Zeit, über ihr Verhältnis zu ihrer Mutter nachzudenken.

»In ein paar Tagen taucht sie schon wieder auf«, sagt Rayna.

»Wie kommst du darauf?«, fragt Lola.

Rayna sieht Jack an, der seiner Tochter zunickt. »Weil sie das vor einer Gerichtsverhandlung immer so macht.«

»Welche Gerichtsverhandlung?« Lola ist beinahe sicher, dass es keine gibt, aber sie möchte wissen, wie viel Rayna von dem Anschlag auf ihre Mutter weiß. Sie versteht, warum Andrea bei sich, in ihrem Refugium mit der ahnungslosen, die Augen verdrehenden Tochter keine Polizei will.

»Weiß nicht. Wahrscheinlich so ein prügelnder Ehemann, der jemanden umgebracht hat.« Bei diesen Worten sieht Rayna Lola durchdringend an. Das Mädchen will herausfinden, ob sie sie schockieren kann. *Ach du liebes bisschen*, denkt Lola.

»Sie hat Klamotten für eine Woche dabei«, fährt Rayna fort.

»Was für Klamotten?« In Jacks Frage schwingt eine Hoffnung mit, die er bislang verborgen hat.

»Vor allem Freizeitklamotten«, sagt Rayna. »Was ein bisschen komisch ist, wenn's eine Gerichtsverhandlung ist. Und ihre Joggingschuhe stehen auch noch im Schrank. Das ist genauso komisch, weil sie vor einem Tag bei Gericht immer Laufen geht, um den Kopf frei zu kriegen.«

»Das ist ja schon mal was«, sagt Jack. »Okay ... okay.«

Selbstverständlich ist momentan gar nichts okay. Auch Rayna scheint das zu spüren. Sie tritt von einem Fuß auf den anderen, verlagert das Gewicht von einem schlaksigen Fohlenbein auf das andere und legt die halbleere Chipstüte weg. Als sie aufblickt, hat sie Tränen in den Augen.

»Ist mit Mom alles in Ordnung?«, fragt sie.

»Jemand hat auf deine Mutter geschossen, weil sie ... in der Stadt eine exponierte Position innehat«, sagt Lola. »Und jetzt hat sie das genau Richtige getan und die Stadt verlassen.«

»He«, protestiert Jack.

»Dad, bitte«, unterbricht ihn Rayna. »Das mit dem Anschlag – das weiß ich doch.«

»Woher?« Jetzt wird Jack zum ersten Mal lauter.

»Das ist nicht so wichtig«, geht Lola dazwischen, weil Rayna erschrocken wirkt, allerdings nicht, weil sie Angst hat, ihr Vater könnte sie schlagen, sondern weil sie diese Seite an ihm nicht kennt.

»Sollen wir's Christopher sagen?«, fragt Rayna.

»Ja«, sagt Lola.

»Nein«, widerspricht Jack und wirft Lola einen wütenden Blick zu.

»Wenn Sie's nicht tun, riskieren Sie, dass er es von jemand anderem erfährt. Er ist in Behandlung, nicht tot«, sagt Lola.

Lola weiß, dass sie recht hat. Genau in dem Moment, als Jack zustimmend nickt, hören sie eine Reihe klirrender Explosionen im Wohnzimmer, einem Zimmer, in das Lola nicht gebeten wurde. Doch jetzt sprintet Lola dorthin, während sie Jack und Rayna zuruft, sie sollen in der Küche bleiben und sich auf den Boden legen.

Im Wohnzimmer, einem makellosen Wunder aus weißen Oberflächen und Teakholz, liegt das Panoramafenster in unzählige Splitter zerborsten auf einem Teppich, der Tausende von Dollars gekostet haben muss.

27
FLUCHT

Die Straße vor Andreas Haus ist so ruhig, dass Lola einen Vogel zwitschern hört. Der Wind bewegt einen Ast über ihr. Als ein Zweig knackt, will sie nach dem Messer greifen, das allerdings nicht in der Tasche ihrer Cargohose steckt. Jack taucht hinter ihr auf, doch vor dem zerschossenen Panoramafenster wirkt dieser Oberschichtweiße fehl am Platz.

»Gehen Sie wieder rein«, schreit Lola. »Ins Bad. Nehmen Sie Ihre Tochter mit, sperren Sie die Tür ab und legen Sie sich in die Wanne. Und rufen Sie die Cops.«

Weiter die Straße runter hört Lola Rufe, und als sie sich nach der Quelle des Lärms umsieht, entdeckt sie eine Frau, die mitten auf der Fahrbahn steht und jemandem oder etwas bereits Verschwundenem hinterherdeutet. Neben ihr steht ein großer weißer Pudel mit fluffigen weißen Locken. Die Leine liegt auf dem Boden.

»Da entlang!«, schreit die Frau, sobald sie Lola sieht. Sie ist schon älter, ungefähr sechzig, und ihre silbrig gesträhnten blonden Haare sind zu einem straffen Pferdeschwanz gebunden.

»Wer ist da entlang?«

»Die, die geschossen haben!«, ruft die Frau.

Ein Auto biegt von der Franklin Avenue in ihre Straße ein. Der Fahrer des schwarzen Volvos mit Sportfelgen und getönten Scheiben beschleunigt. Lola rennt zu der Frau. Sie stößt sie von der Fahrbahn, packt die Leine des Pudels, läuft mit dem Hund zum Gehweg und wirft sich schützend auf die Frau. Die Frau riecht nach Zitrone und Zucker.

»Wollen die uns töten?«, fragt die Frau.

»Sie nicht«, sagt Lola. Noch während sie es ausspricht, wird ihr klar, dass sie von der Frau steigen und sich von ihr entfernen sollte, um sie ihr von Pudel und Schönheitschirurgie erfülltes Leben weiterleben zu lassen. Denn das Rivera-Kartell will nur Lolas Kopf. Und solange sie Lola erwischen, wird es sie nicht stören, wenn sie auch eine Unschuldige töten.

»Hey!« Sie hört eine Männerstimme, noch bevor sie halb aufgestanden ist. Sie weiß, dass sie dem Wagen nicht den Rücken zuwenden darf. Als sie herumwirbelt, sind die Autofenster heruntergelassen, und sie sieht Manuel, Jorge und Marcos. Alle zusammen. Jorge und Marcos haben Manuel auf den Rücksitz verfrachtet, aber immerhin haben sie ihn miteinbezogen.

»Boss, wir holen dich hier raus«, sagt Jorge.

Die weiße Frau hebt den Kopf von dem kurzgeschorenen Rasen. Beim Anblick der drei Latinos in dem aufgemotzten Volvo beginnt sie zu schreien.

»Die waren es«, sagt sie zu Lola.

»Was?«

»Die haben geschossen«, sagt die Frau.

»Was redet die Alte da?« Wieder Jorge.

Manuel versucht es auf Englisch. »Lola, wir sind gerade erst gekommen und wollen dich holen.«

»Da hat er recht«, sagt Marcos und deutet mit dem Daumen auf den Rücksitz.

Lola sieht die Frau an. Die hat keine Angst mehr, sondern steht auf, klopft sich das Gras von der kurzen weißen Hose und geht ebenfalls auf das Auto zu.

»Waren das nicht Sie?«, fragt sie und kneift ihre Augen zusammen. Sie sind blau wie die von Jack und allen anderen in diesem Viertel.

»Ich glaube, Sie sind ein bisschen durcheinander«, meint Lola.

Die Frau schüttelt den Kopf. »Überhaupt nicht. Und ich bin auch nicht verrückt.«

»Natürlich nicht«, sagt Lola. »Aber sehen Sie endlich zu, dass Sie Ihren Hintern nach Hause schwingen.«

Die Frau strafft ihre Schultern, dann sieht sie Lola in die Augen. »Vielen Dank, dass Sie mich und Donald gerettet haben.«

Eine Weiße mit einem Pudel, der Donald heißt. *Scheißwelt*, denkt Lola.

»Was für ein Auto haben sie denn gefahren? Die Männer, die Sie gesehen haben?«

»Einen schwarzen SUV. Ganz sauber. Und der Fahrer hat seine Zigarette auf die Straße geworfen. Ich hab seinen Ärmel gesehen. Er hatte einen Anzug an.«

Das sind gute Beobachtungen. Lola sollte es dabei belassen, damit die Frau ihren Spaziergang beenden und mit ihrem Donald-Pudel in ihre Millionenvilla zurückkehren kann, um sich Abendessen zu machen. Aber die Worte der Frau hallen in ihr nach, bis ihr klar wird, dass sie voller Verachtung ausgesprochen waren.

»Und – trägt einer von diesen Ganoven hier einen Anzug?« Normalerweise würde sie ihre Männer niemals als »Ganoven« bezeichnen, aber als sie kurz zu ihnen schielt, grinst sogar Marcos.

»Nein«, sagt die Frau, »ich hab mich getäuscht. Bitte, entschuldigen Sie.«

»Alles cool«, sagt Jorge aus dem Auto heraus. »Boss ...«

Wir müssen weg von hier. Lola weiß, was Jorge sagen möchte.

»Wir müssen weg, Lola.« Manuel sagt, was Jorge nicht aussprechen konnte. Jorge und Marcos drehen sich gleichzeitig um und sehen den attraktiven Überläufer des mexikanischen Kartells an.

»Was du nicht sagst, Mann«, sagt Jorge. Marcos stößt ein tiefes, brummendes Lachen aus. Die Weiße ist endlich schlau genug, sich im Powerwalking-Tempo zu entfernen. Lola hofft, dass die Frau ihre Haustür verriegelt und die Polizei ruft, falls Jack ihren Anweisungen nicht gefolgt ist.

Lola zögert, weil am anderen Ende der Straße noch ein Auto stehen muss. Darin sitzt ihr kleiner Bruder Hector am Steuer. Aber als sie den Hügel hinauf in Richtung Hollywood-Schild blickt, sieht sie den Nissan Altima nicht mehr.

»Wo ist mein Bruder?«, fragt sie.

Die drei Männer sehen sich überrascht an.

»Oben auf dem Hügel.«

»Ich seh ihn nicht.«

Drei Augenpaare folgen Lolas Blick. Auf den Gesichtern stellt sich dieselbe Erkenntnis ein – Hector ist nicht da.

Die erste Kugel kommt scheinbar aus dem Nichts und zischt haarscharf an Lolas Ohr vorbei. Sie erinnert sich an das Knacken des Zweigs vor nicht einmal zwei Minuten. Das Geräusch dazu ruft in ihr das Bild eines Männerstiefels hervor, der auf dem Rasen ein kleines Stück Holz zertritt. Sie hatte nach links und rechts geblickt und sogar nach unten, aber nicht nach oben, hinauf in das Geäst der riesigen Eiche am Straßenrand, deren Krone bis über Andreas Haus ragt.

Manuel ist aus dem Auto gesprungen und zerrt sie zurück, obwohl sie schon zu Andreas Haus gestartet ist.

»Der Baum«, sagt sie auf Englisch und dann auf Spanisch.

Manuel zieht eine Waffe und schubst Lola in den Wagen, als wäre sie eine halbleere Sporttasche. Aber Lola krallt sich am hellen Stoff der Innenverkleidung fest und schreit: »Nicht schießen, noch nicht schießen!«

Sie klettert wieder aus dem Auto und tritt mit ihren Sneakers nach Manuel, so als wäre er auf sie losgegangen und nicht der Schütze, der gerade versucht hat, ihren Kopf zu zertrümmern.

»Stopp! Stopp hab ich gesagt!« Lola schreit nie Befehle. Das ist kein guter Führungsstil. Aber jetzt handelt sie instinktiv und schlägt Manuel, der Ziel nehmen will, die Fingernägel ins Gesicht. Er ist so überrascht, dass er die Waffe fallen lässt. In ihre Hände. Und noch überraschter ist er, als sie sie hebt, auf sein Gesicht richtet, zwischen seine schönen Augen zielt, auf die rötliche Haut, die sich an dieser Stelle leicht runzelt.

»Lola, es ist alles okay.« Manuel hebt die Hände, um sich zu ergeben. Lola sieht seine Schultern heruntersacken. Spürt, wie in seinem Körper, den sie besser kennt, als sie zugeben mag, die Adrenalinflut verebbt. Sie kennt die Striemen auf seinem Rücken, die parallel nebeneinander verlaufen, so als wären sie mit Lineal und Skalpell gezogen, aber von dem Gürtel seines Vaters stammen. Sie kennt das rosa-weißliche Gewebe von dem Schnitt, den ihm sein Vater in jener Nacht, in der sich Manuel endlich gewehrt hat, mit einem Messer beigebracht hat. Die roten Handgelenke hat er jedoch nicht von den Handschellen der mexikanischen Polizei, sondern von der Entführung durch eine Bürgerwehr, die gegen das Los-Liones-Kartell kämpfte. Sie hatte ihn gefangen genommen, dann aber nicht gewusst, was sie mit ihm machen sollten. Deswegen hatten sie ihn mit Handschellen gefesselt in ihrer Stadt ausgestellt. Obwohl sie so tat, als würde sie nicht zuhören, hatte Manuel ihr erzählt, wie Frauen und Kinder, von denen viele durch die Gewalt der Los Liones Verwandte und Freunde verloren hatten, ihn mit offenen oder mit fest zusammengekniffenen Mündern angestarrt hatten.

»Ich hab nie ein Kind getötet«, hatte Manuel zu Lola gesagt.

»Steig ins Auto«, sagt Lola jetzt, und Manuel gehorcht, macht sich klein und zwängt sich auf den Rücksitz des Volvos. Lola sieht das Spiel der Muskeln unter seinem weißen T-Shirt und riecht einen Hauch der sauberen tödlichen Bleiche, als er unter ihr durchtaucht.

Der zweite Schuss pfeift an Lolas Kopf vorbei und schlägt in einen Baum hinter ihr ein. Er bohrt sich in die dicke Rinde und zischt kurz, ehe er feststeckt. Wäre sie ein Cop, würde sie die Kugel herausziehen, in eine Plastiktüte stecken und in eine Liste eintragen, um den Schützen zu identifizieren und hinter Gitter zu bringen. Wäre sie ein Cop, müsste sie sich um Dinge wie eine lückenlose Beweiskette, Vorschriften und unberechenbare Geschworene sorgen. Aber sie ist kein Cop. Sie ist Lola.

Sie rennt über die Straße. Sie hört Polizeisirenen. Sie erreicht den Stamm der Eiche, ehe der nächste Schuss mit einem dumpfen Schlag auf den Asphalt klatscht.

Wo ist Hector?

Sie blickt nach oben, und zwischen den Blättern, die der Herbst rot, braun und golden gefärbt hat, sieht sie den Lauf einer Waffe, nicht jedoch das Gesicht des Attentäters. Es ist kein Scharfschützengewehr, vielleicht weil der Schütze annahm, dass er sie nicht aus der Ferne erledigen muss, sondern sobald sie aus Andreas Haus kommt und über ihren kurzgeschnittenen Rasen geht, der mit genau der richtigen Menge heruntergefallenen Laubs gesprenkelt ist.

Im nächsten Augenblick stürzt er sich auf sie. Sie sieht nur die Stiefel, die auf ihr Gesicht zurasen, sie zerschmettern wollen. Dann ist er auf ihr. Der erste Schlag trifft ihre rechte Wange. Die Welt verschwimmt vor ihren Augen, der Baum schwankt wie in einem Herbststurm, der Himmel verdüstert sich. Der zweite Schlag trifft sie links am Kopf und erschüttert Hirn, Knochen und Zähne.

Dann kann sie die Waffe ausmachen, die ihr Angreifer weggeworfen hat, um sie mit Fäusten zu traktieren. Er ist nicht mehr als eine Mischung aus brauner Haut und schwarzen Haaren über ihr. Blut läuft ihr in die Augen, Schmerz benebelt ihre Sinne. Dennoch tasten ihre Finger nach der Waffe, bis sie das warme Metall wie einen sanften Kuss auf der Haut spürt.

Im nächsten Moment hat sie die Waffe in Anschlag gebracht und den Abzug betätigt. Etwas Rotes spritzt aus der braunen

Haut des Angreifers, die verschwommene Mischung aus Braun und Schwarz sackt von ihr runter zur Seite.

Sie fasst sich in die Augen, will das Blut daraus wischen, aber das verschmiert es nur weiter und lässt sie noch weniger sehen.

Das Heulen der Sirenen kommt näher, die Cops sind im Anmarsch. Sie denkt an ihre Männer, drei Latinos in einem aufgemotzten Volvo auf der anderen Straßenseite. Sie hofft, dass sie sie zurückgelassen und sich in Sicherheit gebracht haben. Sie hofft, dass Manuel Lucy ermahnt, den Brokkoli zu essen, ehe sie ihre Makkaroni mit Käse verputzt. Dann fällt ihr ein, dass sie Manuel mit einer Waffe bedroht, sie zwischen seine Augen gerichtet hat, und fragt sich, ob er ihr vergibt.

Wo ist Hector?

Noch näher als die Sirenen sind die Schritte, die über die Blätter rascheln, ohne Sorge, sie könnten sich verraten und sie warnen.

Sie spürt eine Männerhand, die ihren warmen Körper hochzieht. »Die Cops.«

»Wir schaffen das.« Manuels Stimme, die Spanisch spricht. Daneben die gedämpften Stimmen von Jorge und Marcos, die sich um den Erschossenen kümmern.

Sie sieht, dass er noch am Boden liegt. Es ist der Mann, der Andrea auf den Stufen der Hall of Justice erschießen wollte.

»Du die Füße, ich die Arme, schnell.«

Die Worte sprudeln in einem einzigen Schwall heraus. Lola hat das Gefühl, sich unter Wasser zu bewegen, beinahe schwerelos, als Manuel sie zum Volvo führt.

Er muss sie loslassen, um den anderen zu helfen, die Leiche auf den Rücksitz zu bugsieren.

In diesem Moment taucht der Nissan Altima wieder auf, und wie aus dem Nichts steht Hector neben ihr.

»Wo warst du?«

»Ich war hier«, sagt er.

Die drei Männer haben die Leiche auf den Rücksitz des Volvos verfrachtet. Für Lola ist kein Platz mehr.

Trotzdem sagt Manuel: »Steig ein.«

»Wir dürfen sie und die Leiche nicht zusammenbringen«, sagt Hector. Die drei anderen Männer stimmen zu.

Gleich darauf sitzt sie auf dem Beifahrersitz des Altima, und Hector fährt hinauf in die Hollywood Hills, weg von dem Mann, den sie getötet hat, weg von den Cops, die in Andreas Straße einbiegen, mit roten blinkenden Lichtern auf den Streifenwagen.

»Das ist das erste Mal«, sagt Hector nach einer Weile. Sie winden sich die schmale Straße empor, die von Baumkronen überwölbt ist.

»Welches erste Mal?«

»Das erste Mal, dass wir allein sind, seit du mich rausgeholt hast«, sagt Hector, und Lola muss ihm recht geben. Als Anführerin fühlt sie sich die meiste Zeit allein, auch wenn sie es kaum einmal ist.

Hector parkt am Anfang eines Wanderwegs. Er hat ein Fenster heruntergelassen, und Lola hört das Plätschern eines nahen Bachs.

»Wo zum Teufel sind wir?«, fragt Lola.

»Da ist ein Wanderweg. Den hab ich entdeckt.«

»Wann?«

»Grad vorhin.«

Hector steigt aus und öffnet ihr die Tür.

»Wir sollten deine Wunden saubermachen.«

Er hat recht. Der Killer des Rivera-Kartells hat sie übel erwischt. Sie hat den salzigen Metallgeschmack von Blut auf den Lippen. Als sie es ablecken will, spürt sie mit der Zunge, dass mehr getrocknetes Blut unter ihrer Nase klebt.

Hector wäscht ihr das Gesicht. Dazu nimmt er Wasser von

dem Bach, der näher ist, als Lola vermutet hat. Hectors Hände sind größer, als sie sie in Erinnerung hat, aber womöglich liegt das daran, dass sie nicht aufmerksam genug darauf geachtet hat, wie groß seine Jungenhände geworden sind.

»Ich bin froh, dass du wieder zurück bist«, sagt Lola.

»Zurück wovon? Vom Gefängnis? Aus Mexiko?«

Also hatte ihn das Rivera-Kartell nach Mexiko gebracht.

»Was haben sie mit dir gemacht?« Sie will es eigentlich nicht wissen, aber sie muss danach fragen. Seine Hand ist in ihrem Nacken und stützt den Kopf, während er den bösen Schnitt über ihrem linken Auge säubert.

Hector verfällt in bellendes Gelächter. Sie erschrickt, aber er entschuldigt sich nicht.

»Fuck, was glaubst du denn, was sie gemacht haben?«

»Es tut mir so leid.« Ohne die Unterstützung durch Hectors Hand sackt Lolas Kopf nach vorne. Da schlingt ihr Bruder die Arme um sie und zieht sie an sich. Er riecht nach Schweiß und Mief, so als hätte er tagelang nicht geduscht, aber das kann nicht sein.

»Als du ein kleiner Junge warst und dich gefürchtet hast«, sagt Lola, »hast du genauso geschwitzt wie jetzt.«

»Erzähl mir davon.«

»Du hattest Angst vor Regenschirmen. Als Kleinkind war es so schlimm, dass ich nur einen vor die Tür eines Zimmers legen musste, wenn ich nicht wollte, dass du hineingehst.«

»Hier regnet's ja auch nie.«

»Nein«, sagt Lola, »das stimmt.« *Aber wir hatten trotzdem einen Regenschirm. Warum? Warum hatten wir immer einen Schirm, auch wenn Maria auf der Jagd nach Heroin mal wieder all unseren Kram verkauft hat?*

Hector drückt sie noch fester an sich. Dann drückt er sie nach unten. Noch ehe er ihren Kopf unter Wasser drückt, weiß sie, dass es kalt wird.

»Warum?«, bringt sie noch heraus, aber natürlich kennt sie den Grund. Sie schnitt ihm den Abzugsfinger ab. Sie sorgte dafür, dass er wegen eines Mordes, den sie begangen hat, ins Gefängnis kam. Sie befahl ihm einen Mord, für den er nach Mexiko entführt und von einem rivalisierenden Kartell gefoltert wurde.

Sie hat ihn aufgezogen und aus dem Jungen einen Mann gemacht, und jetzt ist dieser Mann gekommen, um sich zu rächen.

Sie will sich wehren, denkt an Lucy, und versucht es. Sie tritt mit den Füßen um sich, aber unter seinem Gewicht ist sie zu schwach und sie bekommt keine Luft. Das Wasser ist eiskalt. Seine Hände umklammern ihren Nacken und drücken sie nach unten. Sie versucht, mit den Händen nach ihm zu schlagen, aber sie ist zu langsam.

Das Letzte, was sie hört, ehe sie aufgibt, ist die Stimme eines anderen Mannes, der etwas ruft, womöglich auf Spanisch. Der Klang wiegt sie in den Schlaf.

28
TRAUER

Als Lola erwacht, hört sie Geflüster und riecht den metallischen Stich von Dosengemüse, das auf einem Herd vor sich hin köchelt. Die Stimmen sind männlich und weiblich – *Wie lang … Was ist passiert … Wer war da … Was für ein Mann … Ein Mann auf einem Baum … Was macht ein erwachsener Mann auf einem Baum?*

Veronica, seit Urzeiten die beste Freundin ihrer Mutter, taucht über ihr auf. Das schmale Gesicht der älteren Frau wirkt riesig, die braunen Augen groß wie Monde. Urplötzlich verspürt Lola das Bedürfnis, ihre Arme um sie zu schlingen. Sie war die einzige Erwachsene, die sie in ihrer Kindheit je in den Schlaf gewiegt hat. Sie brachte ihr bei, wie man sich die Zähne putzt, und erklärte ihr, dass man sich den Teller halb mit Gemüse, ein Viertel mit Fleisch und ein Viertel mit Kohlehydraten vollmachen soll. Veronica hatte ihr außerdem die schöne Kunst des Zopfflechtens gezeigt, auch wenn dazu gehörte, dass sie jede Strähne so festzog, bis Lola kurz aufschrie, Veronica sich entschuldigte und Lola dann ermahnte: »Wer schön sein will, muss leiden.«

Einen Moment später erscheint auch Maria neben Veronica, und plötzlich fällt Lola auf, wie ähnlich sich die beiden sehen – die muntere Klatschtante und die traurige Exsüchtige –, jetzt, wo das Alter bei beiden anfängt, die Spuren der guten und schlechten Erfahrungen aus ihren Gesichtern zu tilgen.

»Geht's ihr gut?«, fragt Maria.

»Ja, ja«, sagt Veronica und lässt einen Zungenschnalzer folgen. »Deine Tochter ist stark. Das solltest du eigentlich wissen. Schau mal nach der Suppe.«

Maria nickt und schwirrt ab. Veronica legt ihre kühle Hand auf Lolas Wange, dann beugt sie sich zu ihr und küsst sie.

»Stell mich bloß nicht als Lügnerin hin«, flüstert Veronica Lola ins Ohr. Sie ist so nah, dass Lola sieht, wo ihr Lippenstift rissig ist. Dass die Freundin ihrer Mutter nicht daran gedacht hat, ihr Make-up nachzubessern, ist ungewöhnlich, Veronica muss sich wirklich Sorgen um sie gemacht haben, aller beruhigenden Worte für Maria zum Trotz.

»Was ... ist passiert?« Lola will rutschen, damit sie sich neben sie auf das braune Kissen setzen kann, das, wie sie jetzt erst bemerkt, zu ihrer Couch gehört.

»Ein verrückter Gangster hat auf dich geschossen«, sagt Veronica. »Ich hab's dir doch immer gesagt, dass außerhalb unseres Viertels nur schlimme Sachen passieren.«

Lola versucht, sich alle schlimmen Dinge, die in diesem Viertel geschehen sind, ins Gedächtnis zu rufen – erschossene Kinder, hungrige Kinder, die kleine Lola, die Angst hatte, in ihrem eigenen Bett einzuschlafen –, aber sie überschwemmen unkontrolliert ihr Gehirn, so dass es zu zerspringen droht. »Ich hätte gern einen Schluck Wasser«, ist alles, was sie sagen kann.

»Aber natürlich!« Veronica hebt beide Hände und macht einen weiteren Zungenschnalzer, steht aber nicht auf, um welches zu holen. Gleich darauf taucht eine Männerhand in Lolas eingeschränktem Sichtfeld auf und reicht Veronica ein seifenfleckiges Glas, das Lola als eines der nicht zusammenpassenden Gläser aus ihrer Küche erkennt.

»Was möchte sie noch?« Manuel.

»Gar nichts, gar nichts«, sagt Veronica mit einer abwehrenden Handbewegung, und als sich Manuel zurückzieht, wird Lola schwerer ums Herz. Weg ist er.

Komm zurück, denkt Lola. *Komm zurück.*

»*Mija*«, sagt Veronica. »Ich weiß das mit deinem Bruder.«

Lola schnellt auf, Veronica zieht das Wasserglas weg, damit

Lola mit ihrer plötzlichen Bewegung nichts umstößt. Ihr wird schummrig, ihr Kopf ist wie Watte. Das Wohnzimmer dreht sich um sie, bis sie ein Karussell aus Körpern sieht – Männer und Frauen, manche in Röcken, andere in Jeans –, die in sicherem Abstand von der Couch stehen, auf der Lola gelegen hatte. Ist es noch derselbe Tag, an dem ihr kleiner Bruder versuchte, sie in einem friedlichen Bach weit oben in den Hollywood Hills zu ertränken?

»Was?«, fragt Lola. »Wo ist Lucy?« Lola hat das Mädchen nicht mehr gesehen, seit sie sie auf dem Heimweg vom Flughafen bei Mandy Waterston abgeholt und hier abgesetzt hat.

»Sie ist bei Isa. Ihre Mutter ist auch da. Also, sag schon, was ist genau passiert?«

»Was ist wem passiert?«

»Mit Hector. Ich weiß, dass du ihn aus dem Gefängnis geholt hast, damit er auf die Beerdigung eurer *abuelita* kann. Gott sei ihrer Seele gnädig.« Veronica bekreuzigt sich. »*Mija*, was du getan hast, ist eine Sünde.«

Lola versucht, aufzustehen, aber ihre Knie geben nach, und sie fällt zurück auf die Couch, die nach Hund riecht. Sie muss Valentine dringend baden.

Maria kommt mit einer übervollen Schale heißer Suppe zurück. »Hier, bitte, die hab ich extra für dich gekocht«, sagt sie mit der Stimme einer Frau, die Dank für etwas erwartet, was eine Mutter tun sollte, ohne deswegen freundliche Worte zu erwarten.

»Ist das eine Dosensuppe?«, fragt Lola.

»Ja«, sagt Maria.

»Die will ich nicht«, sagt Lola. »Ich möchte so einen Mist nicht in meiner Wohnung.«

Ausnahmsweise springt Veronica nicht sofort ihrer Exjunkie-Freundin bei. Lola schafft es, mit Veronicas Hilfe von der Couch aufzustehen, und allmählich sieht sie auch die anderen im Raum scharf – Jorge, Marcos, Manuel, Ramon, Señora Ocampo aus der Wohnung darunter. Alle sitzen auf Klappstühlen, die sie am anderen Ende des Zimmers aufgestellt haben, so als wären sie auf Lolas Leichenfeier. Nur ohne Leichenschmaus.

»Es isst ja niemand was«, sagt Lola.

»Sie haben Angst um dich. Sie haben keinen Hunger«, sagt Veronica.

»Aber wir brauchen was zu essen.«

»Ich geh was holen«, sagt Manuel.

Nein, denkt Lola. *Du bist Gast. Du brauchst für mich nicht einzukaufen.* Doch wieder versagt ihr die Stimme. Das Einzige, was sie tun kann, ist, in die Küche zu schlurfen, mit Veronicas schmaler Hand am Ellbogen, die sie stützt.

Lola stöbert in den Schränken und findet Cracker und Tortilla-Chips. Im Kühlschrank ist Obst – Erdbeeren und Blaubeeren – und Käse, der nicht in Scheiben in Plastik eingeschweißt ist.

»Lola, Schatz.« Wieder Veronica. Lola hat alles auf einen Servierteller gelegt und irgendwie einen annehmbaren Käseteller arrangiert, aber die Suppe …

Lola kippt den heißen Topf in die Spüle und sieht zu, wie die wässrige rote Flüssigkeit im Ausguss verschwindet.

Inzwischen kann sie ohne Veronica gehen.

»Wo gehst du hin?«

»Ich muss ihnen was zu essen bringen.«

»*Mija.*« Veronica hat die Hand wieder an Lolas Ellbogen gelegt, diesmal aber, um sie aufzuhalten. »Du solltest wissen, dass die Polizei hier ist.«

»Was? Wo?«

»Sie warten vor der Tür.«

»Warum sind sie nicht reingekommen?«

»Sie haben keinen Durchsuchungsbefehl.«

»Wie lang sind sie schon da draußen?«

»Vielleicht eine halbe Stunde. Oder länger.«

Im Gehen nimmt Lola den Käseteller.

»Ich komm mit«, sagt Veronica.

»Im Kühlschrank ist noch mehr Obst und Käse. Kümmere dich um die anderen.«

Veronica nickt.

Draußen ist der Himmel grau, der Wind bewegt die Palmen, die die Straße hinter Lolas Hof säumen. Der hellbraune Trenchcoat verrät den Mann, der mit dem Rücken zu ihr steht, als Detective. Der andere Cop trägt einen grauen Trenchcoat und hält einen Starbucks-Becher in der Hand. Mit Filzstift ist ein Smiley neben seinen Namen gemalt: Kyle.

»Hi«, sagt Lola, als sie so zögerlich um die Fliegengittertür lugt, wie man es von einer Latina ohne Eintrag im Strafregister erwarten sollte. »Ich hätte was zu essen?« Sie betont es wie eine Frage, weil sie in allem um Erlaubnis fragen wird. Nur so kann sie durch dieses Gespräch kommen, ohne in Handschellen zu enden.

»Sind Sie Lola Vasquez?«

»Die bin ich. Ich bin …«

»Ja?«

»Entschuldigung. Ich weiß, Sie stellen die Fragen, es ist nur … stimmt was nicht? Meine Tante macht sich große Sorgen.«

»Ihre Tante?«

»Veronica. Die Frau, die Sie gebeten hat, hier draußen zu warten. Mir … mir geht's nicht so gut.«

Scheiße. Sie hat vergessen, in den Spiegel zu sehen. Nach allem, was sie weiß, sind ihre Augen blutunterlaufen, ihr Gesicht zerschlagen. Wie sieht man aus, wenn man beinahe ertränkt worden wäre?

Warum ist sie überhaupt noch am Leben?

Sie weiß nicht einmal, ob sie eine Hose anhat, und als sie an sich heruntersieht, stellt sie fest, dass ihr jemand die Cargohose, die sie bei Andrea anhatte, ausgezogen und ihr eine schwarze Yogahose angezogen hat, von der sie gar nicht wusste, dass sie die besaß.

»Wissen Sie, wo sich Ihr Bruder Hector Vasquez momentan aufhält?«

»Äh, nein … ist er denn verschwunden?« Trotz blutunterlaufener Augen und schwirrendem Kopf begreift sie, dass die Detectives ihr nicht glauben.

Der Detective im hellbraunen Trenchcoat seufzt. Er ist groß und schlank und hat einen kastanienbraunen Schnurrbart, der an den Enden nach oben gezwirbelt ist. Lola würde ihm gern eine Schere anbieten, damit er sich die Spitzen abschneiden kann. Vielleicht sollte sie einen Brief an das LAPD schreiben und darum bitten, dass man Cops jede Form von Gesichtsbehaarung verbietet.

»Sie haben letzte Woche wegen der Beerdigung Ihrer Großmutter für ihn einen Hafturlaub beantragt. Er wurde nicht mehr zurückgebracht.«

Ich hätte ihn am Dienstag zurückbringen sollen. Heute ist Samstag. Wenn er euch so wichtig wäre, hättet ihr früher kommen sollen, denkt Lola. Dann erinnert sie sich an die Auskunft von Sergeant Bubba – dass es infolge eines Machtvakuums in Locust Ridge einen Aufstand gab. Ein Vakuum, das Lola nicht beabsichtigt hatte.

»Er … also, ich dachte …« Weil ihr Kopf so benebelt ist, fällt es ihr schwer, zu denken. Sie hätte mit den beiden Detectives und ihren vorhersehbaren Fragen rechnen müssen. Das Ganze ist nicht ihre Schuld, es ist einfach ihr Job, der Sache nachzugehen, wenn ein verurteilter Mörder nach einem kurzen Hafturlaub nicht mehr auftaucht. Beinahe hätte Lola gestanden, dass sie sich keine Sorgen machen müssen, weil ihr kleiner Bruder bis zu ihrem Befehl, einen der Gründer des Rivera-Kartells zu töten, noch nie einen Menschen umgebracht hat.

Bis er versuchte, dich zu ertränken, sagt eine Stimme in Lolas Kopf. Es ist nicht ihre Stimme und ist es doch.

Ärger durchzuckt sie. Sie richtet sich auf.

»Sehen Sie meine Augen?« Sie deutet auf sie und tritt näher zu den Detectives. Der mit dem Smiley-Becher macht einen Schritt zurück, bemerkt dann aber, dass das ein Zeichen von Schwäche ist, und tritt wieder vor. Der große Detective mit dem Schnurrbart rührt sich nicht. Er sieht müde aus, hat Ringe unter den Augen und herabhängende Mundwinkel, vermutlich weil es ihm zu anstrengend ist, sie wenigstens in einer geraden Linie zu halten. Er trägt einen Ehering. Hat er vielleicht ein Baby zu Hause?

»Sehen Sie mein Gesicht?«, fährt Lola fort.

Wieder wechseln die Detectives Blicke, diesmal jedoch sind sie verwirrt, weil sie begreifen, dass sie sie offenbar unterschätzt haben. Es sind Blicke, die Lola unzählige Male auf unzähligen Gesichtern gesehen hat – bei Männern, Frauen, Schwarzen, Latinos, Weißen. Unabhängig von Geschlecht und Hautfarbe ist es immer derselbe Blick – hochgezogene Augenbrauen, ein nach unten gezogener Mundwinkel, manchmal auch nach innen gesaugte Wangen, die Empörung verraten, dass man sich hat täuschen lassen.

»Sehen wir«, sagt der graue Trenchcoat.

»Ja«, sagt der hellbraune Trenchcoat, um auch etwas zu sagen.

»Wer, glauben Sie, hat das wohl getan? Glauben Sie, ich hab mich selber verprügelt?«

»Nein«, antwortet der graue Trenchcoat.

»Ich weiß nicht ... haben Sie?« Der hellbraune Trenchcoat muss wirklich erschöpft sein.

»Haben Sie ein kleines Kind zu Hause?«, fragt Lola aufs Geratewohl.

»Sechs Wochen alt.«

»Dacht ich mir.«

Der hellbraune Trenchcoat verlagert das Gewicht von einem Fuß in einem abgetretenen Loafer auf den anderen. Es ist ihm sichtlich unangenehm, dass ihn diese misshandelte Latina mit einem ärmlichen Käseteller in der Hand so leicht durchschauen konnte.

»Wie schlimm sieht mein Gesicht aus?«, fragt Lola.

Der graue Trenchcoat inspiziert sie näher. »Ziemlich schlimm«, sagt er.

»Ja, sieht übel aus.« Der hellbraune Trenchcoat seufzt wieder.

»Mein Bruder ist ein Arschloch. Der war das. Und danach hat er versucht, mich zu ertränken. Und ist abgehauen. Dabei hab ich ihm einen Gefallen getan und alle Hebel in Bewegung gesetzt, damit er rauskommt. Ich hab gedacht, er ist ein guter Mensch. Dass er mich liebt. Uns alle liebt.« Lola senkt den Kopf.

»Oh Scheiße«, sagt der graue Trenchcoat. Lola glaubt aber, dass er in seinem Job schon schlimmeren Scheiß gesehen hat als eine verprügelte Frau, die sich über ihren kriminellen Bruder beklagt.

»Wann haben Sie ihn zum letzten Mal gesehen?«

»Heute. Als er mit mir in die Hollywood Hills gefahren ist und mich ertränken wollte.«

»Warum wollte er das tun?«

»Weil ich wollte, dass er nach Locust Ridge zurückgeht. Aber er wollte anfangs nicht mal ins Auto einsteigen. Er war total sauer auf mich. Und dann ...« Lola bricht ab, weil sie will, dass die zwei Trenchcoats sich den Rest der Geschichte und die Details selbst ausmalen. Sie lügt Cops nur ungern an.

»Werden Sie ihn finden?« Lola blickt wieder auf. Die geweiteten Augen sollen die fehlenden Tränen wettmachen.

»Wir geben unser Bestes«, sagt der hellbraune Trenchcoat mit einem weiteren Seufzer.

»Hier ist meine Karte. Rufen Sie an, wenn er mit Ihnen in Verbindung tritt.«

»Ja, natürlich«, sagt Lola und winkt ihnen zum Abschied, während sie so tut, als würde sie die Karte studieren. Darauf steht der ganze Name: Kyle Esterman. Lola wundert sich, dass man ihn bei Starbucks richtig geschrieben hat. Dort ist sie immer Love oder Lala oder LA. Der letzte Name stört sie nicht.

»Eine Sache noch«, sagt Kyle Esterman. Sie hätte damit rechnen müssen, dass der Cop sie zu überrumpeln versucht.

»Ja?«

»Während des Hafturlaubs Ihres Bruders gab es einen üblen Vorfall auf dem Parkplatz vor einer Ladenzeile hier in der Gegend. Denken Sie –«

»Ja«, sagt Lola. »Ich denke, er ist zu allem fähig.«

Das ist auch die Wahrheit.

»Lola?« Die Männerstimme, die sie jetzt anspricht, gehört zu keinem der Detectives.

Im nächsten Moment biegt Zach um die Ecke. Er sieht sie an, registriert ihr zerschlagenes Gesicht, den Käse, der langsam zu warm wird.

»Alles okay bei dir?«

»Ja, klar.« Lola möchte ihn fragen, was er hier bei ihr zu suchen hat. Sie erinnert sich nicht, ihm die Adresse gegeben zu haben.

»Haben die Männer dich belästigt?«, fragt Zach. In seiner Stimme hört Lola das weiße Alphamännchen.

Der hellbraune Trenchcoat seufzt und zeigt ihm seine Marke. »LAPD, Sir. Bitte lassen Sie uns durch.«

»Ich lasse Sie durch, wenn Sie mir sagen, warum Sie sie belästigt haben.«

»Sind Sie beide verheiratet?«, fragt Kyle Esterman. »Weil ich nicht wüsste, warum wir Ihnen Auskunft geben sollten.«

Lola wundert sich, dass sie in dieser Situation plötzlich auf Seiten der Cops steht.

»Schon gut«, sagt sie so laut, dass Zach es hören muss. Aber es scheint keine Wirkung zu haben, denn der coole weiße Koch legt sich mit den Cops an. Die Art, wie er den grauen Trenchcoat angehen will, verrät Lola, dass er so was nicht zum ersten Mal tut.

Würde Lola nicht im nächsten Moment dazwischen springen und den Schlag einstecken, hätte Zach einen Cop tätlich angegriffen.

Gleich nach dem Treffer rappelt sie sich wieder auf, wischt sich kleine Betonbrösel von der Yogahose und entschuldigt sich: »Bitte, verzeihen Sie!«

Zach setzt sich auf den Boden und lässt den Kopf hängen. Jetzt entschuldigt auch er sich. »Es tut mir leid. Ich bin mitten in einer Scheidung. Das hätte ich nicht ... das war blöd.«

Die beiden Detectives werfen sich wieder einen Blick zu. Am Sonnenstand sieht Lola, dass es schon spät ist, und wenn sie beschließen, Zach festzunehmen, schaffen sie es nicht mehr rechtzeitig zum Abendessen und zu ihren Frauen oder Freundinnen oder quengelnden Neugeborenen nach Hause.

»Daddy?« Charlie, mit Augen so groß und trocken wie die Lolas vor ein paar Minuten, platzt in ihre Überlegungen. Ein paar Schritte hinter ihr ist Lucy. Sie hält den Mund fest geschlossen, die Hände vor sich verschränkt. »Was ist los?«

Zach sieht von unten zu den beiden Detectives auf. »Daddy hat einen Fehler gemacht.«

»Was für einen Fehler?«

»Nichts«, sagt der graue Trenchcoat. »Nichts. Aber passen Sie auf sich auf.«

Dann sind sie weg, und Lola wendet sich an Lucy.

»Du warst doch bei Isa. Was macht Charlie hier?«

»*Abuela* hat gesagt, sie soll herkommen.«

Verdammt, Maria!

»Und ich wollte sie nur abholen ...« Zach steht auf, stemmt

die Hände in die Hüften. Er atmet in kleinen Stößen. Er ist durch den Wind.

»Tut mir leid, Mama«, flüstert Lucy. Jetzt versteht Lola, dass zwischen den beiden Mädchen etwas passiert sein muss. Lucy wird es ihr erzählen, sobald Charlie weg ist.

»Boss.« Jorge steht auf der Schwelle, und weil er einen fremden Weißen und ein weißes Kind sieht, tritt er hinaus, um Lola den Rest zuzuflüstern. »Du solltest drinnen bleiben. Er ist immer noch irgendwo da draußen.«

Hector. Ihr Bruder. Der Mann, der ihr den wichtigsten Menschen der Welt wegnehmen kann.

»Mama«, sagt Lucy, »kannst du nicht dableiben?«

Lola sieht, dass Charlie Lucy einen Blick zuwerfen will. *Lucy will, dass sie weggeht. Sieh zu, dass sie verschwindet.* Wieder diese Stimme.

»Zach, leider ist was passiert. Ich muss los«, sagt Lola. »Ihr geht am besten auch.«

Zach nickt. »Danke, dass du Charlie eingeladen hast.«

Lola nickt zustimmend, obwohl sie mit der Sache nichts zu tun hatte.

»Mama, bleibst du bitte«, sagt Lucy, als sie verschwunden sind.

»Tut mir leid, aber ich kann nicht. Aber ich komme bald zurück«, sagt Lola. Als sie sich zu Lucy hinunterbeugt und das Mädchen bloß nickt, ist Lola beunruhigter darüber, was sie später zu Hause erwarten wird, als darüber, was sie jetzt zu erledigen hat.

Manuel begleitet sie zum Auto, ohne dass sie ein Wort wechseln oder sich berühren. Und doch ist da eine Verbundenheit. Als er ihr die Fahrertür öffnet, sieht sie ihn an.

»Du warst das. Du hast mich vor meinem Bruder gerettet.«

Manuel sagt weder Ja noch Nein. Er senkt nur den Kopf.

Diesmal macht es sie nicht wütend, dass der Mann, mit

dem sie schläft, ihr Leben retten musste, noch dazu vor ihrem eigenen Bruder, dem Feind, mit dem sie nicht gerechnet hatte.

Lola bemerkt die Schnittwunde an seinem Hals. Es ist nur eine Fleischwunde, aber wahrscheinlich hat sie genügt, um Hector die Zeit zur Flucht zu verschaffen.

Sie küsst Manuel in aller Öffentlichkeit, weil sie beide wissen, dass es das letzte Mal ist. Es ist Zeit für einen Neuanfang.

29

ZUHAUSE

Leichter Regen fällt auf die runden Gehwegplatten, auf denen Lola vom Auto zur Eingangstür geht. Das einstöckige moderne Haus hat bodentiefe Fenster, an denen die Regentropfen langsam herabgleiten, um sich in kleinen Pfützen zu sammeln.

Lola hat ihren Schirm im Auto gelassen. Sie kann ihn nicht benutzen, ohne an Hector zu denken.

Mandy Waterston steht unter dem Vordach. Über die Schultern hat sie sich einen Mantel gelegt, der nicht für Regen gemacht ist, ihre lockigen Haare hängen schlaff herab.

»Wartest du schon lang?«, fragt Lola. Über ihr Achselhemd hat sie einen Mantel mit Gürtel gezogen, den sie vor einem Jahr in einem Billigladen in Huntington Park entdeckt hat. Er ist an den Kanten abgestoßen, die Knöpfe sind lose. Lola braucht was Neues zum Anziehen.

Sie braucht auch ein Haus. Wenn sie wollte, könnte sie das hier kaufen. Sie hat das Geld.

»Ach, keine Sorge. Ist ja nur Regen. Aber der Verkehr war furchtbar. Ich bin noch nicht lang hier«, sagt Mandy. Und als Lola sich der Tür nähert: »Was ist denn mit deinem Gesicht passiert?«

»Sorry, lange Geschichte. Ich hätte zum Arzt gehen sollen.«

Mandy ist klug genug, nicht nachzuhaken. »Möchtest du die Schuhe ausziehen?«

Lola begreift, dass das keine Frage ist, und bückt sich, um die Schnürsenkel ihrer Sneakers zu lösen. Sie stellt sie neben Mandys flache Schuhe, auf denen blassblaue Zahlen und ein Logo zu sehen sind. Sie sind größer als die von Lola.

Es ist Sonntag, Open House Day in Los Angeles, aber in diese Art Haus kommt man nur mit Voranmeldung. Innen wirkt das Haus luftig und hell, trotz des trüben Himmels draußen vor den Panoramafenstern.

»Das Glas ist kugelsicher«, sagt Mandy. Die Viking-Küche, die Gewölbedecke und den riesigen Whole-Foods-Biosupermarkt in Laufweite, von dem Lola in der Internetbeschreibung des Hauses gelesen hat, übergeht sie.

Lola zieht eine Braue nach oben.

»Der Besitzer ist ein sehr erfolgreicher Filmproduzent, der möglicherweise auch als Waffenhändler für die Israelis fungiert.«

»Fuck«, sagt Lola.

»Er sucht was Größeres für seine Gäste.«

»Wo lebt er?«

»Keine Ahnung.« Mandy tut so, als würde sic den gemauerten Kamin bewundern, dessen Gasfeuer mit den künstlichen Holzscheiten heller brennt als jedes echte Kaminfeuer, das Lola je gesehen hat. Mandy lügt – wahrscheinlich hat sie diesen verdammten Waffenhändler im Telefonspeicher. Aber Lola ist es egal.

»Komm doch mal hier rüber«, sagt Mandy.

Als Lola bei ihr ist, hakt sich Mandy unter und deutet in den kühlen Regen über L.A. Einen Block entfernt sieht Lola eine Backsteinmauer an einer Kreuzung mit drei zusammenlaufenden Straßen. Sie wirkt unbekannt ... auf den ersten Blick.

»Da ist es doch damals passiert, oder? Die Übergabe?«, fragt Mandy, ohne eine Antwort zu erwarten.

»Ja«, sagt Lola. »Ich frag mich, ob der blöde Köter immer noch lebt.«

»Der hörte einfach nicht auf zu kläffen, was?«

In jener Nacht hatte Eldridge eine blonde Methsüchtige mit schorfiger Haut mitten auf der Straße aus dem Auto geschmissen und war geflüchtet. Im Auto war niemand sonst gewesen. Aber vielleicht hatte Lola Mandy nur nicht gesehen?

»Warst du auch da?«

»Ich hab die Männer lieber im Auge.« Mandy zwinkert ihr zu, und Lola weiß, dass sie nie erfahren wird, ob Mandy wirklich dabei war, versteckt auf dem Rücksitz des Chrysler, oder ob Eldridge den Hund ihr gegenüber vielleicht später beim Zubettgehen erwähnt hat.

Nach Venice zu ziehen wird Lola schwerfallen. Nicht, dass der eigentliche Umzug Probleme bereiten wird. Lola und Lucy haben nicht viele Möbel, die sie von Huntington Park in die Westside karren müssten. Jorge wird sich irgendwo für einen Tag einen Lieferwagen besorgen.

Aber es gibt etwas, das Lola schwer erklären kann und das ihr Bauchgrimmen bereitet. Lucy geht bereits mit Westside-Kids wie Charlie zur Schule, aber werden die Charlies dieser Welt sie je akzeptieren? Verhilft Lola ihrer Tochter mit dem Umzug von Huntington Park nach Venice zu einer besseren oder zu einer schlechteren Zukunft? Ist es ein Verrat an ihren Leuten, wenn sie sich für einen Viking-Herd, einen Garten, in dem Valentine ihr ergrauendes kastanienbraunes Fell in der Sonne wärmen kann, und für ein Viertel entscheidet, in dem ihr Kind keine Angst haben muss, versehentlich erschossen zu werden?

»Ich weiß, dass dir die Schule hier egal ist, weil Lucy in eine Privatschule geht, aber sie hat einen sehr guten Ruf«, sagt Mandy.

Lola spürt die Küchenfliesen unter ihren nackten Füßen. Sie sind kühl und beruhigend, als ob sie sie erden würden. Das Haus riecht so, als hätte noch keiner darin gelebt, wirklich gelebt, gekocht, gefickt und gestritten.

Als ob sie Lolas Gedanken lesen könnte, schnuppert Mandy. »Riecht alles viel zu neu.« Mandy schüttelt den Kopf. »Aber das verfliegt schnell. Man muss nur ein paar Mal kochen – mit viel Knoblauch und Tomaten. Oder Fleisch braten.«

»Hast du mit ihr gesprochen?«, fragt Lola. Sie hat weder die texanische Kleinstadt erwähnt noch den Einblick in Andreas Vergangenheit, den sie mit Mandys Hilfe bekommen hat. Am helllichten Tag in diesem Haus darüber zu reden, kommt ihr nicht in Ordnung vor. Das Haus gehört ihr nicht, noch nicht, und sie ist nicht so weit, hier ihre oder Andreas Geheimnisse zu offenbaren.

»Nein«, sagt Mandy. »Ich weiß nicht, ob sie telefonieren kann. Ich weiß nicht, ob das sicher wäre.«

»Glaubst du, das Rivera-Kartell hat sie entführt?«

Mandy lacht, tief und kehlig. »Das würde sie niemals zulassen.«

»Ist Andrea früher schon mal untergetaucht?«

»Sie hat Kinder«, sagt Mandy, als würde das die Frage beantworten.

»Ich hab ihre Tochter bei ihr zu Hause kennengelernt.«

»Ach ja, die«, sagt Mandy und scheint damit alle ihre schlechten Angewohnheiten und ihre privilegierte Stellung zusammenzufassen, die dem Mädchen gar nicht bewusst sind.

»Ihren Sohn hab ich auch kennengelernt.«

Mandy atmet tief ein, so als wäre das eine Überraschung, und vielleicht ist es das auch.

»Seid ihr befreundet? Du und Andrea?« Lola war bislang gar nicht auf die Idee gekommen, das zu fragen.

»Wir kennen uns schon lang«, sagt Mandy, allerdings erst nach einer Pause.

»Und du weißt über ihre Vergangenheit Bescheid?«

Mandy deutet ein Nicken an.

»Na ja, wir sind ja fast gleich alt, nicht wahr?«, sagt Mandy.

»Sie kam also von Texas hierher, nachdem ... als das Rivera-Kartell dachte, sie wäre tot. Wart ihr zusammen in der Schule?«

»Ja«, sagt Mandy. Dann wechselt sie das Thema, so als hätte das Haus schon genug von ihren Nichtbesitzern erfahren. »Willst du auch den ersten Stock sehen? Da gibt's ein tolles Elternschlafzimmer. Mit Gewölbedecke und Panoramafenstern.«

»Damit mir andere beim Schlafen zusehen können?«

»Damit du über die Welt wachen kannst«, sagt Mandy mit einer Stimme, die Lola verrät, dass das kein Scherz ist. »Zu diesem Haus passen einfach keine Vorhänge.«

Wie wär's mit Jalousien?, denkt Lola. Und dann: *Aber das – die Westside – ist nicht deine Welt.* Lola merkt, wie sie zögernd einen Fuß vor den anderen setzt. Die Treppe ist mit schwarzbraunem Teppich belegt.

»Lucy kann darauf fast nicht ausrutschen. Ist ziemlich griffig«, sagt Mandy. »Und wenn du noch weitere ...«

Mandy beendet den Satz nicht, weil sie hören will, was Lola über ein zweites Kind denkt.

»Ich bin noch jung«, sagt Lola.

»Natürlich.«

»Willst du noch welche?«

»Ich bin nicht so jung.«

»Aber ihr habt Geld.«

»Ja. Vielleicht bekommen wir noch eins«, sagt Mandy und klopft auf Holz. »Vielleicht sogar Zwillinge. Damit das Thema erledigt ist.«

»Zwillinge. Klingt nach viel Arbeit.«

»Man kann sich immer Hilfe holen.«

Frauen wie Mandy können das.

Eldridges Frau tritt zur Seite, damit Lola vor ihr in das große Schlafzimmer gehen kann. Es ist lichtdurchflutet. Wo es keine Fenster gibt, sind die Wände leuchtend weiß gestrichen. Lola verbindet diese Farbe immer mit einer Nervenklinik, die Patienten ihrer Vorstellung nach aufsuchen, weil sie vor ihren Gedanken an Zerstörung, Vernichtung und Krankheit entfliehen wollen.

»Es ist sehr schön.« Lola meint zu spüren, dass Mandy in ihrem Rücken nickt.

Sie sieht aus dem Fenster und bemerkt die Spielgeräte im Garten, alle aus Holz. Es gibt zwei Schaukeln, eine rote und eine grüne, die an gelben Seilen hängen. Das Gras ist knallgrün, jeder Halm hat exakt dieselbe Länge.

»Das ist Kunstrasen«, sagt Mandy. Lola glaubt langsam, dass diese Frau ihre Gedanken lesen kann.

»Also nicht natürlich?«

»Nein.«

»Wie viel kostet so was?«

»So ein Kunstrasen? Ist nicht ganz billig, aber immerhin ist er eine einmalige Investition.«

»Und das ganze Haus?«

»Dafür gilt dasselbe.«

»Kann ich mir das leisten?«

»Da bleibt dir sogar noch was übrig.«

»Dann nehm ich's.«

Schweigend gehen sie zurück zur Treppe. Lola weiß nicht, ob sie Papierkram zu erledigen haben oder ob ein Handschlag genügt. Wird Mandy jetzt jemanden anrufen, den aktuellen Besitzer vielleicht, und ihm die freudige Nachricht überbringen?

»Das ist eine kluge Investition«, sagt Mandy, als sie beide am Treppenabsatz stehen. Lola begreift, dass Mandy sie gerade hinausbegleitet, was sie eigenartig findet. Ist das jetzt nicht ihr Haus?

Nein, natürlich nicht. Lola hat zwar noch nie ein Haus gekauft, aber sie weiß, dass damit eine Menge Formalitäten verbunden sind. Sie hat gehört, dass es sich oft monatelang hinzieht, und natürlich muss alles auch geprüft werden, um sicherzugehen, dass die Rohre nicht platzen oder das Fundament brüchig ist.

»Keine Sorge«, sagt Mandy. »Du hast ja das Geld und musst nichts finanzieren, da geht alles viel schneller.«

Lola hat das Gefühl, dass sie nachfragen sollte, wie alles abläuft. Wie Mandy und Eldridge Lolas Geld waschen wollen. Nach und nach, damit sie das Haus eines reichen Weißen in der Westside kaufen kann? Oder ist das schon geschehen, durch den Cannabisladen und die Ladenzeile, die Alltagsgeschäfte von Lolas Unternehmen, die sie in andere Hände legen musste, weil sie zu beschäftigt ist?

Unten im Erdgeschoss, an der Schwelle zwischen Gehen und Bleiben, stellt Lola die Frage, die ihr schon die ganze Zeit im Kopf rumgeht. »Du wolltest nie, dass ich sie vernichte, oder?«

Mandy lächelt. »Ich wollte, dass du sie verstehst.«

»Hast du mich deswegen nach Texas geschickt?«

»Ja.«

Lola hatte erwartet, dass Mandy um den heißen Brei herumreden würde, aber die Unverblümtheit ihrer Aussagen macht sie baff. Eine Frage muss sie jedoch noch stellen: »Wo ist sie?«

Mandy geht in die Küche und kramt eine Quittung aus ihrer Handtasche. Auf der Granitarbeitsplatte kritzelt sie eine Adresse auf die Rückseite.

»Sie freut sich, dich zu sehen.«

30
BÖSES MÄDCHEN

Der Anruf kommt, kurz nachdem Lola ihren Civic über die letzten Bremsschwellen der Westside gelenkt hat. Ihr letzter Gedanke vor dem Handyklingeln war, dass in Huntington Park Autos und Lastwagen, egal ob Kleintransporter oder Schwerlaster, durch Straßen rumpeln, auf denen Kinder herumtollen und sich das Leben abspielt – auf zwei Asphaltbahnen wird seilgehüpft, werden Drogen verkauft und Gespräche geführt von Menschen, die auf engstem Raum zusammenleben. Dann hört sie ihren neuen Klingelton: von der Rapperin Flakiss, die sich in ihren Songs nie dafür rechtfertigt, dass sie eine Frau ist. Lola findet ihre Musik entspannend und anregend zugleich. Der Klingelton gehört zu ihrem persönlichen Handy, nicht zu dem Wegwerfteil, das ebenfalls in ihrer Tasche liegt. Lola kennt die angezeigte Nummer nicht, auch wenn ihr die Vorwahl 323 verrät, dass der Anruf aus Huntington Park kommt … oder aus irgendeiner anderen Enklave in Los Angeles. »Hallo?«

»Miss … Lola?«

»Ja …« Es ist ein vorsichtiges, gedehntes Ja, so als erwarte sie, dass der Anrufer Forderungen stellt und sie sich selbst verleugnen können muss.

»Hier spricht Carmen Zapata. Ich bin Isas Mutter.«

Lola weiß, wer Carmen Zapata ist. Sie hat schon oft mit ihr gesprochen, in der nahen Bodega, wo sie über das verschrumpelte Obst und Gemüse gemäkelt hatten oder auf der Straße, wenn Lola ihren Hund ausführte und Carmen zur Bushaltestelle eilte, um zu einem ihrer drei Jobs zu fahren.

»Ja, Carmen.« Lola spürt das Unbehagen der anderen Frau durch das Telefon. Irgendetwas bedrückt Carmen Zapata, das sie Lola nicht sagen möchte. *Lucy.* Lolas Herz beginnt so heftig zu klopfen, als wollte es herausspringen. »Geht es um Lucy?«

»Ja.«

Nein! Obwohl sie weiß, dass sie es sollte, fährt Lola nicht rechts ran. Stattdessen spürt sie, wie ihr Fuß fester aufs Gas drückt und ihr großer Zeh sich in die Sohle ihrer Sneakers krallt. Der Civic rauscht über eine Bodenschwelle und hätte beinahe eine schwarze Katze erwischt, die im letzten Moment von der Straße flitzt. Lola reißt das Lenkrad herum, um ihr auszuweichen, und schrappt knapp an einem metallicblau glänzenden Tesla vorbei. Sie wusste gar nicht, dass es die auch in dieser Farbe gibt, und dann staunt sie über sich, dass sie an so etwas denken kann, nachdem Carmen Zapata ihr gerade gesagt hat, dass mit Lucy etwas nicht in Ordnung ist.

»Was ist los?«, fragt sie, als sie rechts ranfährt und die Zufahrt zu einer zweistöckigen Scheußlichkeit im spanischen Stil blockiert.

»Ihr fehlt nichts. Körperlich«, sagt Carmen. Lola fühlt sich wie ein geplatzter Luftballon, der in Gummifetzen zu Boden gefallen ist.

»Aber?«

»Meine Tochter.«

Isa.

»Was ist mit ihr?«

»Wir sind im Krankenhaus. Lucy ist auch da. Du solltest kommen.«

Carmen nennt Lola die Adresse, obwohl sie das Krankenhaus in Huntington Park nur zu gut kennt. Sie braucht zwanzig Minuten bis zu dem flachen Backsteingewirr. Für Lola sieht das Krankenhaus schon immer aus wie eine umfunktionierte Shoppingmall, und vielleicht ist es das auch. Sie parkt und sprintet zum Eingang.

Die Lobby ist eng und niedrig, die Beleuchtung schlecht,

und an der Wand über dem Schwesternzimmer hängt eine Uhr, die wie eine Zeitbombe tickt. Ständig klingelt das Telefon. Aus einem Büro ist das Geräusch eines Kopierers zu hören, der fortlaufend Formulare ausspuckt, das Wichtigste bei jeder lebensrettenden Organisation.

Am Empfang sagt Lola, dass sie Isa Zapata besuchen will, aber niemand achtet auf sie. Als eine ältere Latina, deren permanent hochgezogene Augenbraue grundsätzliche Skepsis ausdrückt, schließlich aufmerksam wird und erfährt, dass sie keine Angehörige ist, deutet sie auf eine Reihe billiger Plastikstühle – grellorange, so als wären Gefängnisoveralls eingeschmolzen worden, um daraus Stühle für Krankenhauswartebereiche zu gießen.

Ich sollte ihnen neue Stühle kaufen, denkt Lola, obwohl man sich sicher nicht für Stühle interessiert, wenn man verletzt ist oder auf Nachrichten von einem geliebten Menschen wartet, der verwundet wurde.

Im nächsten Moment gibt es einen kleinen Aufruhr, weil ein Highschool-Schüler mit einer Stichwunde am Oberschenkel in einen Rollstuhl verfrachtet werden soll, der das mit dem letzten Heroismus von jemandem, der gerade ausblutet, ablehnt. Er beschimpft seine Freunde und wehrt sich gegen die Schwestern, während Blut aus der klaffenden Wunde strömt.

»Setz dich, zum Teufel.« Lolas Stimme ist leise und fest. Der Highschool-Junge neigt den Kopf.

»Du ...«, sagt er. »Du bist ...«

»Ich bin Lola«, sagt sie, und diesmal hält sie niemand auf, als sie um die Ecke geht und auf der Suche nach Lucy, Isa oder Carmen Türen öffnet und hinter Vorhänge blickt. Sie meint, die Gesichter einiger Patienten zu kennen, schließlich sind sie alle Nachbarn. Ein paar von ihnen glauben, sie wäre gekommen, um mit ihnen zu beten oder die Situation in diesem langen Kaninchenbau mit zwei briefmarkengroßen Fenstern pro fünfzig

Menschen zu verbessern. Aber da muss sie ihre Leute enttäuschen. Heute ist sie wegen eines persönlichen Notfalls hier.

Isa liegt hinter einem Vorhang, nicht geborgen hinter festen Wänden, um im Stillen zu leiden. Einzelzimmer sind teurer, und Lola ist überzeugt, dass Isas Eltern keine Krankenversicherung haben.

Das Mädchen ist bei Bewusstsein, aber sie atmet schwer. Ihre Eltern stehen mit gefalteten Händen vor ihr, und im ersten Moment glaubt Lola, dass Carmen und Emilio beten. Dann wird ihr klar, dass sie Angst haben, ihre Tochter zu berühren, weil sie nahe daran sind, sie zu verlieren.

Das Ganze ist so traurig, dass Lola nicht stören will. Jedes Wort von ihr wäre unangebracht. Dann entdeckt sie Lucy, die mit hängendem Kopf in einer Ecke des Gevierts aus Stoffwänden auf einem dieser hässlichen orangen Stühle sitzt. Auf ihrem geröteten Gesicht sind noch Spuren getrockneter Tränen.

Auch wenn das nicht ihre Angelegenheit ist, das Mädchen in der Ecke ist es.

Lola zieht es zu Lucy, als wäre ein starkes Seil zwischen ihnen gespannt, und das Gefühl, dass sich etwas an dem Mädchen verändert hat, trifft sie wie ein Schlag in den Magen, der ihr alle Luft nimmt.

»Lola ... Miss Vasquez.« Carmen Zapata geht vom Bett ihrer schwer atmenden Tochter zu Lola.

Lola stutzt kurz, als Carmen sie »Miss Vasquez« nennt. Dann fragt sie: »Was ist passiert?« Dabei versucht sie, möglichst ruhig zu klingen, auch wenn ihre Stimme schriller wird, so als wäre sie eine hysterische weiße Mutter, die wohlhabend und nicht daran gewöhnt ist, dass Menschen um sie herum ihr Leben verlieren.

»Sie ... meine Tochter ...«

»Isa«, sagt Lola.

»*Sí*, Isa, ja«, fährt Carmen fort und tritt von einem Fuß auf den anderen. Ihr Mann steht schweigend neben Isa, die unter den dünnen Laken ihres klapprigen Krankenhausbetts zu schlafen versucht. »Sie haben miteinander gespielt, Isa und Lucy. Lucy und Isa«, korrigiert sich Carmen. Sie stellt den Namen von Lolas Tochter voran. Lola möchte am liebsten im Boden versinken. Warum tut eine Mutter so was? Den Namen eines fremden Kindes dem des eigenen voranstellen?

»Ja«, sagt Lola ernst, so als würde sie in einem Kreuzverhör auf eine Frage antworten. Nur Ein-Wort-Antworten. Ja oder Nein. Immer die Wahrheit sagen, aber so wenig verraten wie möglich. Und ganz egal, wie man antwortet, es soll Sinn ergeben.

»Isa ist auf das Dach unseres Wohnblocks geklettert. Der ist zwar nicht sehr hoch, nur zwei Stockwerke, aber dann ist sie runtergesprungen.«

»Runtergesprungen?«

»Ja.«

Jetzt weiß Lola, woher ihr flaues Gefühl im Magen stammt. Es ist die Ahnung, dass eine böse Überraschung auf sie wartet. Aus irgendeinem Grund scheut sich Carmen Zapata, Lola zu erzählen, was wirklich passiert ist. Das erste Anzeichen dafür war, dass sie »Miss Vasquez« gesagt hat, das zweite, dass sie Lucys Namen vor den ihrer Tochter gestellt hat.

»Carmen«, sagt Lola. »Ich spür doch, dass du mir was verheimlichst.«

Carmen sieht Lucy an. Die blickt zur Seite.

»Was hat Lucy gemacht?«

Carmen kann Lola nicht in die Augen sehen. Als sie zu flüstern beginnt, wendet sie den Blick sowohl von ihrer Tochter als auch von Lucy, so als möchte sie nicht, dass Isa an das Geschehene erinnert wird.

»Wir sind mit unserer Miete im Rückstand. Ziemlich viel

im Rückstand. Wenn wir bis Ende dieser Woche nicht zahlen, müssen wir raus.«

»Das Geld kann ich dir geben. Wie viel brauchst du?« Lola denkt nicht lang über die Dreistigkeit nach, die Carmen Zapata an den Tag legt. Dass sie von Lola Geld fordert, damit sie ihr die Wahrheit erzählt.

»Nein«, sagt Carmen. »Was ich sagen will ... Ich will nicht betteln. Das mit dem Geld gehört zur Geschichte.«

Geld für die Miete. Gekündigte Wohnung. Helfen und Beschämen liegen nicht weit auseinander.

»Okay«, sagt Lola.

»Lucy hat zu Isa gesagt, dass sie uns das Geld für die Miete beschafft, wenn Isa vom Dach springt.«

Da ist es. Der Abgrund. Lolas Magen verknotet sich. Sie spürt, dass das Band zwischen ihr und Lucy enger wird, aber keine Verbindung mehr ist, sondern eine Schlinge.

Wie von einer unsichtbaren Schnur gezogen reißt Lucy den Kopf nach oben. Irgendetwas scheint sie zu zwingen, Lola anzusehen. Zum ersten Mal möchte Lola ihre Tochter schlagen, sie den Schmerz fühlen lassen, den sie ihrer Freundin und deren Familie bereitet hat.

»Ach du Scheiße«, murmelt Lola und will hinaus in den Gang. Sie kann der Wahrheit nicht ins Gesicht sehen, dass ihre reiche Tochter einem armen Mädchen so etwas angetan hat.

»Ja.« Mit diesen Worten berührt Carmen Zapata Lolas Arm. Lola lässt es geschehen, dass Carmen sie auf den Gang führt. Lola reißt die Tür einer Abstellkammer auf, und Carmen folgt ihr. Während sie mit einer Hand Lola stützt, schließt sie mit der anderen die Tür.

Carmen kann nicht viel älter sein als sie, denkt Lola und blickt die Frau mit tränenverschleiertem Blick an. Dann lehnt sie den Kopf gegen Carmens Schulter. Um deren Augen und Mund haben sich erste Falten eingegraben, und ein paar graue

Strähnen durchziehen das schwarze Haar. Aber in diesem Moment ist Carmen stärker als Lola, denn sie hat die Macht zu verzeihen.

»Es tut mir leid«, bringt Lola zwischen den Schluchzern hervor.

»Sie ist deine Tochter«, sagt Carmen. »Sie ist nicht du.«

Lola klammert sich an Carmen. Deren Haare riechen nach Fett und Salz, vielleicht arbeitet sie in einer Küche. Oder sie hat nur für ihre Familie gekocht. Hinter den Kochgerüchen liegt jedoch ein beruhigender Duft – vielleicht Lavendel wie in dem Hotel in Jasper? Lola konnte noch nie gut Gerüche erkennen, die mit etwas Gutem zusammenhängen. Sie weiß, wie Blut riecht, leicht metallisch, und sie weiß, wie Scheiße, Pisse und Smog riechen. Die einzigen angenehmen Gerüche, die ihr einfallen, dienen dazu, etwas Verdorbenes zu überdecken, aber dann ist das Verderbliche trotzdem noch da.

»Was kann ich tun?«, fragt Lola.

»Das weiß ich nicht.«

»Bitte.«

»Vielleicht überlegst du dir eine Strafe«, sagt Carmen. »Damit sie so was nicht wieder tut.«

»Und wenn sie trotzdem nicht aufhört? Was, wenn sie ein Monster ist?«

»Du würdest sie trotzdem lieben. Du bist ihre Mutter«, sagt Carmen.

»Hast du das bei Isa auch schon mal gedacht?«

Carmen überlegt, dann schüttelt sie den Kopf. »Nicht bei Isa.«

Lola spürt, wie sich ihr Magen wieder zusammenkrampft.

»Aber bei meinem Sohn. Er macht nur Probleme. Und wenn er in die Pubertät kommt, wird's sicher noch schlimmer. Ich kann ihn keine Sekunde aus den Augen lassen. Ich glaube, irgendwann macht er uns großen Kummer.«

»Wolltest du ihn schon mal schlagen?«

Wieder macht Carmen eine nachdenkliche Pause. »Ja, das wollte ich.«

»Aber du hast es nicht?«

»Ich stell's mir vor, aber ich tu es nicht. Das ist der Unterschied zwischen einer guten und einer schlechten Mutter.«

Lola spürt, wie die Spannung von ihr abfällt.

»Bist du so weit, dass du mit deiner Tochter sprechen kannst?«

»Ja«, sagt Lola, und als Carmen die Tür der Abstellkammer öffnet, ist das Licht im Krankenhausgang viel heller.

31
STRAFE

Die Fahrt vom Krankenhaus zu Lolas Wohnung dauert keine zehn Minuten. Lucy sitzt wie immer auf dem Rücksitz. Sie sieht hinaus in den dunklen Nachthimmel und auf die Häuser mit vergitterten Fenstern. Lolas Blick wandert von der Straße auf ihre Hände, die nicht Lucys Hals, sondern das Lenkrad so fest umklammert halten, dass ihre Knöchel weiß hervortreten. Zum ersten Mal hat sie Angst, allein mit ihrer Tochter zu sein. Sie hat Angst, dass ihr Arbeits-Ich auf ihr Privatleben übergreift.

Zweimal blickt Lola in den Rückspiegel, um ihre Tochter nach dem Warum zu fragen oder zu sagen, dass das nicht die Lucy ist, die sie kennt. Aber das ist das Problematische an einem Trauma. Manchmal kann es Jahre dauern, bevor es sich offenbart. Lola ist seit zwei Jahren Lucys Erziehungsberechtigte. In dieser Zeit begann sich der Missbrauch durch ihre leibliche Mutter Rosie zu offenbaren – die Fäden, die sie ins Wesen ihrer lieben Tochter eingewebt hat, waren dünn, aber kräftig genug, um Hirn, Herz und alle anderen Organe, die Lucy ausmachen, zusammenzuhalten, und vereinten sich allmählich zu einem festen Gewebe.

Lola schweigt, weil sie noch nicht so weit ist, Lucys Antwort zu verdauen, egal wie sie ausfällt. Noch im Krankenhaus hatte Lola auf einem Wegwerfhandy Mandy Waterston angerufen und sie gebeten, sofort neuneinhalbtausend Dollar auf das Konto der Zapatas zu überweisen. Weitere dreitausend Dollar sollten direkt an das Krankenhaus gehen, um Isas Arztrechnung zu bezahlen. Carmen und ihr schweigsamer Mann hatten sich geweigert, Lolas Geld anzunehmen, aber als Carmen kurz auf der Toilette war und ihr Mann losgegangen war, um sich einen scheußlichen Automatenkaffee zu holen, hatte Lola in Carmens Handtasche ein billiges Plastikscheckheft gefunden und ein Foto von einem Scheck gemacht. Die Kontonummer und Bankleitzahl hatte sie an Mandy weitergeleitet. Währenddessen saß Lucy die ganze Zeit still in der Ecke und hielt den Kopf gesenkt. Die Knie hatte sie an die Brust gezogen, so dass ihre Turnschuhe auf der orangen Sitzfläche standen.

»Nimm die Schuhe vom Stuhl«, mahnte Lola. »Sie sind schmutzig.«

Ihr war noch keine angemessene Strafe für Lucy eingefallen und jetzt, auf der Heimfahrt, hat sie immer noch kein Wort mit ihrer Tochter gesprochen.

In der Wohnung wartet das von Maria zubereitete Abendessen. Es gibt Vollkornnudeln – die einzigen, die Lola vorrätig hat – mit Spaghettisoße aus dem Glas. Wenn Maria die Wahl hätte, würde sie immer weiße Nudeln vorziehen. Der unstillbare Appetit auf schlechtes Essen – einzeln in Plastik verpackte, orangegelbe Fabrikkäsescheiben, Käsestangen, fettige Chips mit künstlichem Geschmack, klebrige Süßigkeiten, die noch lange nach dem Verzehr am Gaumen pappen – ist einer der verlässlichsten Charakterzüge von Lolas Mutter.

»Wer will Parmesan?« Maria hält eine grüne Dose mit kleinen Streulöchern in die Höhe und schüttelt sie. Lola hat Maria gebeten, den frischen Parmesan aus dem Käsefach zu nehmen, aber sie sagt nichts. Besser, Maria erfreut sich an der grünen Dose als an einer Injektionsnadel.

»Lucy, magst du was essen?«, fragt Lola. Sie erwartet, dass das Mädchen vor Scham errötet. Sie erwartet, dass Lucy sofort in ihr Zimmer gehen möchte.

»Ja, ich hab Hunger.« Es sind Lucys erste Worte, seit Lola Isas Krankenzimmer betreten hat.

»Gut«, sagt Maria.

Als sie zu dritt am Tisch sitzen, Valentine direkt neben Lucy, bei der es noch wahrscheinlicher ist als bei Maria, dass sie etwas Essen fallenlässt, stellt Maria eine Frage, für die sie bei ihren eigenen Kindern nie nüchtern genug war.

»Wie war's in der Schule?«

Lola und Lucy verdrehen gleichzeitig die Augen. Diese Frage ist an Dummheit nicht zu übertreffen.

»Heute ist Sonntag«, antwortet Lola für Lucy. Selbst wenn Maria einen anderen Tag erwischt hätte, hätte Lola nicht hören wollen, wie ihre Tochter vom Mittagessen, der Pause oder einem anderen, hoffentlich unschuldigen Schulerlebnis erzählt hätte.

»Oh«, sagt Maria und kippt sich mehr Dosenparmesan auf ihre Nudeln. Lola registriert erstaunt, dass sie ihre Mutter gerade beim Stressessen erlebt. Die Spannung im Raum muss mit Händen zu greifen sein, wenn sogar Maria sie wahrnimmt.

»Ich hab jemand wehgetan«, sagt Lucy.

Maria nickt und schaufelt sich eine Ladung Nudeln in den Mund. Jetzt ist sie bereit und offen für jedwede Horrornachricht von Lucy.

Oh verdammt, denkt Lola. Sie weiß, dass ihre Mutter zu einem Gesprächskreis geht. Es hilft Maria, Rückfälle zu vermeiden, wenn sie für die Treffen Donuts und Kaffee organisieren kann. Natürlich ist Lola froh, dass sich Maria mit anderen Dingen als Heroin beschäftigt.

»Du kannst es mir ruhig erzählen«, sagt Maria.

»Erzähl's ihr.« Sobald sie es ausgesprochen hat, begreift Lola, dass sie und ihre Mutter dasselbe wollen, nur dass Maria ein geneigtes, offenes Ohr hat, während Lola will, dass Lucy laut und deutlich von ihrer Schuld berichtet und ausspricht, was sie Isa angetan hat.

»Ich hab Isa wehgetan. Sie ist meine Freundin. Ich hab sie dazu gebracht, dass sie von ihrem Hausdach springt.«

Maria verzieht keine Miene. Lola denkt an ihre eigene Reaktion auf diese Nachricht und daran, wie sie wenige Minuten danach heimlich Carmen Zapatas Scheckbuch aufgeschlagen und ein Foto von den Kontodaten gemacht hat.

»Okay«, sagt Maria, und ihre Stimme ist gelassen, beruhigend in der geladenen Atmosphäre der Küche mit dem schäbigen Linoleumboden und dem alten Elektroherd.

»Hast du so was schon mal gemacht, *abuela*?«, fragt Lucy.

Abuela? Woher zum Teufel hat Lucy dieses Wort? Zum zweiten Mal in zwei Tagen hört Lola, dass Lucy Maria so anredet.

»So was nicht, nein.« Maria schüttelt den Kopf.

»Aber ... andere Sachen?«

Lola staunt über den Mut ihrer Tochter, die in aller Unschuld ein Licht auf die Frau wirft, die sie seit Neuestem Großmutter nennt.

Ja, denkt Lola, *viele andere Sachen.*

»Natürlich«, sagt Maria. »Wir sind alle nur Menschen.«

Wieder verdreht Lola die Augen wie ein Teenager. Aber die Dinge, die Maria getan hat, sind nicht nur ein Grund zum Augenverdrehen. Sie sind auch ein Grund für Traumatisierung und Sucht und ständige Selbstzweifel, die tägliche Überlegung, ob ihr Leben als Drogenboss und Mutter sie am Ende nicht völlig kaputt macht.

Dennoch sitzt sie in diesem Moment mit ihrer Scheißmutter, von der sie dachte, dass sie ihr nie würde verzeihen können, am Küchentisch und isst eine Mahlzeit, die Maria zubereitet hat.

»Willst du noch mehr Käse?«, fragt Maria Lucy, und Lucy nickt.

Lola sieht zu, wie die weißen Bröckchen aus der Dose auf die Soße fallen und Lucy sie vermischt, damit der Käse schmilzt. Sie beobachtet ihre Tochter, die auch nach dem, was sie Isa angetan hat, mit Appetit essen kann. Morgen, das weiß sie, wird sie es bereuen, wenn sie Lucy jetzt bestraft.

Lola steht auf und kratzt die Essensreste von ihrem Teller in den Mülleimer, was Valentine mit einem kläglichen Winseln begleitet.

»Ich muss noch mal raus«, sagt Lola.

»Aber du bist doch grad erst gekommen.«

»Notfall bei der Arbeit«, sagt Lola.

»Du solltest dir eine Jacke überziehen«, ruft Maria Lola hinterher. Eine solche Mahnung wäre bei ihr als Kind angebracht gewesen. Jetzt, mit achtundzwanzig, findet Lola sie überflüssig.

»Mach ich«, sagt Lola. Die Geschichte, wie Lucy Isa dazu gebracht hat, vom Dach zu springen, ist schon in dem großen schwarzen Loch in Marias Gehirn verschwunden. Lola sollte das einfach als menschliche Schwäche akzeptieren, statt über Vergeben und Vergessen nachzudenken. Lucy sieht Lola mit großen Augen an, die Forschheit, mit der sie am Esstisch von Maria Bekenntnisse gefordert hat, ist verschwunden. Sie will, dass Lola ihr sagt, dass sie sie immer noch liebhat.

Lola hat sie noch lieb. Und sie wird es ihr sagen. Aber nicht heute Abend.

Als sie die Wohnungstür öffnet, steht Lucy da. Lola blickt dem Mädchen in die Augen, die in Tränen schwimmen.

»Werd ich je wieder gut sein?«

»Das bist du«, sagt Lola.

Lola breitet die Arme aus und bückt sich, um ihre Tochter zu drücken. Als sie Lucys Tränen auf ihrer nackten Schulter spürt, fällt ihr Marias Mahnung ein, eine Jacke überzuziehen. Gleich darauf merkt sie, dass ihr selbst Tränen in die Augen treten. Sie will sie zurückhalten, aber es gelingt ihr nicht.

»Es tut mir so leid«, sagt Lucy. »Ich weiß nicht, warum ich das gemacht hab. Warum bin ich so böse?«

»Du bist nicht böse«, sagt Lola. »Hat dir das jemand eingeredet? Dass du das mit Isa machen sollst?«

»Charlie«, sagt Lucy. »Sie hat gesagt, wenn ich das nicht

tue, dann ruft sie die Polizei, und die schickt mich zurück nach Mexiko.«

Zorn wallt in Lola auf. Sie drückt ihre Wange an Lucys schwarze Haare. Das Atmen fällt ihr schwer.

»Ich hab dich lieb«, sagt Lola endlich. Sie stößt die lange zurückgehaltenen Worte in einem verzweifelten Atemzug heraus. »Und du musst nirgendwohin. Du bist hier genauso zu Hause wie Charlie.«

»Sie sagt, in Mexiko hätte ich keine Mutter mehr.«

»Darüber brauchst du dir keine Gedanken zu machen. Das wird nicht geschehen. Ich bin deine Mutter. Wir leben hier.«

»Huntington Park?«

Lola denkt an das Haus in Venice, ihr Eindringen in die Welt der Charlies, die verstohlen ihre dunkle Haut betrachten und sich dann ein Lächeln ins Gesicht kleistern, Freundlichkeit vorspielen.

»Nicht nur Huntington Park. Los Angeles. Das gehört uns allen. Hier sind wir sicher.«

Lola weiß nicht, welcher Teufel sie reitet, dass sie auch noch den letzten Satz sagt, außer dass sie sich in diesem Augenblick mit Leib und Seele dieser Stadt verbunden fühlt – in der alle Hautfarben und Schichten, das ganze Geld, der ganze Mist, die ganze Kunst über Hunderte Kilometer Freeway verbunden sind, in der sich alle dieselbe dicke Luft aus Autoabgasen teilen – und sie will für jeden einzelnen Menschen kämpfen, der dies sein Zuhause nennt.

32
FUCK

Heute Abend will Lola Andrea unter der Adresse aufsuchen, die sie von Mandy bekommen hat. Aber nach dem Gespräch mit Lucy macht sie zuerst noch Halt in Venice, um Zach zu ficken. Er ist von ihrem Besuch überrascht, aber nicht so, dass er ihr nicht in sein Schlafzimmer im ersten Stock und ins Bett folgt, dessen Holzrahmen zu schlicht ist, um nicht teuer zu sein. Es ist dunkelrot bezogen, eine perfekte Farbe, um Körperflüssigkeiten unsichtbar zu machen. Auf diesen roten Bettlaken besteigt Lola Zach, sein Oberkörper ist frei, und sie wünscht sich, sie könnte das Spiel der Muskeln unter der gebräunten Haut genießen. Er legt seine Hände auf ihre Hüftknochen, während sie ihn reitet. Als sie sich zu ihm nach unten beugt, damit er die Kontrolle übernimmt, drückt er sie wieder nach oben.

»Ich will dich sehen«, sagt er.

Das wirst du, verdammt, denkt Lola, und dann bewegt sie sich wieder in langsamen Kreisen um seinen großen Schwanz – denn natürlich hat er einen großen Schwanz –, bis er sich unter ihr windet und stöhnt und sie schneller kreist. Plötzlich wird Zach still, dann stößt er einen Schrei aus, und Lola fragt sich, ob er vor Schmerz genauso schreien würde wie vor Lust.

»Das war ...« Er spricht nicht weiter. Wie jeder Mann, mit dem Lola bisher gefickt hat, kann er danach nicht mehr reden.

Lola könnte, aber sie will nicht. Sie hat einiges vor sich. Sie pinkelt und blickt in den Spiegel. Ihr Gesicht ist noch immer gezeichnet von den Auseinandersetzungen mit dem Killer des Rivera-Kartells und dem Mann, der einmal ihr kleiner Bruder war. Zach hat nicht danach gefragt, weil sie zum Vögeln gekommen ist. Bevor sie sich ankleidet, zieht sie die schweren Vorhänge zurück.

»Vielleicht lässt du die besser zu. Ich hab neugierige Nachbarn.«

»Ach ja?«, fragt Lola mit geneigtem Kopf. Sie steht mit dem nackten Hintern zum Fenster, ihre Brüste zeigen auf Zach, aber so, wie sie ihn gerade geritten hat, hat er keine Kraft für mehr.

»Hm?«, grunzt er in seiner postkoitalen Surferlässigkeit.

»Wo ist deine Tochter?« Lola bringt es nicht über sich, den Namen des Miststücks auszusprechen. Sie steigt wieder ins Bett. Zach drückt sich an sie.

»Bei einer Freundin.«

»Warum? Damit sie noch ein Mädchen terrorisieren kann?«

»Hä?«

Jetzt kommt der schwierigste Teil – ihm in einem Satz zu sagen, was Charlie zu Lucy gesagt hat, und was Lucy von Isa verlangt hat, damit Charlie sie nicht außer Landes schaffen lässt.

»Deine Tochter muss Verantwortung für das übernehmen, was sie tut«, sagt Lola.

Zach setzt sich auf. Die Bettdecke liegt über seinen Eiern. »Das war bestimmt nur Spaß.«

»Nein, das war ganz sicher kein Spaß«, sagt Lola, verkneift sich aber, *jedenfalls nicht, wo ich lebe*, hinzuzufügen.

»Du hast recht«, sagt Zach, kann sich aber das Grinsen nicht verkneifen.

»Ich weiß«, sagt Lola, und sie wird ihm diese Lektion auch erteilen, weil sie heute Abend begriffen hat, dass er von sich aus nichts kapiert.

Kurz nach Mitternacht verlässt sie den schnarchenden Zach. Laut einer SMS von Maria ist auch Lucy eingeschlafen: »Lucy schläft … zzzzzzz lol.« Lola biegt in Venice dreimal kurz hintereinander ab, um sicherzugehen, dass ihr niemand folgt.

Die Adresse von Andreas Aufenthaltsort, die Mandy Waterston ihr gab, ist Lola nicht vertraut. Es ist irgendwo in South Central, nicht in einem der angrenzenden Viertel wie Lolas Huntington Park.

Lolas Civic rollt durch Compton, das sich von einer No-go-Area zu einem Dorado für Starbucks- und Foot-Locker-Filialen in pastellfarben gestrichenen Ladenzeilen gemausert hat. Wenn Lola es nicht besser wüsste, würde sie die Kreuzung, an der sie jetzt hält, irgendwo in den einladenden Vororten des Simi Valley vermuten, so hübsch und adrett sind die im spanischen Stil gedeckten Hausdächer und cremefarbenen Lehmziegelmauern. Erst als sie von den Durchgangsstraßen abfährt, sieht sie die typischen Zeichen des Ghettos – die tiefergelegten, auf Ziegelsteinen aufgebockten Autos, die an einer Straßenecke zusammenstehenden jungen Männer mit dunkler Haut, die zwar nichts Bedrohliches tun, aber jedem Besucher zu verstehen geben, dass sie ihn beobachten.

An der Adresse, die sie von Mandy bekommen hat, steht ein pfirsichfarbenes Haus. Wie bei allen anderen Häusern in der Umgebung sind die Fenster vergittert. Der Rasen ist verwildert und voller Unkraut. Aus einem der Nachbargärten kommt drohendes Hundegebell. Schon am Klang erkennt Lola den Riesenköter. Es gibt keine Klingel, deswegen klopft Lola an die schäbige Tür. Das Klopfen klingt hohl und dünn, nach billigem Holz.

Ein Latino öffnet ihr. Einer seiner oberen Schneidezähne ist aus Gold, alle anderen Zähne sind echt gelb. Lola erkennt es, weil er bei ihrem Anblick lächelt, so als hätte er sie erwartet.

»*Hola*«, sagt der Goldzahn, und im ersten Moment meint Lola, er würde sie umarmen. Doch stattdessen macht er einen Schritt zurück. Lola lässt sich nicht lange bitten und folgt ihm hinein.

»Ist Andrea da?«

Lola sieht sich um – dunkler Holzboden, eine Couch mit abgewetztem Blumenbezug, dreckstarrende, fleckige Leinenvorhänge. In dem Zimmer brennt kein Licht, nur der Mond erhellt den großformatigen Fernseher. Er hängt über einem offenen Kamin, der, vermutet Lola, nicht funktioniert. Der Fernseher ist ausgeschaltet, doch noch sind die Pixel auf dem Bildschirm zu erkennen, die so langsam verlöschen wie eine Kerze, über die man ein Glas stülpt. Vor Lolas Eintreffen hat der Mann ferngesehen.

»Ist sie«, antwortet er.

Lola geht zur Küche, er hält sie nicht auf. Der Linoleumboden hat braune Flecken. Hoffentlich nur Kaffee und Fett, denkt Lola. Die Küchengeräte sind alt, der Kühlschrank röchelt.

Sie sieht das Heroin auf dem Küchentisch. Drei Männer sitzen mit Taschenmessern und Plastiktütchen vor einem Haufen weißem Pulver. Als sie Lolas Blick bemerken, nicken sie. Oder senken sie die Köpfe vor ihr? Auf alle Fälle sehen sie in ihr eine Verbündete.

»Da entlang.« Der Mann mit dem Goldzahn bittet Lola, ihm zu folgen.

In dem dunklen Gang hängen auf beiden Seiten goldgerahmte Porträts der Jungfrau Maria und des Jesuskinds. Am Ende sieht sie einen Spiegel, der nur ihre obere Hälfte zeigt. Darunter steht ein kleines Regal mit blinkenden Gebetskerzen, die nicht genug Licht geben, um Lola erkennen zu lassen, wohin sie tritt.

Am Ende des Gangs öffnet der Mann eine Tür und führt Lola in ein Schlafzimmer – ein kleiner rechteckiger Raum, aber wohl größer als die anderen Räume, an denen Lola vorbeigekommen ist. Die Wände sind weiß. Wie in Lolas aktuellem Schlafzimmer hat der Schrank darin zwei verspiegelte Schiebetüren, die ihr Bild zeigen, selbst wenn sie es gar nicht will, wie eine Überwachungskamera mit gestochen scharfer Wiedergabe.

Auf dem gemachten Bett sitzt Andrea mit eng an die Brust

gezogenen Knien. Wegen des spärlichen Lichts aus dem Gang kann es Lola nicht mit Sicherheit sagen, aber offenbar schaukelt Andrea hin und her.

Lola geht zu ihr und setzt sich neben sie. Sie will eine Hand von Andreas Knie ziehen und halten, aber Andrea schüttelt heftig den Kopf.

Lola hatte angenommen, dass ihre Partnerin in Sicherheit ist. Vielleicht hatte Mandy das auch angenommen. Vielleicht war sie das auch. Vielleicht aber arbeiten die Männer draußen gar nicht für sie, sondern halten sie gefangen?

»Was haben sie mit dir gemacht?«

Andrea lacht und wirft den Kopf in den Nacken. Was bisher wie eine Geste voll Selbstvertrauen und Machtbewusstsein schien, wirkt jetzt traurig und hoffnungslos.

»Du bist gekommen«, sagt Andrea nur.

»Natürlich bin ich gekommen.«

»Obwohl Hector dich erwischt hat.«

Lola beschließt, Andrea später zu fragen, woher sie über Hector Bescheid weiß. Es könnte eine einfache Erklärung dafür geben – vielleicht steht sie noch in Kontakt mit Jack, oder vielleicht lässt Andrea ihr Haus beobachten und bekommt die Berichte von dort hierher geliefert.

»Ja. Ich würd ja gern sagen, dass die Sache erledigt ist«, sagt Lola. »Aber er ist mir entkommen.«

»Tut mir leid, dass du zu mir nach Hause musstest«, sagt Andrea. Ihre Stimme ist brüchig, fast nur ein Flüstern. »Dass ich dich in Gefahr gebracht habe. Das mit dem Rivera-Kartell ... und mit deinem Bruder –«

»Ach, vergiss es«, sagt Lola. »Warum bist du hier?«

Andrea gibt keine Antwort.

»Ich weiß es«, sagt Lola. »Das mit deiner Familie. Dass das Rivera-Kartell deine Eltern und deinen Bruder umgebracht hat. Dass dein Vater ihnen Geld geschuldet hat.«

»Nein.«

»Wegen mir musst du nicht lügen. Wir sind zusammen in diesem Krieg.«

»Dann solltest du auch die Wahrheit kennen.«

»Welche Wahrheit?«

»Dass ich nicht weiß, was ich tun soll. Das heißt, ich weiß genau, was ich tun muss«, flüstert Andrea weiter. Sie spricht so leise, dass sich Lola zu ihr beugen muss. Sie hört nicht Andrea. Sie hört das kleine Mädchen. »Er hat mich gefunden.«

»Wer?«

»Ich zeig's dir. Ich glaube, das schaff ich.« Andrea steht mit wackligen Beinen vom Bett auf. Sie stakst wie auf Stelzen.

»Pass auf«, sagt Lola und umfasst Andreas spitzen Ellbogen mit der Hand. Lola spürt, dass die blasse Haut dort ganz trocken ist, so als würde Andrea nicht mehr richtig auf sich achten.

Als sie sich gegenüberstehen, sieht Lola Andreas Gesicht. Krähenfüße haben sich tief in die Augenwinkel eingegraben. Ihre grünen Augen sind weit aufgerissen, so als wollte sie Lola sagen, dass sie beide in großer Gefahr sind. Ihre Lippen sind trocken und gesprungen. Sie trägt eine schlabbrige graue Jogginghose, wie es sie im Walmart im Dreierpack gibt, und nicht die enganliegende schwarze Yogahose aus einem guten Sportgeschäft, die nicht unter sechzig Dollar zu haben ist. Auch das T-Shirt ist grau, und Lola entdeckt einen kleinen Flecken auf der linken Brusttasche. Ketchup? Lola kann nicht glauben, dass es Blut ist. Andrea macht sich nicht die Hände schmutzig. Das ist Lolas Job.

Andrea lehnt sich an Lola, weil sie leicht humpelt. Lola hofft, dass das vom zu langen Sitzen kommt. Wie lange sitzt sie schon auf diesem Bett? Saß sie da wie gefesselt, bis Lola kam und sie erlöst hat?

»Hier entlang«, sagt Andrea, ohne dass sie die Richtung weist. Ohne Lolas Unterstützung kann sie sich kaum bewegen.

»Wohin?«

»Nach links.«

Vor der nächsten Tür fragt Lola: »Soll ich sie dir aufmachen?«

Andrea holt tief Luft, und im nächsten Moment lehnt sie den Kopf an Lolas Schulter.

»Ich weiß nicht«, sagt sie. »Ich schaff es nicht.«

»Was ist da drin?«, fragt Lola, obwohl sie nicht sicher ist, ob sie die Antwort hören will.

Wieder lacht Andrea auf und wirft den Kopf in den Nacken. Aus ihrem Mund kommt ein heiseres Krächzen.

»Mach auf.« Andreas Stimme ist immer noch kaum mehr als ein Flüstern.

Sie dreht den Türknauf. Die Tür geht auf. Andrea atmet geräuschvoll ein.

Der Mann auf dem Bett ist der aus dem Grub. Der Mann, der ihr ihren kleinen Bruder wiedergebracht und dafür Garcia mitgenommen hat. Nur dass dieser Mann, der verbliebene Anführer des Rivera-Kartells, jetzt kein Hemd anhat und seine blasse Haut über die längst erschlafften Muskeln hängt.

Lola meint, auf dem Rücken des älteren Mannes wunde Stellen zu sehen, möglicherweise vom zu langen Liegen. Sie hat solche Scheuerstellen schon gesehen, allerdings nicht, weil sie alte Menschen gepflegt hätte, sondern weil Maria sich einmal auf Betreiben der jungen Lola in eine Entziehungsklinik einliefern ließ und sich dort weigerte, sich von einer Seite ihres heroingeschwächten Körpers auf die andere zu drehen. Als daraus schließlich eine durchgehende Wundleiste entstanden war, drehte sie sich bei jedem Besuch von Lola so um, dass sie ihrer Tochter die wunde Stelle präsentierte.

Keuchend steht Andrea in dem düsteren Zimmer. Auch Lola atmet laut aus.

»Der ist das«, sagt sie, erleichtert, weil er der Grund ist, warum sie Krieg führen. Das ist der Mann, der allem Anschein nach Andreas Familie umgebracht und ihren Bruder als Geisel genommen hat. Er ist derjenige, der sterben muss, damit dieser Krieg endet.

»Er ist der Grund, warum ich verschwinden musste«, sagt Andrea.

»Wie heißt er?«

»Wayne.«

»Wo hast du ihn gefunden?«

»Er hat mich gefunden.«

Für einen Moment denkt Lola, sie hat alles missverstanden. Dass Andrea in ihrer Jogginghose und mit den Krähenfüßen hier die Gefangene ist. Dabei scheint sie sich frei im Haus bewegen zu können. Sie darf vom Bett aufstehen und hierher gehen und einen Gast empfangen, den die Männer, die Heroin in Tüten füllen, mit freundlichem Nicken begrüßen.

»Woher kommt er?«

Lola geht davon aus, dass er aus Mexiko kommt. Sie versucht, Andrea nüchterne Fakten zu entlocken, weil sich traumatische Geschichten so meist leichter erzählen lassen. Ja-oder-Nein-Fragen. Konkrete Antworten. Zu welcher Uhrzeit? Wo? An welchem Tag? Welche Kleidung?

Stattdessen sagt Andrea: »Aus Jasper. Meiner Heimatstadt.«

Der Mann sieht auf. Es scheint, als hätte er begriffen, dass die zwei Frauen über ihn sprechen. Das Lächeln, mit dem er Andrea bedenkt, ist ohne Wärme und Zuneigung. Es ist kalt und grausam, er kräuselt seine blutigen Lippen und fletscht die Zähne.

»Kanntest du ihn? Bevor er dich gefunden hat?« Lola tritt näher zu ihm und betrachtet ihn wie ein neugieriges Kind einen Löwen im Zoo. Aber eigentlich möchte sie sein Gesicht besser sehen. Als sich ihre Vermutung bestätigt – die kecke, nach oben zeigende Nase –, weiß sie, wer er ist, ehe Andrea es sagt.

»Er ist mein Vater.«

33
VORLEBEN

Lola sitzt mit Andrea am Küchentisch des Heroinhauses in South Central. Als sie auf die Schwelle der Küchentür traten, räumten die drei Männer das Heroin und alles andere schnell vom Tisch. In wenigen Sekunden entfernten flinke Finger jede Spur des Pulvers von der Tischplatte, dann verschwanden die Männer in einen anderen Winkel des Hauses. Lola hatte vorher nicht auf die andere Tür in der Küche geachtet, die sich in einer Lücke zwischen dem Elektroherd mit einer kaputten Platte und einer Mikrowelle auf einem wackligen Plastikwagen befand.

Beim Eintreten lag der scharfe Geruch von Essig und etwas Verbranntem in der Luft, was Lola verriet, dass die Männer das Heroin auf Reinheit getestet hatten. Jetzt riecht es nur nach abgestandener Luft und üblen Kochdünsten. Andrea hatte versucht, das Fenster über dem Spülbecken zu öffnen, das auf eine Betonwand blickt, aber sie war nicht kräftig genug.

»Sorry«, sagte sie zu Lola, als sie sich auf einen Küchenstuhl fallen ließ. Hatte sie sich für den Geruch einer Substanz entschuldigt, die der Grund sowohl für Lolas Kindheitstrauma als auch für ihre heutige Macht ist, oder dafür, dass sie ein Zimmer weiter ihren eigenen Vater gefangen hält?

Jetzt ist Lola bereit, Andreas Geschichte zu hören.

»Wusstest du, dass dein Vater lebt?«, fängt sie an. Sie denkt an die Gerichtsverhandlung, bei der sie Andrea als Staatsanwältin erlebt hat. Es war ein Fall von häuslicher Gewalt, bei dem das Opfer seine traumatische Geschichte nur in abgebrochenen Sätzen erzählte, bloß mit Ja oder Nein antwortete und nie mehr preisgab, als Andrea von ihr hören wollte. Sie musste dieser Frau eine Stimme verleihen. In dieser dunklen Küche ist genau das Lolas Aufgabe.

»Nein.«

»Wann hast du rausbekommen, dass er nicht tot ist wie der Rest deiner Familie?«

»Kurz bevor mein Sohn ... bevor er das Heroin genommen hat.«

Mein Heroin, denkt Lola, aber das ist falsch. Sie sind Partnerinnen. Die Schuld fällt auf sie beide, aber Andrea ist die Mutter des Jungen. Diese Last kann sie nicht schultern, und Lola will das auch nicht zulassen.

»Als er mich gefunden und Kontakt aufgenommen hat. Ich dachte ja, er ist tot.«

»Warum hat ihn das Kartell nicht töten lassen?«

»Weil er wieder für sie Geld verdiente. Dann hat er sich nach oben gearbeitet. Es ist so lange her ... offenbar legen alle gern ein Comeback hin. Nicht nur Filmleute.«

»Und du hattest keine Ahnung?«

»Ich wusste absolut nichts, bis er plötzlich aufgekreuzt ist und sich hier ins Geschäft boxen wollte. Auf meine Kosten. Seine Tochter.«

»War er denn nicht froh, dass du noch lebst?«

»Nein.«

»Warum nicht?«

»Weil in jener Nacht nicht das Kartell auf ihn geschossen hatte, sondern ich.«

Lola lehnt sich zurück, um diese Information zu verdauen. Andrea hatte versucht, ihren eigenen Vater zu erschießen. Statt vorschnell Schlüsse zu ziehen, sollte sie nach dem Grund fragen, aber unweigerlich muss sie an Andreas Arbeitsschwerpunkte denken – häusliche Gewalt, Kindesmissbrauch, verschollene Kinder, Ausgebeutete.

»Er war gewalttätig, und du hast ihn getötet.«

»Ich hab's versucht.«

»Notwehr.«

»Ich hab ihm in den Rücken geschossen«, sagt Andrea und blickt Lola in die Augen. Wie ein Zeuge, der die Geschworenen ansieht.

»Gut«, sagt Lola.

»Aber nicht gut genug. Er muss überlebt haben ... Ich weiß nicht, wie ... Ich dachte, ich hätte seine Leiche gesehen. Ich dachte, er ist tot. Aber ich ... ich hatte einen Schock.«

»Dann bist du nach Los Angeles gekommen?«, fragt Lola.

»Ja.«

»Und hast ganz allein gelebt?«

»Ja.«

Wie?

»Wo war deine Mutter? Hat sie dich nicht beschützt?« Als ob Mütter immer ihre Kinder beschützen. Sie schlägt einen anderen Ton an, wird etwas aggressiver, wie in einem Kreuzverhör, aber manchmal entlockt man jemandem leichter die Wahrheit, wenn man ihn überrumpelt, genau wie sie manchmal Lucy erschreckt, um sie von ihrem Schluckauf zu erlösen.

»Er hat sie umgebracht«, sagt Andrea. Ihre Augen sind auf ihre Hände gerichtet, die Rechte spielt mit dem Ehering an der Linken. »Und dann?«

»Dann hab ich ihn getötet. Beziehungsweise dachte ich das.«

Jetzt sieht Andrea Lola in die Augen. Sie zieht einen Mundwinkel nach oben und atmet hörbar erleichtert aus. Ohne dass es ausgesprochen wird, weiß Lola, dass noch niemand vor ihr diese Geschichte gehört hat.

»Und dein Bruder?«

Andrea schweigt. Sie spielt mit dem Ring, dreht ihn am Finger, der zu dünn ist, um ihn festzuhalten.

»Was ist mit ihm passiert?«, fragt Lola.

»Mein Vater hat ihn totgeprügelt.« Als der Satz aus Andrea herausplatzt wie eine Explosion, begreift Lola, dass sie die Erste ist, mit der diese Frau über ihren Bruder spricht. Andreas Mund steht offen, ihr Atem geht stoßweise. Lola nimmt die Hand ihrer Partnerin.

»Dann bist du hierhergekommen.«

»Dann bin ich hierhergekommen.«

Los Angeles.

»In Texas war ein Mann, der uns töten sollte. Er sagte, er heißt Juan. Er hat alles gesehen. Ich glaube, er war Mitte zwanzig, aber ich bin nicht ganz sicher. Ich war erst zwölf. Er hatte dicke dunkelbraune Haare. Er war ein guter Fälscher. Und damit meine ich nicht nur gefälschte Ausweise und Dokumente, um ein paar Jahre früher zum Examen zugelassen zu werden. Er konnte ganze Leben verändern. Menschen helfen zu verschwinden.«

»Menschen wie dir.«

»Menschen wie mir.«

»Wie hast du ihn bezahlt?«

Andrea funkelt sie wütend an. Diese Frage war überflüssig – das geht Lola nichts an.

»Nicht so, wie du denkst. Überhaupt nicht.«

Lola ärgert sich, dass Andrea ihre Gedanken lesen konnte, aber es überrascht sie nicht. Beide waten beruflich knöcheltief im Dreck, wenngleich auf verschiedenen Seiten des Gesetzes. Natürlich denkt Andrea – genau wie Lola – erst mal das Schlimmste, ehe sie über andere Möglichkeiten nachdenkt.

»Er hat mir das Leben gerettet, ganz ohne Gegenleistung.« Andrea blickt Lola in die Augen. »Ich habe ihn seither nicht mehr gesehen.«

Lola würde gerne fragen, wie ein zwölfjähriges Mädchen mit falscher Identität es in Los Angeles geschafft hat, eine Wohnung zu finden, die Schule zu besuchen und dann Jura zu studieren, wie sie einen Psychiater als Ehemann finden und mit ihm in den Hügeln unter dem Hollywood-Schriftzug eine Familie gründen konnte.

»Im Carpenter District«, sagt Andrea.

»Was?«

»Du willst doch wissen, wie ich das alles geschafft habe. Der Carpenter District gehört zum Vereinigten Schulbezirk von Los Angeles. Die öffentlichen Schulen dort sind so gut wie die privaten. Ich bin dorthin gegangen und hab da gute Freundinnen gefunden.«

»Mandy zum Beispiel.«

»Mandy zum Beispiel. Dann hab ich ein Highschool-Stipendium für die Harvard Westlake bekommen und weitere Stipendien für die Uni und das Jurastudium.«

»Aber dafür waren doch Tausende von Dokumenten nötig, die jemand unterschreiben musste. Und wie hast du überhaupt deine Miete bezahlt?«

»Ich hatte ein winziges Apartment in Studio City. Hab Marken gesammelt. Das war fast wie ein Spiel. Hat Spaß gemacht.«

»Aber irgendwie musst du an Geld gekommen sein?«

»Als ich von zu Hause weg bin, hab ich die Unterlagen meines Vaters mitgenommen. In seinen Geschäftsbüchern hab ich viele zweifelhafte Dinge entdeckt. Damit hab ich seinen Geschäftspartner erpresst, weil ich dachte, dass er das Unternehmen weiterführt. Mein Vater hat mich das glauben lassen.«

»Bis jetzt.«

»Bis jetzt.«

Andrea lächelt Lola an. Es ist ein Lächeln, das ihrem alten ähnelt und Selbstbewusstsein ausstrahlt. So als wüsste sie etwas, was Lola nicht weiß.

»Willst du was trinken?«

Andrea wartet nicht auf Lolas Antwort, sondern nimmt zwei Saftgläser. Die weißen Ränder darauf stammen nicht von

Heroin, sondern von den Geschirrspültabs. Sie füllt beide Gläser randvoll mit Tequila und bringt sie an den Tisch.

»Ich weiß wirklich nicht, warum sie diesen billigen Fusel trinken. Sie verdienen genug, um sich was Anständiges zu leisten.«

»Man weiß ja nie, wann der Geldfluss aufhört.«

»Das ist doch klar«, sagt Andrea. »Der hört nie auf.«

Sie stoßen an. Andrea nimmt einen großen Schluck, ohne die Miene zu verziehen, als der scharfe Schnaps ihre Kehle hinunterrinnt. Lola nippt an ihrem Glas und schüttelt sich, das Zeug ist wirklich furchtbar. Bestimmt wird sie schon von diesem winzigen Schluck morgen Kopfweh haben.

»Auf das Ende dieses Kriegs«, sagt Andrea.

Lola fühlt, wie der Tequila ihren Magen umdreht, gerade so, als würde ein gewalttätiger Verwandter betrunken und mit einer Waffe in der Hand an einem Festtagstisch erscheinen. Sie erkennt, wie Teile von Andreas Vergangenheit sich mit ihrer – Lolas – Gegenwart decken.

»Und wie machen wir das?«, fragt Lola, obwohl sie es schon weiß. *Stell vor Gericht keine Frage, wenn du die Antwort nicht schon kennst.*

»Wir müssen meinen Vater töten«, sagt Andrea.

34
GLASHÄUSER

Der Strand ist tiefschwarz, nur die Sandkörner unter Lolas nackten Füßen schimmern schwach. In Malibu, weit nördlich des Santa Monica Pier mit den Touristenhorden, die überall ihren Müll hinterlassen, ist der Sand so sauber und weiß wie die Schaumkronen der Wellen, die hier anbranden und abfließen, anbranden und abfließen. Lola würde gern mit den Füßen ins Meer, aber sie weiß, dass das Wasser zu kalt ist.

Aus den Fenstern des Strandhauses von Andrea und Jack hinter ihr fällt warmes gelbes Licht. Jack ist nicht da. Nur Andrea und ihr Vater sind darin. Lolas Männer – Jorge, Marcos, Manuel und Ramon – lassen den Pacific Coast Highway, der vorne am Haus vorbeiführt, nicht aus den Augen. Lola hört das Rauschen von Autos auf der vierspurigen Straße, auf der reiche Leute zwischen ihren Strandhäusern und der Zivilisation hin- und herfahren.

Andrea hatte mit ihrem Kontaktmann beim Rivera-Kartell, der sich El Médico nennt und mit verzerrter Stimme spricht, telefoniert. Lola hat die Stimme nicht gehört, aber sie ist sicher, dass er kein Arzt ist und seine Berufserfahrung sich vor allem auf das Zufügen von Leid und die Verabreichung von weißem Pulver beschränkt. Andrea hat einen Austausch arrangiert – den Anführer des Kartells gegen das Ende des Kriegs.

Lola wollte, dass das Ganze in der Nähe des Wassers stattfindet, aber erst beim Anblick des Ozeans mit seiner Brandung, die sie sich wilder gewünscht hätte, spürt sie das Adrenalin, nach dem sie sich gesehnt hatte, wie sie zugeben muss. Sie könnte beschließen, sich die Hände nicht selbst schmutzig zu machen, genau wie Andrea, die im Haus auf und ab geht und

Angst hat, die Waffe gegen ihren Vater zu richten. Aber sie ist hier draußen, im Dunkeln, mit dem Ozean zu ihren Füßen.

»Lola«, sie hört seine Stimme, ehe sie ihn sieht.

»Dir hat man wohl erst sagen müssen, wo du mich findest?«, fragt Lola. Sie hatte sich geärgert, dass Hector sie nicht schon früher aufgesucht hatte. Er hätte sie leicht aufspüren und ihr zwischen die Augen schießen können, wenn er das wirklich gewollt hätte.

»Ich hab dich die ganze Zeit beobachtet«, sagt Hector.

Als sich Lola zu ihm umdreht, ist er noch zu weit entfernt, als dass sie das bekannte Lächeln auf seinem Gesicht erkennen könnte.

»Außerdem dachte ich, du würdest mich suchen«, sagt Hector. »Nach dem, was ich getan habe.« Das stimmt. Lola hätte die Männer und Mittel gehabt, ihren kleinen Bruder aufzustöbern und ihn für seinen Mordanschlag büßen zu lassen. Warum hat sie es nicht getan? Wollte sie auf Zeit spielen, oder hatte sie Angst vor dem, was sie tun musste, wenn sie ihn fand?

»Warum?«, fragt Lola. *Stell keine Frage, wenn du die Antwort nicht schon kennst.*

»Du hast mich ans Messer geliefert«, sagt Hector. »Du hast gewusst, was passieren würde, wenn ich den Mann in Locust Ridge töte. Und trotzdem hast du mir den Befehl gegeben.«

Diese Antwort hatte Lola erwartet, aber ihr eigentliches Ziel hat sie erreicht. Hector ist näher gekommen und baut sich vor ihr auf. Er klingt zornig. Schon seit er elf ist, überragt er Lola, aber sie hat keine Angst. Sie reagiert nicht einmal, außer dass sie die Arme vor der Brust verschränkt.

»Kalt hier draußen«, sagt sie.

Die Bemerkung über das Wetter macht ihn noch wütender.

»Du musst Verantwortung für das übernehmen, was du getan hast.«

Lola lächelt ihn an. Es ist ein freundliches, mitleidiges Lächeln, aber ein Teil von ihr ist auch traurig, dass er wie vorgesehen den Köder schluckt.

»Würdest du noch mal versuchen, mich zu töten, Hector?«, fragt sie.

»Könnte ich.«

»Klar.«

Dass sie keinen Widerstand zeigt, ärgert ihn noch mehr. Er tritt so nahe zu ihr, dass sie den leichten Pfefferminzgeruch seines Atems riecht. Als hätte er ein Date und wollte sich für einen unschuldigen Kuss wappnen. Im nächsten Moment hat er die Hände um ihren Hals gelegt und drückt zu.

Lola reißt den Mund auf. Sie bekommt keine Luft, blickt Hector aber weiter in die Augen, damit er sieht, dass sie keine Angst vor ihm hat, auch wenn er mit seinen Händen das Leben aus ihr herauspresst.

Der erste Schuss fällt eine gefühlte Ewigkeit später, als Lola meint, ihr Kopf müsste jeden Augenblick platzen, wenn sie nicht sofort Sauerstoff bekommt. Aber obwohl sich allmählich ein schwarzer Schleier über sie senkt, bekommt sie mit, dass der Schuss hinter Hector abgefeuert wurde und nicht ihr gegolten hat.

Sie ist auf einen Schusswechsel gefasst gewesen. Und doch erschrickt sie, als Hectors Hände von ihr ablassen und er zu Boden fällt. Sie möchte sofort nachsehen, ob ihr kleiner Bruder getroffen wurde, und wenn ja, ob es eine Fleischwunde ist oder ein tödlicher Treffer. Aber ihr ist schwindlig, ihr Kopf dreht sich, darin ist alles so dunkel wie in der Welt um sie herum. Sie sieht, dass Hector mit dem Gesicht auf dem Sand liegt, und für einen Augenblick kann sie ihm keinen Platz in ihrem Leben zuordnen. Wer ist dieser Mann, und warum berührt sie sein Anblick?

Ein paar Atemzüge später fällt es ihr ein – es ist ihr Bruder. Und sie hat sich getäuscht: Er ist nie ein Mann geworden. Er ist immer noch ein kleiner Junge, den sie beschützen muss.

»Hector«, schreit sie und wirft sich auf ihn. Weitere Kugeln pfeifen über sie hinweg, von ihren Leuten und seinen. Ein Krieg tobt über den beiden Geschwistern, die sich schutzsuchend in den Sand pressen.

Lola riecht Salz und Tang. Es fühlt sich beinahe so an, als wären sie und Hector unter Wasser. Die Schüsse, die in der nächtlichen Meeresluft knallen, scheinen von weit her zu kommen. Das Lauteste, was sie hört, ist nicht die Schießerei, sondern das Schluchzen ihres kleinen Bruders, an- und abschwellend wie der tödliche Ozean, der Welle um Welle anbrandet und abfließt.

»Hector«, sagt Lola. »Psst ... sie dürfen dich nicht hören.«

Sie sind wieder in der scheußlichen Wohnung ihrer Kindheit mit dem Wohnzimmerschrank, in dem es nach Dosensuppe riecht und der verschwitzten Kleidung ihrer Mutter, wenn sie auf Entzug ist. Sie verstecken sich, damit Maria sie nicht findet. Hector weint, aber nicht aus Angst vor Entdeckung, sondern weil er nicht will, dass die bösen Männer zu seiner Schwester kommen.

Was ist nur mit uns passiert?, will Lola fragen, aber es ist Aufgabe ihres kleinen schluchzenden Bruders, Fragen zu stellen. Ihre ist es, sie zu beantworten.

»Lola, es tut mir leid«, sagt Hector. »Sie sind hinter mir her.«

»Wer?«

»Das Rivera-Kartell. Es ... es ist nichts Persönliches ... es ist nur ... ich hab einen Befehl nicht ausgeführt.«

Lola braucht einen Moment, um zu verstehen, was Hector sagt. Der Anschlag auf sie war nicht seine freie Entscheidung. Er hat ihren Kopf unter Wasser gedrückt und sie zu erwürgen versucht, weil es ein Befehl war. Der Befehl eines anderen.

»Sie haben dich freigelassen, damit du an mich ran konntest.«

»Damit ich dich töte. Und ich ... ich hab es nicht geschafft.«

Ein weiterer Schuss fällt, und dieses Mal ist das Geräusch näher. Lola drückt ihren kleinen Bruder in den Sand und schützt ihn mit ihrem Körper.

»Warum?«, fragt Hector unter Tränen.

»Ich weiß es nicht«, sagt Lola. Sie weiß nicht, wie es so weit kommen konnte, dass sie, die sich aneinanderklammern, in einem Kartellkrieg auf verschiedenen Seiten landen konnten.

»Kann ich zurückkommen?«

»Still, Hector«, sagt Lola. »Sie dürfen dich nicht hören.«

Hector unterdrückt ein Schluchzen.

Dann sagt Lola: »Wir müssen aufstehen.«

Sie weiß nicht, ob das die beste Option ist, aber wahrscheinlich lässt sich die Schießerei nur beenden, wenn sie sich selbst in die Schusslinie stellen. Es ist so wie damals, als sie Kinder waren und sich im Schrank versteckten. Irgendwann fingen die Mägen an zu knurren, Hector musste pinkeln, wollte aber nicht in die Hose machen, und Lola wusste, dass sie dem, was hinter der Schranktür auf sie wartete, irgendwann doch ins Auge sehen mussten.

»Ich kann nicht.«

»Ich helf dir.«

»Das darfst du nicht. Nicht vor ihnen.«

»Das lass mal meine Sorge sein.«

Lola stemmt ihren Bruder hoch, legt sich seinen Arm aber nicht über die Schulter, sondern an die Hüfte, so dass es aussieht, als würde er sie stützen.

Sie blickt in beide Richtungen. Hinter ihr stehen ihre Männer mit gezückten Waffen, und, obwohl sie es auf diese Distanz nicht genau sehen kann, ist das Rivera-Kartell anscheinend ein Haufen verdammter Gringos. Sie sind direkt zwischen den Fronten aufgestanden. Das Schießen hat aufgehört.

Plötzlich wird jemand herbeigeschubst. Andreas Vater. Geduscht und in einem weißen Leinenanzug.

Lola spuckt in den Sand. Kindisch, aber so fühlt sie sich heute Nacht.

Marcos und Manuel führen Andreas Vater in die Mitte. Keine Seite feuert einen Schuss ab, weil der weiße Mann wertvoll ist. Lola fragt sich, ob er seine Truppen darüber informiert hat, dass ihr Feind heute nicht die Latina ist, sondern seine eigene Tochter. Andrea hatte den Kartellkrieg begonnen, weil sie ihren Vater bestrafen wollte.

Aber jetzt weiß Andreas Vater, was aus seiner Tochter geworden ist, und nichts kann ihn hindern, dieses Wissen in die Welt hinauszuposaunen, falls er diese Nacht überlebt. Also muss er sterben. Und Andrea wird ihn nicht töten können.

»Alle nehmen die Waffen runter«, befiehlt der weiße Mann mit ruhiger, gleichmäßiger Stimme, die gerade laut genug ist, um das Meeresrauschen zu übertönen.

Die Weißen gehorchen ihrem Boss, und Lola sieht, dass ihre Männer sie ansehen, ob sie ebenfalls Folge leisten sollen.

»Scheiße, nein«, sagt Lola, weil das Duell ohne Waffen nicht entschieden werden kann.

»Ich will eine friedliche Lösung«, sagt der Weiße, als ginge es nur darum, was er will.

»Erst versprichst du, aus Los Angeles zu verschwinden«, sagt Lola. »Du verziehst dich aus unserem Revier.« »Revier« scheint nicht das richtige Wort für eine so große Stadt, dass man sogar mit dem Flugzeug eine halbe Ewigkeit braucht, um die Stadtgrenzen hinter sich zu lassen.

»Geht in Ordnung«, sagt Andreas Vater. Lola braucht nicht lang zu warten, bis er seine Bedingungen nennt. »Aber ihn nehmen wir mit.«

Er meint Hector. Der liebenswerte Mistkerl von einem Bruder erstarrt neben Lola. Sie denkt, dass Andreas Vater nicht wissen kann, was eben im Sand passierte. Er kann gar nicht wissen, dass Hector sie gebeten hatte, ihn wiederaufzunehmen, und mit diesen Worten gleichzeitig das Rivera-Kartell verriet. Er kann es nicht wissen, und dennoch scheint er es zu tun. Erst jetzt bemerkt Lola, dass sie die Hand ihres Bruders hält und sie vereint gegen die um sie versammelten weißen und Latinosoldaten stehen.

»Nein«, sagt Lola, weil es zu spät ist. Sie kann ihnen Hector nicht überlassen. Sie werden ihn foltern und töten und ihn dann ins Meer oder in ein Säurefass werfen, so dass er nie betrauert werden kann.

Sie muss ihn beschützen, zumindest so lange, bis ihr gemeinsamer äußerer Feind vernichtet ist.

»Das ist nur fair«, sagt Andreas Vater. »Du hast mir nicht den wirklichen Boss gegeben, als ich dir deinen Bruder gegeben hab.«

»Wie?« Dann fällt Lola Garcia ein. Ohne hinzusehen weiß sie, dass die weißen Soldaten die Waffen wieder in Anschlag gebracht haben.

»Jetzt schuldet ihr mir einen von euch. Wenn du mir deinen Bruder nicht geben willst, nehm ich auch einen anderen«, sagt Andreas Vater und nickt erst zu Marcos, dann zu Manuel. Aber weder Marcos noch Manuel haben es verbockt. Hector ist es, der schon bei ihrer ersten Übergabe für das Los-Liones-Kartell die Gang in Gefahr brachte. Hector zwang Lola dazu, Darrel King zu töten. Und Hector wurde zum Verräter, als ihm Andreas Vater viel Geld und viele Frauen in Aussicht stellte, was er mit Sicherheit getan hat, denkt Lola. Erst als Hector mit seiner Schwester im Sand lag und sich vor den Schüssen duckte, wollte er wieder zurück.

Dann sieht Lola sie: im Sand, knapp vor der schäumenden Brandung, die sie jeden Augenblick erfassen kann. Lucy steht in einem Meer von weißen Wellen und Männern. Aber sie haben den Anstand, die Waffen zu senken, als das Mädchen nach vorne geht.

Ohne lange zu überlegen sagt Lola: »Dann nimm ihn.« Mit der eigenen Hand stößt sie ihren Bruder von sich, hin zu Folter und Schmerz.

Hector schüttelt den Kopf. »Lola, tu das nicht.«

»Geh«, sagt Lola.

»Ich kann nicht.«

»Du kannst auf dich selbst aufpassen. Sie nicht. Schau sie dir an.«

Hector blickt zu Lucy. Dann senkt er beschämt den Kopf und geht los.

»Lola.« Manuel, sanft, ehrerbietig. Lola weiß sofort, was er fragt. *Was sollen wir mit dem Weißen machen?*

»Lasst ihn gehen.«

Marcos und Manuel lassen Andreas Vater los. Das war nicht Teil des Plans, genauso wenig Lucy oder Hectors Bitte, ihn wieder aufzunehmen. Bis zu dieser Nacht wollte Lola nicht sehen, dass Hector in seiner Treue schwankend ist, zappelnd wie ein Fisch an Land, der nur irgendwie zurück ins Wasser möchte.

Lucy setzt so vorsichtig einen Fuß vor den anderen, als ginge sie auf einem Hochseil, nicht über den festen Sand der kalifornischen Küste.

»Schau mich an«, sagt Lola.

Lucy ist jetzt ganz nahe, nur noch fünf, sechs Meter entfernt, und Lola verspürt den Drang, zu ihr zu laufen. Wenn sie tut, was sich in diesem Moment gut anfühlt, würde sie mit Sicherheit erschossen werden und Lucy hätte keine Mutter mehr.

Sie muss darauf vertrauen, dass Lucy es schafft. Dass sie zu Lola gehen kann.

Plötzlich werden auf der Seite der Weißen die Scheinwerfer von vier Autos angeschaltet. Lola weiß nicht, wie sie hierhergekommen sind, aber jedes Fahrzeug steht an einer Ecke eines imaginären Rechtecks auf dem Strand. Noch ehe sie die Seile sieht, weiß Lola, was das bedeutet.

»Nein!«, schreit sie und läuft los. Ihre Füße graben sich in den Sand, und sie rudert mit den Armen, um schneller voranzukommen. Beinahe stürzt sie, als Schüsse peitschen, mit denen die Männer des Rivera-Kartells sie daran hindern wollen, zu ihrer kleinen Tochter zu laufen. Das Mädchen bleibt stehen, als es den ersten Schuss hört.

»Auf den Boden«, ruft Lola, aber vielleicht ist der Tod durch eine Kugel ein gnädigeres Schicksal als das, was Andreas Vater im Sinn hat.

Lucy sieht im selben Moment wie Lola die vier kreuzförmig ausgelegten Seile, die sich in der Mitte treffen. Jedes ist an einem Auto befestigt.

»Stopp«, sagt Andreas Vater zu Lola.

Lola bleibt nicht stehen.

Der nächste Schuss streift sie an der Schulter. Sie blutet.

»Stopp, oder wir fesseln sie«, sagt Andreas Vater.

Lola bleibt stehen. Lucy sieht ihre Mutter an.

»Komm her«, sagt Lola.

»Aber dann erschießen sie mich«, sagt Lucy.

»Nein«, sagt Lola, »das tun sie nicht.«

»Nicht schön«, sagt Andreas Vater, »wenn einem das eigene Kind nicht gehorcht. Mein kleines Mädchen hat von hinten auf mich geschossen. Wie kann man ihnen erklären, dass das, was man tut, nur zu ihrem Besten ist?«

»Lucy«, sagt Lola, »komm her.«

»Wirst du mich beschützen?«, fragt Lucy.

»Ja.«

»Kannst du es auch?«, hakt Lucy nach.

»Ja«, lügt Lola, weil es wahr wird, wenn Lucy es glaubt.

Das Mädchen macht einen Schritt auf sie zu. Trotz der an den Strand rollenden Wellen hört Lola etwas hinter sich klingeln. Spielen ihr die Ohren einen Streich, oder ist das wirklich ein Alarm?

Noch ein Schritt. Und noch einer. Ein Fuß vor den anderen, bis Lucy Lola erreicht. Die schließt ihre Tochter in die Arme und läuft zu ihren Männern zurück.

»Bringt sie ins Haus«, sagt Lola, nachdem sie Lucy schnell nach Kratzern und Schrammen abgesucht hat – nichts. Die weißen Männer haben sie offenbar anständig behandelt. »Bist du okay?«

Lucy nickt. »Sie haben mir Eis mit Streuseln drauf gegeben.«

»Schön. Prima. Marcos und Manuel gehen jetzt mit dir ins Haus.«

»Jemand sollte bei dir bleiben«, sagt Manuel.

»Nein, das muss ich allein zu Ende bringen.«

»Dann lass ich dir wenigstens meine Waffe da«, sagt Manuel.

Als Lola sie nicht nimmt, legt Manuel sie ihr vor die Füße in den Sand.

Dann sind sie weg. Lola ist allein, vor ihr bereiten die Folterer die Bühne. Seile, ein Rechteck und Hector, der nur ein heller Fleck in der Dunkelheit ist. Aber er scheint zu wissen, was ihn erwartet, denn er ruft verzweifelt ihren Namen: »Lola!«

Sie läuft auf ihn zu, als die Weißen die vier an den Autos befestigten Seile jeweils an ein Hand- oder Fußgelenk binden. Sie wollen ihn in Stücke reißen, so langsam Glied für Glied aus dem Körper reißen, dass es die ganze Nacht dauert.

Das nächste Strandhaus neben dem von Andrea ist gut vierzig Meter entfernt. Von dort ist offenbar keine Hilfe zu erwarten, vielleicht sind die Fenster wie bei Andrea Schallschutzfenster, weil reiche Leute nur ans Meer ziehen, um es auszuschließen.

Sie haben Hector so schnell festgebunden, dass Lola noch mehrere Meter von ihm entfernt ist, als der Weiße nickt. Das Startsignal. Die Motoren werden angelassen, und als die Fahrer das erste Mal Gas geben, schreit Hector auf. Lola stellt sich vor, wie seine Gelenke im Lärm der Motoren und Schmerzensschreie unhörbar krachen und brechen.

»Lola!«, schreit Hector wieder. Oder glaubt sie nur, dass er ihren Namen ruft?

Bei den nächsten Zentimetern, die die Autos weiterfahren, werden Hectors Schreie unmenschlich, ein einziges schrilles, schmerzverzerrtes Kreischen. Lola fängt einen Blick von Andreas Vater auf. Er lächelt, und sein Lächeln ist nicht unfreundlich.

»Willst du mich erschießen?«, fragt er. Erst jetzt merkt Lola, dass sie Manuels Waffe aufgehoben hat und in der Hand hält.

Erneut schreit Hector auf, und inzwischen ist Lola so nahe, dass sie die ausgerenkten Glieder, die gebrochenen Knochen und sogar den Schweiß auf seiner Stirn sieht, so als würde er nicht nur entzweigerissen, sondern auch noch geröstet.

Der Schmerz ist zu groß. Das ist zu viel.

»Ich hab was gefragt«, wiederholt der Weiße. »Willst du mich erschießen? Es ändert nichts, wenn du das tust, sie werden trotzdem weitermachen.«

»Ich weiß«, sagt Lola. Sie hebt die Waffe. Der Weiße zuckt nicht mal mit der Wimper.

Dann schwenkt sie die Waffe nach rechts. Sie ist eine gute Schützin. Sie zielt zwischen die Augen ihres kleinen Bruders und drückt ab.

Gleich darauf hören die Schreie auf. Die Motoren verstummen, ihr kleiner Bruder verstummt.

Das hat Andreas Vater nicht erwartet. Sie richtet die Waffe wieder auf ihn.

»Sie sollen ihn losmachen. Und auf dem Sand liegen lassen. Und dann verpisst ihr euch alle aus meiner Stadt«, sagt Lola.

Erst als sie von der Leiche ihres kleinen Bruders weggeht, bemerkt sie die Sirenen – Wie lange jaulen sie schon? – und sieht, wie ein Heer an Uniformierten mit gezogenen Waffen auf die Männer des Rivera-Kartells zustürmt. Auch Andrea stürzt aus dem Haus. Sie spielt ihre Rolle als schwaches Weibchen mit Bravour. Der graue und der hellbraune Trenchcoat laufen zu den beiden Frauen. Andrea erreicht Lola vor den beiden.

»Alles in Ordnung?«, fragt der hellbraune Trenchcoat.

Der graue Trenchcoat wartet die Antwort nicht ab. Lola sieht die Decke, die er ausgebreitet hält. Sie macht einen Schritt zur Seite, damit er sie um den zukünftigen District Attorney legen kann, aber der graue Trenchcoat folgt ihr und legt die Wärmedecke um Lola. Noch nie hat sich etwas so gut angefühlt.

35
HEIMKEHR

Lola ist mit Andrea im Bay Cities Deli, aber anders als bei früheren Treffen sitzen sie nicht im Hinterhof. Sie sitzen einander gegenüber an einem Tisch am Lincoln Boulevard. Lola probiert etwas Neues aus – mit Ahornsirup glasierten Truthahn, Havarti-Käse und Chili im italienischen Weißbrot –, denn endlich weiß sie, was Andrea mag, und das will sie auch versuchen.

»Am besten noch ein bisschen salzen und pfeffern«, sagt Andrea. »Das gibt ihm den letzten Pepp.«

Heute isst Lolas Partnerin mit Wonne und beißt so herzhaft ins Sandwich, dass Senf herausquillt. Neben Andrea liegt ein Stapel dünner Servietten, und sie nimmt drei davon und wischt sich den Mund ab. Mit dem Ergebnis, dass der Senf jetzt über beide Mundwinkel verteilt ist.

»Lass mich mal«, sagt Lola, gibt etwas Wasser aus ihrer Flasche auf eine Serviette und tupft Andreas Mund ab – wie bei einem ungeduldigen Kind, das sich nicht beherrschen konnte. Über Selbstbeherrschung hat Lola viel gelernt, seit Lucy in Blooming Gardens ist. Erst vor kurzem wurde Zachs Tochter Charlie von der Schule verwiesen, weil Miss Laura eine anonyme Postsendung mit einer Tonaufnahme erhalten hat. Darauf ist Charlie zu hören, die Lucy und einer anderen Klassenkameradin mit Ausweisung droht. Beim Verkabeln der ahnungslosen Lucy hatte Lola darauf spekuliert, dass Charlie Wiederholungstäterin ist und zu faul, sich eine andere Drohung auszudenken, um Lucy ihren Willen aufzuzwingen.

Charlies Schulverweis veranlasste Susan, für ihre Tochter das alleinige Sorgerecht zu beantragen, und als jemand die Aufnahme der *Los Angeles Times* zuspielte, blieb das liberale

Establishment, das bislang das authentische mexikanische Essen eines weißen Kochs hochgeschätzt hatte, dem El Norte fern. Jetzt gilt er als Rassist und Betrüger. Lola hätte ihn töten können, aber sie beherrschte sich, denn ihr fiel eine viel bessere Strafe ein.

Sie und Andrea haben ihm das Restaurant unterm Hintern weggekauft.

Andrea schüttet ein paar Salt-&-Vinegar-Chips auf die Verpackung, die Lola unter ihrem Sandwich ausgebreitet hat.

»Die kann ich nicht alle essen«, sagt Andrea.

Lola leckt den Salz-Essig-Geschmack von einem Chip und lässt ihn auf der Zunge bitzeln. Ihre Geschmacksknospen schlagen Alarm. Noch nie hat sie so was Leckeres gekostet.

Es ist ein Samstagnachmittag im Dezember. Fast ein Monat ist vergangen, seit Lola Hector getötet und Andreas Vater am Leben gelassen hatte.

Bei der Beerdigung erlebte Lola die Trauer ihrer Mutter, die über Hectors Sarg zusammenbrach. Die Trauerfeier fand in einem Beerdigungsinstitut in Huntington Park statt. Nachdem er wegen der Haft und seiner Abkehr von ihr so lange nicht mehr hier war, war es eine Art Heimkehr.

»Es tut mir so leid«, hatte Lolas Mutter schluchzend über Hectors friedlicher Leiche geflüstert. »Alles, was ich ihr angetan habe ... und was du miterleben musstest.«

Mehr hatte sie nicht gesagt, weil die Worte, nach denen sich Lola sehnte, in Tränen untergingen. Am liebsten hätte Lola ihre Mutter an den Schultern gepackt und geschüttelt, bis sie weiterredete. Aber sie beherrschte sich.

Eine junge Frau tritt zu Andrea, die heute ausnahmsweise kein Maßkostüm trägt, sondern eine dunkle Jeans und eine lila Strickjacke.

»Entschuldigung, aber sind Sie nicht Andrea Whitely? Ich habe gerade an der UCLA das Jurastudium begonnen und weiß, dass Sie auch da studiert haben. Ich will Ihnen nur alles Gute für die Wahl wünschen und sagen, dass ich Sie und Ihre Arbeit sehr bewundere.«

Für Lola klingt die Rede einstudiert, auch wenn die Worte in einem einzigen Schwall aus dem Mund der jungen, frischen Frau in Jeans und T-Shirt kommen, die wegen dem schweren Rucksack voller Bücher, der an ihren Schultern hängt, kaum gerade stehen kann.

Über den Tisch hinweg streckt Andrea der errötenden Studentin die Hand entgegen. »Freut mich, Sie kennenzulernen ...«

»Candace.«

»Candace.« Als Andrea ihre Hand schüttelt, strahlt Candace über das ganze Gesicht.

Achtundvierzig Stunden nach seiner Verhaftung hatte sich Andreas Vater in seiner Gefängniszelle in Twin Towers erhängt. An jenem Tag hatte er keinen Besuch außer der für seinen Fall zuständigen Staatsanwältin – Andrea Dennison Whitely.

»Das ist Lola Vasquez, wir arbeiten zusammen«, sagt Andrea zu Candace. Die junge Weiße sieht Lola an. Wieder wartet die Jüngere darauf, dass ihr die Ältere die Hand anbietet. Lola tut es.

»Freut mich«, sagt Lola.

»Was machen Sie denn für Miss Whitely?«, fragt Candace. Es ist eine verständliche Frage, die Lola nicht unhöflich findet. Immerhin bewirbt sich Andrea um das Amt des District Attorney von Los Angeles, und in dieser Position hat man niemanden mehr neben sich.

»Ach, so dies und das«, sagt Lola.

»Nein, Candace«, sagt Andrea, »Lola arbeitet nicht für mich, sie arbeitet mit mir.«

»Ach so, Entschuldigung.« Candace sagt das in einem so selbstverständlichen Ton, dass sich die weiße Welt der Westside für Lola zu öffnen scheint wie der Ozean an einem sonnigen Wintertag wie dem heutigen, mit milden zwanzig Grad und einem blauen, nur von kleinen weißen Wolken gesprenkelten Himmel.

»Dann störe ich Sie bei einem Arbeitsessen, oder?«, fragt Candace und legt sich im nächsten Moment die Hand auf den Mund, weil sie merkt, dass sie zu weit gegangen ist.

»Nein«, sagt Andrea. »Ich helfe ihr beim Umzug.«

»Wow, dann müssen Sie ja echt eine gute Freundin sein, Miss Whitely«, sagt Candace.

»Auch das kann ich sein«, lacht Andrea, aber Lola weiß, dass sie keinen Scherz macht.

Andrea war es, die die Geschichte über Zachs rassistische Tochter der *Los Angeles Times* zugespielt hatte. Andrea wollte auch nicht, dass Lola sich die Hände schmutzig macht und ihren Vater umbringt. Andrea sorgte dafür, dass einer der Handlanger des Rivera-Kartells für den Tod Hectors zur Rechenschaft gezogen wurde. Lola hätte Andrea den Vorwurf machen können, dass sie durch ihr Handeln Hectors Tod erst herbeigeführt hatte, aber in Wirklichkeit hatte Andrea Lola nur das wahre Wesen ihres Bruders vor Augen geführt – dass er ein Verräter und Schwächling war und Lolas Tod wollte.

Dann lud Andrea Lola zu einem Abendessen bei sich ein und stellte ihr ihre Familie vor. Jack mixte für Lola einen seiner berühmten Manhattans; weil Manuel an diesem Abend fuhr, hatte er seinen dankend abgelehnt. Rayna kümmerte sich rührend um Lucy, eine Metamorphose vom verzogenen Teenager zur reizenden großen Schwester, die Lola einerseits beängstigend, für ein Mädchen in Raynas Alter aber auch normal fand.

Auch der frisch aus der Klinik entlassene Christopher war aus seinem Zimmer gekommen, um sich mit der Frau, von der seine Mutter gemeint hatte, er müsse sie kennenlernen, an einen Tisch zu setzen. Er konnte sich nicht an Lola erinnern. Sie streckte ihm die Hand entgegen, und sagte: »Schön, dass ich dich endlich kennenlerne, Christopher. Deine Mutter hat so viel Nettes über dich erzählt.«

Und Andreas Sohn hatte geantwortet: »Ganz meinerseits.«

Jetzt kommt Rayna aus dem Bay Cities und sagt: »Gib mir lieber die Hand, Lucy, auf dem Lincoln Boulevard ist immer so viel Verkehr.«

Lucy gehorcht und blickt sofort nach links und nach rechts, so als wäre die Terrasse von Bay Cities schon die vierspurige Straße.

»Wir haben Hafer-Erdbeer-Riegel gekauft«, verkündet Christopher, während er Lucy auf die Betonbank hilft.

»Für jeden einen«, sagt Lucy.

»Für jeden einen.« Rayna lächelt.

»Aber erst esst ihr eure Sandwiches auf«, sagt Andrea zu ihrer Tochter. In einem pubertären Rückfall verdreht Rayna die Augen, doch als sie Lucys Blick bemerkt, wird sie sofort wieder zum Vorbild.

»Was meinst du, Lucy, essen wir erst die Sandwiches?«, fragt Christopher.

Lucy nickt, als hätte man ihr eine schwierige Frage gestellt. Lola sieht, wie ihre Tochter in das weiße Brot beißt und kaut, und ihr wird ein bisschen mulmig, weil sie Lucy in die Westside verpflanzt hat und Hector nicht mehr da ist. Hector gehörte zu Huntington Park – genau wie das Verstecken im Schrank, um Maria fernzuhalten, das Grübeln über Mathe-Arbeitsblättern an einem abgewetzten Küchentisch, das irgendwie zusammengekratzte Frühstück, damit die Mägen nicht knurrten.

Aber Lola hat es satt, sich schuldig zu fühlen für ihr Glück und für den Tod ihres Bruders. Sie erträgt die guten Wünsche ihrer Nachbarn aus Huntington Park nicht mehr, von Menschen wie Veronica, der besten Freundin ihrer Mutter, die ihr zu jedem Abendessen einen fetttriefenden Auflauf mit zu viel Käse bringt, weil sie weiß, dass Lola viel zu viel um die Ohren hat, um zu kochen. Sie mag sich nicht mehr dafür entschuldigen, dass sie Geld hat, weil sie hart arbeitet, und dass sie mehr aus sich gemacht hat, als je vorgesehen war.

Es ist ein neuer Tag. Ein Tag des Aufbruchs. Der Umzug steht an.

»Und dann brauchst du natürlich einen Inneneinrichter«, sagt Andrea. Und fügt mit leiser Stimme an: »Ich kenne da jemanden. Allerdings war er auf Drogen und könnte rückfällig werden. Ich hoffe, das stört dich nicht?«

»Ach, ich bin da nicht wählerisch«, sagt Lola. Sie merkt, dass sie die Hand auf den Kopf ihrer Tochter gelegt hat und ihre seidigen schwarzen Haare streichelt. Lucy beißt wieder in ihr Sandwich. Und dann noch mal, damit sie eines Tages größer und stärker ist als Lola.

Am Ende ist es das Einzige, was zählt.

Und doch – so privilegiert zu sein, gibt Lolas Herzen einen Stich. Deswegen sagt sie zu Lucy: »Sollen wir heute Abend Isa zum Essen einladen?«

»Ja!«, ruft Lucy und freut sich, ihre Freundin zu treffen. Eine echte Freundin und die, die sie am längsten kennt.

Lola hat keine Freundinnen aus Kindertagen. Für sie war die Kindheit traumatisch und einsam. Sie sieht zu Andrea, die mit besorgtem Blick beobachtet, ob ihre Teenager-Tochter genug Gemüse isst, und die im nächsten Moment lächelt, weil ihr Sohn einen Hafer-Erdbeer-Riegel verschlingt und nicht nach Heroin giert. Dann wendet sie sich mit einem weiteren Ratschlag an Lola: »Außerdem brauchst du natürlich eine Alarmanlage.«

»Kandidiert sie auch für ein Amt?«, fragt Rayna mit ernster Miene.

»Das könnte schon sein«, sagt Andrea in einem Ton, der Lola verrät, dass ihre Freundin das glaubt.

Danksagung

Dieses Buch gäbe es nicht ohne die Menschen, die mir den Raum zum Schreiben verschaffen. Danke Veronica Gomez, Lucy Valdizon und Lillian Lopez für eure unschätzbar wertvolle Arbeit.

Ich möchte meinem Lektor Nathan Robertson für seine wohlerwogene Kritik und Sorgfalt danken, durch die das Manuskript so wurde, wie ich es haben wollte. Außerdem danke ich meiner Agentin und Fürsprecherin Eve Attermann dafür, dass sie das Buch möglich gemacht hat.

Weiterer Dank geht an Blake Fronstin, Oly Obst und Devon Bratton. Und natürlich an Amanda Segel und Denise Thé – eure Freundschaft, eure Fähigkeiten und eure Ratschläge sind von größter Bedeutung für mich.

Vielen Dank an meine Eltern, die nicht mal mit der Wimper gezuckt haben, als ich sagte, ich möchte Schriftstellerin werden. Ein weiterer Dank geht an meine Mutter und an meine Schwiegermutter, die dieses Buch Kapitel für Kapitel gelesen haben und immer mehr davon wollten.

Danke, David, dass du mir alles abnimmst, wenn die Welt zu viel für mich wird, und für deine Liebe, selbst wenn ich zu viel werde.

Danke, Leah und Caleb, für all die Liebe, die Aufgaben und die Freude, die ihr uns schenkt.